A Cabala e Seu Simbolismo

Coleção Debates
Dirigida por J. Guinsburg

Equipe de Realização – Tradução: Hans Borger e J. Guinsburg; Revisão:
J. Guinsburg; Produção: Ricardo W. Neves e Sergio Kon.

gershom scholem
A CABALA E SEU SIMBOLISMO

Título do original alemão:
Zur Kabbalah und ihrer Symbolik

Copyright © Gershom G. Scholem

Dados Internacionais de Catalogação na Publicação (CIP)
(Câmara Brasileira do Livro, SP, Brasil)

Scholem, Gershom Gerhard, 1897-1982.
A cabala e seu simbolismo / Gershom Gerhard Scholem ;
[tradução Hans Borger e J. Guinsburg]. — São Paulo :
Perspectiva, 2015. — (Debates ; 128 / dirigida por J. Guinsburg)

4. reimp. da 2. ed.
Título original: Zur Kabbalah and ihrer Symbolik.
ISBN 978-85-273-0132-9

1. Cabala - História 2. Misticismo judaico I. Guinsburg,
J.. II. Título. III. Série.

04-4578   CDD-296.16

Índices para catálogo sistemático:
1. Cabala : Judaísmo   296.16

2ª edição – 4ª reimpressão
[PPD]

Direitos reservados à

EDITORA PERSPECTIVA S.A.

Av. Brigadeiro Luís Antônio, 3025
01401-000 São Paulo SP Brasil
Telefax: (11) 3885-8388
www.editoraperspectiva.com.br

2019

SUMÁRIO

Introdução 7

1. Autoridade Religiosa e Misticismo 11

2. O Significado da Torá no Misticismo Judaico 43

3. Cabala e Mito 105

4. Tradição e Criação Nova no Ritual dos Cabalistas 143

5. A Idéia do Golem 189

INTRODUÇÃO

A Cabala, literalmente "tradição", isto é, a tradição das coisas divinas, é a suma judaica. Ela teve uma longa história e exerceu, durante séculos a fio, profunda influência sobre aqueles círculos entre o povo judeu que ansiavam por adquirir uma compreensão mais profunda das formas e das concepções tradicionais do judaísmo. A produção literária dos cabalistas, em alguns períodos mais intensa do que em outros, abriga uma impressionante quantidade de livros, muitos dos quais remontam à Alta Idade Média. O *Zohar*, ou "Livro do Esplendor", que data do século XIII, constituiu durante muito tempo a principal

obra literária desse movimento, reverenciado amplamente como um texto de valor inquestionável, sendo
até hoje objeto de tal estima em certas comunidades
judaicas. Quando Israel se tornou um Estado, os judeus do Iêmen, uma comunidade no Sul da Arábia,
emigraram quase até o último homem para Israel, a
bordo dos "tapetes mágicos", isto é, aviões. Viram-se
obrigados a abandonar no Iêmen todos os seus per-
tences; mas dentre as poucas coisas que muitos judeus
iemenitas se recusaram a abandonar estava precisamente o *Zohar*, cujo estudo entre eles continua vivo
até os dias de hoje.

Mas este é um mundo que ficou perdido para
os judeus da Europa. Os estudiosos da história judaica, até a atual geração, têm mostrado pouca compreensão para com os documentos da Cabala, chegando
mesmo a ignorá-los quase por completo. Pois quando,
em fins do século XVIII, os judeus da Europa Ocidental voltaram-se resolutamente para a cultura euro-
péia, um dos primeiros e mais importantes elementos
de sua velha herança a ser sacrificado foi a Cabala.
O misticismo judaico, com seu simbolismo complicado
e introvertido, afigurou-se como algo estranho e perturbador, sendo relegado a rápido esquecimento. Os
cabalistas haviam tentado penetrar e mesmo descrever o mistério do mundo como um reflexo dos mistérios da vida divina. As imagens em que suas vivências se haviam cristalizado estavam por demais entrelaçadas com a experiência histórica do povo judeu,
experiência que, no século XIX, perdeu, aparentemente, sua relevância. Durante séculos a Cabala fora vital para a compreensão que os judeus tinham de
si mesmos. Agora ela era tragada pelo tumulto da
vida moderna, e isso a ponto tal que durante gerações inteiras não se sabia quase nada a respeito dela.
O que sobrou parecia-se a um vasto campo de
ruínas coberto de vegetação, onde, muito ocasionalmente, um viajante erudito ficava surpreendido ou
chocado com alguma imagem bizarra do sagrado, re-
pulsiva para o pensamento racional. A chave para
a compreensão dos livros cabalísticos parecia estar
perdida. Os estudiosos sentiam-se perplexos e des-
concertados com um mundo que, no lugar de concei-

tos claros e simples, suscetíveis de serem elaborados e desenvolvidos, apresentava símbolos de um gênero muito especial, nos quais a experiência espiritual dos místicos se emaranhava quase inextrincavelmente com a experiência histórica do povo judeu.

É este entrançamento de dois domínios, que na maioria dos demais misticismos religiosos permanecem separados, que imprimiu à Cabala seu cunho específico. Não admira, pois, que ela pareça estranha aos estudiosos do misticismo cristão, já que não se enquadra nas categorias de "misticismo" que lhes são familiares. Quanto mais sórdido, mais deplorável e mais cruel o fragmento de realidade histórica proporcionado ao judeu em meio às intempéries do exílio, tanto mais profundo e mais exato o significado simbólico que ela assumia, e tanto mais radiante a esperança messiânica que irrompia através dela e a transfigurava. No âmago desta realidade encontrava-se uma grande imagem de renascimento, o mito de exílio e redenção, que tão vastas proporções tomou entre os cabalistas e que é responsável por sua tão prolongada influência histórica. Pois, nos livros dos cabalistas, o elemento pessoal é quase negligenciável, e tão velado, sob os mais variados disfarces, que é preciso olhar muito de perto para descobri-lo. Mui raramente um cabalista falava do seu próprio caminho a Deus. E o principal interesse da Cabala, para nós, não reside neste gênero de declarações individuais, mas na luz que ela projeta sobre a "psicologia histórica" dos judeus. Cada indivíduo, nela, era a totalidade. E esta é a fonte do fascínio que os grandes símbolos da Cabala exercem tanto sobre o historiador quanto sobre o psicólogo. Na Cabala, a lei da Torá tornou-se um símbolo da lei cósmica, e a história do povo judeu, um símbolo do processo cósmico.

Para uma geração que presenciou uma terrível crise na história judaica, as idéias desses esotéricos judeus medievais já não parecem mais tão estranhas. Passamos a ver com olhos diferentes, e os símbolos obscuros já se afiguram dignos de aclaramento. A pesquisa nesta área envolve enorme responsabilidade. Ao desenterrar e avaliar o material, o estudioso deve envidar os maiores esforços para preservar uma atitude crítica, pois, muito antes que os historiadores começassem a interessar-se pelo misticismo judaico, charlatães e excêntricos foram atraídos por ele. Isto resultou em benefício bastante duvidoso para o estudo da Cabala. O esforço para entender o que se desenrola aí, no cerne do povo judeu, não pode dispensar o senso histórico crítico e visão nítida. Pois até símbolos brotam da experiência histórica e dela se impregnam. Uma compreensão apropriada destes símbolos requer não só uma aptidão "fenomenológica" para ver as coisas em seu conjunto, como um dom para a análise histórica. Um complementa e aclara o outro; tomados em conjunto, prometem resultados valiosos.

1. AUTORIDADE RELIGIOSA E MISTICISMO

I.

O problema a ser tratado nas páginas que se seguem é de importância central para a história das religiões e pode ser considerado sob um número variado de aspectos. Partiremos da suposição de que um místico, na medida em que participa ativamente da vida religiosa de uma comunidade, não age dentro de um vácuo. Às vezes afirma-se, é certo, que místicos, com sua busca pessoal de transcendência, vivem além e acima do nível histórico e sua experiência não se relaciona com a experiência histórica. Uns admiram esta orientação a-histórica, outros condenam-na como uma fraqueza fundamental do misticismo. Seja como for, o que interessa à história das religiões é o impacto do místico sobre o mundo histórico, seu conflito com a vida religiosa do seu tempo e com sua comunidade. Nenhum historiador pode afirmar — nem é da sua alçada responder a tais perguntas — se um determinado místico realmente encontrou, no curso de sua experiência religiosa individual, o que tão ansiosamente estava procurando. O que a nós aqui diz respeito não é a realização íntima do místico. Mas se desejarmos compreender a tensão específica, que tão freqüentemente prevaleceu entre misticismo e autoridade religiosa, faremos bem em recordar certos fatos básicos relativos ao misticismo.

Um místico é um homem que foi favorecido por uma experiência imediata, e, para ele, real, do divino, da realidade última, ou que pelo menos se esforça para conseguir uma tal experiência. Sua experiência pode sobrevir-lhe através de uma iluminação repentina, ou pode ser o resultado de prolongados e, amiúde, complicados preparativos. Do ponto de vista histórico, a busca mística do divino ocorre, quase exclusivamente, no âmbito de uma tradição prescrita — as exceções parecem restringir-se aos tempos modernos, com sua dissolução de todos os laços tradicionais. Onde quer que semelhante tradição prevaleça, uma autoridade religiosa, estabelecida muito antes do místico ter nascido, é reconhecida pela comunidade desde há muitas gerações. Fundamentada na experiência específica da comunidade, esta autoridade tem-se desenvolvido através do intercâmbio entre a comunidade e aqueles indivíduos que interpretaram sua experiência fundamental e, destarte, ajudaram a comunidade a expressar-se, ou seja, tornaram-na articulada. Existe pois uma escala de valores recebida da tradição; existe igualmente um grupo de doutrinas e dogmas aceitos como afirmações autênticas a respeito da experiência religiosa de uma dada comunidade. E existe, ainda, um corpo de ritos e costumes que se crê tradicionalmente transmitir os valores e expressar o ânimo e o ritmo da vida religiosa. Meios muito diferentes podem ser investidos de autoridade religiosa. Podem ter um caráter impessoal, como um livro sagrado, por exemplo, ou nitidamente pessoal — no catolicismo, por exemplo, o Papa é quem tem a última palavra na decisão do que é compatível com a tradição católica. Pode também haver misturas e combinações dos dois tipos, ou a autoridade pode residir no consenso de uma assembléia de sacerdotes ou outras pessoas religiosas, mesmo que — como no Islão — estes representantes da autoridade não se reúnam realmente com o fito de formular ou dar peso às suas decisões.

Um místico opera dentro do contexto de tais instituições e autoridades tradicionais. Se aceita o contexto e não tenta modificar a comunidade, se não tem interesse em compartilhar sua nova experiência com outros, e encontra a paz na imersão solitária no divino — então não há problemas, pois não há nada que possa levá-lo a entrar em conflito com outros. Houve, sem dúvida, místicos obscuros deste gênero em todas as religiões. O misticismo judaico dos últimos séculos, em todo caso, tem produzido o "santo oculto" (*nistar*), um tipo enormemente impressivo, com profunda atração sobre o povo comum. De acordo com uma tradição que remonta aos tempos talmúdicos, há, em cada geração, trinta e seis homens justos que constituem os fundamentos do mundo. Se seu anonimato, que é parte de sua própria natureza, fosse rompido, eles não seriam nada. Um deles talvez seja o Messias, e ele permanece oculto porque a época não está à sua altura. Especialmente entre os *hassidim* da Europa Oriental, as gerações tecem lendas sem fim em torno desses homens obscuros, cujos atos, por serem executados sem o conhecimento da humanidade, são isentos das ambigüidades inerentes às ações públicas. Num sentido verdadeiramente sublime, o "santo oculto" faz da religião um assunto particular, e já que está, por definição, impedido de comunicar-se com outros homens, os problemas implícitos nas relações com a sociedade não o afetam.

Mas não nos enganemos. Por inestimável que seja o valor desses santos, mudos e anônimos, a história das religiões não se preocupa com eles. Ela se preocupa com o que acontece quando os homens entram em comunicação uns com os outros. E em geral se reconhece que, no caso de místicos, tal comunicação constitui um problema. Do ponto de vista do historiador, a soma dos fenômenos religiosos conhecidos como misticismo consiste nas tentativas de místicos de comunicar a outros suas "vias", suas iluminações, sua experiência. Não fosse por tais tentativas, seria impossível considerar o misticismo como um fenômeno histórico. E é precisamente no curso dessas tentativas que o misticismo se choca com a autoridade religiosa.

Todo misticismo possui dois aspectos contraditórios ou complementares: um conservador e outro revolucionário. O que significa isso?

Tem-se afirmado que os místicos estão sempre procurando encher odres velhos com vinho novo — exatamente o que a conhecida passagem dos Evangelhos nos adverte a não fazer. Parece-me que esta formulação é extremamente apropriada e da maior relevância para o nosso problema. Como é que um místico pode ser um conservador, um campeão e intérprete da autoridade religiosa? Como é capaz de fazer o que os grandes místicos do catolicismo fizeram, ou os sufis, como Ghazali, e a maioria dos místicos judeus? A resposta é que esses místicos parecem redescobrir as fontes da autoridade tradicional. Ao perceber as bases antigas dessa autoridade, eles não sentem desejo de modificá-la. Pelo contrário, tentam preservá-la no seu sentido mais estrito..

Às vezes esta função conservadora tem sido incluída na própria definição do misticismo — mas isto se me afigura como duvidoso e unilateral. Um autor americano, por exemplo, definiu o misticismo como "o esforço para assegurar a consciência da presença da Mediação através da qual (ou através de Quem) se pretende a conservação dos valores socialmente reconhecidos" [1].

A função conservadora do misticismo é possibilitada pelo fato da experiência mística fundamental pos-

1. K. Wright, *A Student's Philosophy of Religion*, Nova York, 1938, p. 287.

suir dois aspectos. Em si mesma não apresenta expressão adequada; a experiência mística é basicamente amorfa. Quanto mais intensa e profundamente é experimentado o contato com Deus, tanto menos é ele suscetível de definição objetiva, pois por sua própria natureza transcende as categorias de sujeito e objeto que toda definição pressupõe. Por outro lado, semelhante experiência pode ser interpretada de maneiras diferentes, quer dizer, ser revestida de significados diferentes. No momento em que um místico tenta clarificar sua experiência por meio da reflexão, tenta formulá-la, e, especialmente, quando tenta comunicá-la a outros, não pode deixar de impor-lhe uma estrutura de símbolos e idéias convencionais. É inevitável que sempre haja uma parte que ele não possa expressar completa e adequadamente. Mas se tenta comunicar sua experiência — e é somente assim procedendo que ele se nos dá a conhecer — é obrigado a interpretá-la por meio de linguagem, imagens e conceitos previamente existentes.

Por ser despida de forma a experiência mística como tal, não há, em princípio, limites às formas que ela pode assumir. Ao iniciarem seu caminho, os místicos tendem a descrever sua experiência em formas derivadas do mundo da percepção. Em estádios posteriores, e correspondendo a níveis diferentes de consciência, o mundo da natureza retrocede e essas formas "naturais" são gradativamente substituídas por estruturas místicas específicas. Quase todos os místicos de nosso conhecimento retratam essas estruturas como configurações de luzes e sons. Em fases ainda mais adiantadas, à medida que a experiência do místico progride em direção à suprema informidade, essas estruturas por sua vez se dissolvem. Os símbolos da autoridade religiosa tradicional desempenham um papel proeminente nessas estruturas. Tão-somente os elementos formais de maior universalidade são idênticos nas várias formas de misticismo [2]. Pois luz e som, e até o nome de Deus, são apenas representações simbólicas de uma última realidade que é informe, amorfa. Mas essas estruturas, que são alternada-

---

2. Cf. Mircea Eliade, in *Eranos-Jahrbuch*, XXVI, 1957, pp. 189-242.

mente derrubadas e erguidas no decorrer da evolução do místico, também refletem certas suposições relativas à natureza da realidade, que se originaram em tradições filosóficas e delas derivaram sua autoridade, para depois, surpreendentemente (ou talvez nem tão surpreendentemente), encontrar confirmação na experiência mística. Isto se aplica mesmo a suposições que podem se nos afigurar totalmente fantásticas, como certas idéias dos cabalistas, ou a teoria budista da identidade dos *skandhas* com o Buda, ou até as hipóteses filosófico-teológicas dos místicos católicos (referentes à trindade, por exemplo) que parecem ser todas confirmadas pela experiência mística.

De um modo geral, pois, tende a experiência do místico a confirmar a autoridade religiosa debaixo da qual ele vive; sua teologia e símbolos são projetados para dentro de sua experiência mística, porém não brotam dela [3]. Mas o misticismo tem mais um outro aspecto contrastante: precisamente porque o místico é o que é, precisamente porque se acha em relacionamento direto, produtivo, com o objeto de sua experiência, ele transforma o conteúdo da tradição na qual vive. Ele contribui não somente para a manutenção da tradição, mas também para seu desenvolvimento. Vistos com olhos novos, os valores antigos adquirem novo significado, mesmo lá onde o místico não alimentava tais intuitos ou nem sequer tinha noção de estar fazendo algo novo. De fato, a compreensão e interpretação que o místico tem de sua própria experiência pode, inclusive, levá-lo a pôr em dúvida a autoridade religiosa que até então apoiara.

Pois a mesma experiência, que num caso promove uma atitude conservadora, em outro pode produzir uma atitude diametralmente oposta. Um místico pode substituir sua própria opinião por aquela prescrita pela autoridade, justamente porque sua opinião parece originar-se dessa mesma autoridade. Isto explica o caráter revolucionário de certos místicos e dos grupos que aceitam os símbolos pelos quais os místicos deste gênero comunicaram sua experiência.

3. Devo esta formulação a um ensaio da autoria de G. A. Coe, "The Sources of the Mystical Revelation", *Hibbert Journal*, VI, 1907-8, p. 367.

16

Ocasionalmente um místico revolucionário tem invocado dons proféticos, reivindicando funções de profeta, em seus esforços de reformar sua comunidade. Isto levanta um problema que devemos considerar rapidamente: podemos e devemos identificar revelação profética e experiência mística? É uma velha questão que tem levado a infindáveis controvérsias. Pessoalmente, rejeito tal identificação e estou convencido de que ela não traz nenhuma luz ao nosso problema. Não obstante, gostaria de dizer algumas palavras sobre o fenômeno paradoxal da profetologia medieval, que neste contexto é particularmente instrutiva.

Quão enigmático, para não dizer indigesto, se afigura o fenômeno do profetismo bíblico para quem esteja treinado no modo de pensar sistemático dos gregos, pode ser deduzido do fato de que, na filosofia medieval, tanto dos árabes como dos judeus, foi desenvolvida uma teoria acerca do profetismo que implica uma identificação do profeta com o místico. A análise iluminadora de Henry Corbin mostra, por exemplo, que a profetologia xiita foi essencialmente uma hierarquia de experiência e iluminação místicas, elevando-se de estádio em estádio [4]. O conceito bíblico e corânico do profeta como portador de uma mensagem é reinterpretado de modo a retratar o gênero ideal do místico, mesmo quando ele é chamado de profeta. Um profeta como Amós, a quem Deus convocou de entre os cultivadores de sicômoros, para convertê-lo em portador de Sua mensagem, é transformado pela profetologia bíblica em algo inteiramente diferente: um iluminado, que passa por sucessivas fases de disciplina e iniciação espirituais até que, ao fim de longos preparativos, é agraciado com o dom do profetismo, considerado uma união com o "intelecto ativo", vale dizer, com uma emanação divina ou estádio de revelação. Por maior cautela que os autores tenham ao expressar-se, esta teoria do profetismo como união com o "intelecto ativo" sempre sugere algo no gênero da *unio mystica,* embora não do último grau. Neste sentido não existe diferença essencial entre uma doutrina tão radicalmente espiritualista

4. *Eranos-Jahrbuch,* XXVI, 1957, pp. 57-188.

como a profetologia dos ismaelianos e uma teoria racionalista como a de Maimônides.

Mas o profetismo, tal como foi originalmente entendido, é algo inteiramente diferente. O profeta ouve uma mensagem clara e por vezes fita uma visão igualmente nítida, tendo delas uma lembrança límpida. Uma mensagem profética desse gênero sem dúvida tem a pretensão direta de possuir autoridade religiosa. Nisto ela difere fundamentalmente da experiência mística. No entanto, ninguém cogitaria de negar ao profeta uma experiência imediata do divino. Estamos claramente lidando com duas categorias diferentes de experiências e duvido muitíssimo que um profeta possa justificadamente ser chamado de místico. Pois, como afirmamos, a experiência do místico é por sua própria natureza indistinta e inarticulada, enquanto que a mensagem do profeta é clara e específica. De fato, é precisamente o caráter indefinível e incomunicável da experiência mística que é a maior barreira à nossa compreensão dela. Ela não pode simples e totalmente ser traduzida em imagens ou conceitos agudos, e muitas vezes desafia qualquer tentativa — mesmo posteriormente — de supri-la de um conteúdo positivo. Ainda que muitos místicos tenham tentado semelhante "tradução" e, tentando dar forma e corpo às suas experiências, o cerne do que um místico tem a dizer sempre permanece uma experiência sem forma, independentemente de nossa opção de interpretá-la como *unio mystica* ou "mera" comunhão com o divino. Mas é precisamente este âmago informe de sua experiência que esporeia o místico ao seu entendimento de seu mundo religioso e seus valores, e é esta dialética que determina sua relação com a autoridade religiosa e empresta-lhe significado.

Os mais radicais entre os místicos revolucionários são aqueles que não só reinterpretam e transformam a autoridade religiosa, mas aspiram a uma autoridade nova baseada na própria experiência. Em casos extremos, podem até alegar estarem acima de qualquer autoridade, serem uma lei própria. A informidade da experiência original pode até levar à dissolução de todas as formas, mesmo na interpretação. É esta perspectiva, destrutiva, porém não desvinculada do impulso original do místico, que nos permite entender o caso-limite do místico niilista como um produto muito natural de tormentos místicos íntimos, mesmo que tenha sido rejeitado com sentimentos de horror por todos ao seu redor. Todos os outros místicos tentam encontrar o caminho de volta à forma, que é ao mesmo tempo o caminho para a comunidade; só ele, porque em sua experiência a derrubada de todas as formas torna-se um valor supremo, tenta preservar a informidade num espírito não-dialético, em vez de tomá-la, como outros místicos como um incentivo para a construção de formas novas Toda a autoridade religiosa aqui é destruída em nome da autoridade: temos aqui o aspecto revolucionário do misticismo em sua forma mais pura.

II.

No contexto dessa relação entre misticismo e autoridade religiosa a seguinte questão é de importância crucial: onde a autoridade é exposta em escrituras sagradas, em documentos que têm o caráter de revelação, surge o problema: qual é a atitude do misticismo face a tal autoridade historicamente constituída? Esta pergunta por si só poderia tomar um capítulo inteiro. Mas me é dado tratá-la com brevidade, porque ela recebeu ampla cobertura no trabalho de Ignaz Goldziher sobre a exegese do Corão (1920), e no estudo supramencionado de Henry Corbin acerca da gnose ismaeliana, ao passo que eu mesmo a analisei em pormenor no contexto do misticismo judaico (cf. Cap. 2 deste livro).

Resumidamente, o que acontece quando um místico se confronta com as escrituras sagradas de sua tradição é o seguinte: o texto sagrado é escorificado e descobre-se nele uma nova dimensão. Em outras palavras: o texto sagrado perde sua forma e, para o místico, adquire uma nova. A questão do significado torna-se suprema. O místico transforma o texto sagrado, sendo o ponto crucial desta metamorfose o fato de que a rígida, clara, inequívoca palavra de revelação é impregnada de um significado *infinito*. A palavra que reivindica a mais alta autoridade é como que aberta, descerrada, para acolher a experiência do místico. Ela abre caminho para uma infinita interioridade onde sempre novas camadas de significado são descobertas. Rabi Pinkhas de Koretz, um místico hassídico, expressou isto com suprema precisão ao traduzir literalmente a fórmula *"Rabi Schim-on patá"* por: Rabi Simão *abriu* o versículo das Escrituras (a frase: "Rabi Simão abriu sua palestra com o versículo das Escrituras" é usada para introduzir, no *Zohar*, as exegeses e preleções místicas do Rabi Simão ben Iohai).

A santidade dos textos reside exatamente na sua capacidade para semelhantes metamorfoses. A palavra de Deus tem que ser infinita, ou, para colocá-lo de modo diferente, a palavra absoluta é, como tal, insignificativa, mas está *prenhe* de significado. Sob o olhar humano, ela entra em corporificações significativas finitas que marcam inúmeras camadas de significados. Assim, a exegese mística, esta *nova* revelação concedida ao místico, tem o caráter de uma chave. A chave mesma pode extraviar-se, mas permanece vivo um desejo imenso de procurá-la. Numa época em que semelhantes impulsos místicos parecem ter minguado a ponto de desaparecerem, eles ainda mantêm uma força enorme nos livros de Franz Kafka. E a mesma situação prevalecia há dezessete séculos entre os místicos talmúdicos, um dos quais nos deixou uma impressionante formulação desta. Em seu comentário aos Salmos, Orígenes cita um erudito "hebreu", presumivelmente um membro da Academia Rabínica de Cesaréia, que teria dito que as Escrituras Sagradas são como uma grande casa com muitos e muitos quartos. e diante de cada porta há uma chave — mas não a própria, a certa. Achar as chaves certas que abrirão as portas — eis a grande e árdua tarefa [5]. Este relato. que data do ápice da era talmúdica, pode dar uma idéia das raízes profundas de Kafka na tradição do misticismo judaico. O rabi, cuja metáfora tanto im-

---

5. Orígenes, *Selecta in Psalmos*, ref. *Salmo I*, in Migne, *Patrologia Gracca*, XII, 1080. Esta importante passagem é ressaltada por F. I. Baer em seu artigo, em *Zion*, XXI, 1956, p. 16.

pressionou Orígenes, que classificou esta metáfora de "muito habilidosa", ainda estava de posse da Revelação, mas sabia que já não dispunha da chave certa, estando empenhado em procurá-la. Outra formulação da mesma idéia ocorre freqüentemente nos livros da Cabala luriana (cf. Cap. 2); cada palavra da Torá possui seiscentas mil "faces", ou seja, camadas de significado, ou entradas, uma para cada um dos filhos de Israel que se encontrava ao sopé do Monte Sinai. Cada face está voltada apenas para um entre eles; e unicamente este pode vê-la e decifrá-la. Cada homem tem seu próprio e único acesso à Revelação. A autoridade não mais reside num singular e inequívoco "significado" da comunicação divina, mas na sua infinita capacidade de assumir formas novas.

Mas esta abordagem das Escrituras abrange duas atitudes claramente discerníveis, uma conservadora e outra revolucionária. Os conservadores reconhecem a validez eterna dos fatos históricos registrados em livros tais como a Torá ou o Corão. Precisamente porque conservam por todos os tempos estes alicerces da autoridade tradicional, eles são capazes de tratar as Escrituras com a liberdade quase ilimitada que nunca deixa de surpreender-nos nos escritos dos místicos, uma liberdade mesmo para desesperar, como na nossa metáfora das chaves erradas. O reconhecimento da inalterada validez da autoridade tradicional é o preço que esses místicos pagam para transformar os significados do texto em suas exegeses. Uma vez que a estrutura se mantém intata, fica preservado, neste tipo de místico, o equilíbrio entre os elementos conservadores e revolucionários, ou, talvez fosse melhor dizer, sua tensão criadora. Não se pode ficar senão fascinado pela incrível liberdade com que Meister Eckhart, ou o autor do *Zohar*, ou os grandes místicos sufitas lêem os textos canônicos, a partir dos quais seu próprio mundo parece construir-se.

Mas, até lá onde a autoridade religiosa do mesmo livro sagrado é reconhecida, uma atitude revolucionária torna-se inevitável desde o momento em que o místico invalida o significado literal. Mas como é que ele pode pôr de lado o significado literal e ao mesmo tempo reconhecer a autoridade do texto? Isso se tor-

21

na possível porque ele considera o significado literal como simplesmente não-existente, ou válido apenas por um espaço de tempo limitado. O significado literal é *substituído* por·uma interpretação mística.

A história do judaísmo proporciona dois exemplos clássicos para estas duas atitudes possíveis face ao texto sagrado: ambos ocorreram após a instituição do cânon bíblico. Refiro-me à atitude dos autores dos textos exegéticos contidos nos Rolos do Mar Morto, que provavelmente remontam à era pré-cristã, e à atitude de Paulo. Ainda não existe certeza se os Rolos do Mar Morto devem ser encarados como documentos místicos no sentido mais restrito. Nossa interpretação desses textos, e particularmente dos elementos pessoais neles contidos, ainda é tão incerta que a questão provavelmente não será decidida por mais algum tempo à nossa frente [6]. Mas, se for provado que os dirigentes dessa seita eram místicos (e não apenas reformadores de tendência conservadora), então essa literatura fornecerá um excelente exemplo, na realidade o mais antigo exemplo conhecido, de uma atitude conservadora para com o texto sagrado, acompanhada pela máxima liberdade de exegese. Mesmo que os hinos que expressam a religião pessoal dessa comunidade (ou talvez até de um dos seus chefes) derivem sua inspiração fundamental da iluminação mística, o mundo por eles espelhado permanece inteiramente dentro do quadro da autoridade tradicional; a exegese é estritamente conservadora, mesmo quando de fato transforma a autoridade. Não há o problema de uma ab-rogação da autoridade; a meta é, antes, restaurá-la em toda sua severidade.

A situação é muito diferente com relação a Paulo, o mais conspícuo exemplo conhecido de um místico judaico revolucionário. Paulo teve uma experiência mística por ele interpretada de tal forma que abalou nele a autoridade tradicional. Não conseguiu mantê-la intacta; mas, como não quis abrir mão da autori-

---

6. A fluência e a expressividade desses textos são às vezes diametralmente opostas à aspereza e obscuridade dos originais hebraicos. O lirismo místico, por exemplo, que caracteriza a impressionante tradução feita por Theodor H. Gaster de um dos textos mais importantes, *in The Dead Sea Scriptures*, Nova York, 1956, pp. 109-202, só pode despertar inveja em todos os que tiverem lido o original hebraico.

dade das Sagradas Escrituras em si, viu-se forçado a declarar que eram limitadas no tempo e conseqüentemente ab-rogadas. Uma exegese puramente mística dos velhos textos tomou o lugar da estrutura original e proporcionou os fundamentos da autoridade nova que ele se sentiu convocado a estabelecer. Este choque místico com a autoridade religiosa foi claro e brusco. Paulo leu o Velho Testamento "a contrapelo". A incrível violência com que o fez mostra não só a incompatibilidade de sua experiência com o significado dos velhos livros, mas também sua determinação de preservar, ainda que por meio de exegeses puramente místicas, seus laços com os textos sagrados. O resultado foi aquele paradoxo que nunca deixa de nos assombrar quando lemos as epístolas paulinas: de uma parte, o Velho Testamento fica preservado, de outra, seu significado original é posto completamente de lado. A nova autoridade que é estabelecida, e para a qual as próprias epístolas paulinas servem de texto sagrado, é de natureza revolucionária. Tendo encontrado uma nova fonte, ela rompe com a autoridade constituída dentro do judaísmo, mas continua a revestir-se parcialmente com as imagens da velha autoridade, que agora passa a ser reinterpretada em termos puramente espirituais.

Em ambas as atitudes, o místico redescobre sua própria experiência dentro do texto sagrado. Amiúde é difícil dizer se o significado místico de fato aí se encontra ou se ele o injeta. A genialidade das exegeses místicas reside na fantástica precisão com que, a partir das palavras exatas do texto, derivam sua transformação das Escrituras para um *corpus symbolicum*. O significado literal é preservado, mas simplesmente como um portão através do qual o místico passa, um portão que se lhe abre sempre de novo. O *Zohar* define muito sucintamente esta atitude do místico numa exegese memorável do versículo 12,1, do *Gênesis*. As palavras de Deus a Abraão, *Lech lecha,* são tomadas não apenas no seu sentido literal, "Vai-te", ou seja, não são interpretadas como referindo-se unicamente à ordem de Deus a Abraão para ele ir pelo mundo afora, mas são lidas também com literalidade mística como significando "Vai-te a ti mesmo", isto é, "Encontra-te a ti próprio".

23

III.

O caráter conservador, tão freqüente no misticismo, depende largamente de dois elementos: a própria educação do místico e seu guia espiritual — um assunto do qual ainda voltarei a falar. Quanto à educação do místico, ele quase sempre carrega dentro de si uma herança antiga. Ele cresceu dentro do quadro de uma autoridade religiosa reconhecida e, mesmo quando começa a olhar independentemente para as coisas e procurar seu próprio caminho, todo o seu pensar, e especialmente sua imaginação, continuam permeados de elementos tradicionais. Ele não pode deitar fora facilmente a herança de seus pais, e nem mesmo tenta fazê-lo. Por que é que um místico cristão sempre tem visões cristãs, e não as de um budista? Por que é que um budista sempre vê as figuras do seu próprio panteão e não, por exemplo, Jesus ou a Madona? Por que é que um cabalista, em busca da iluminação, se encontra com o profeta Elias e não com a figura de um mundo estranho? A resposta é, evidentemente, que a expressão da experiência de um místico é por ele imediatamente transposta para símbolos do seu próprio mundo; e isto ocorre mesmo que os objetos destas experiências sejam essencialmente iguais e não, como gostam de supor alguns estudiosos do misticismo, sobretudo católicos, fundamentalmente diferentes. Embora reconhecendo diferentes graus e estádios de experiência mística, e um número ainda mais variado de possibilidades de interpretação, um não-católico tende a ser extremamente cético para com as repetidas tentativas feitas por católicos dentro da linha de sua doutrina no sentido de demonstrar que as experiências místicas das várias religiões repousam sobre fundamentos inteiramente diversos [7].

7. A expressão mais elucidativa deste ponto de vista — de que a experiência mística não tem um objeto só, mas vários, essencialmente diferentes — é talvez proporcionada pela obra estimulante e controvertida de R. C. Zaehner: *Mysticism, Sacred and Profane: An Enquiry into Some Varieties of Praeternatural Experience*, Oxford, 1957. A classificação de fenômeenos místicos em naturais, supranaturais e sobrenaturais, embora extremamente útil para certos fins, permanece altamente questionável, não obstante ter encontrado ampla aceitação na erudição de inspiração católica.

A esta altura talvez valha a pena perguntar o que acontece quando um misticismo não apresenta nenhum laço com autoridade religiosa alguma. Este problema da interpretação secularizada de experiências místicas amorfas tem sido repetidamente levantado desde c Iluminismo. A situação é um tanto obscurecida pelo fato de certos autores, não reconhecendo ou rejeitando toda autoridade tradicional, descreverem sua experiência mística em termos resolutamente seculares, porém vestirem a interpretação com a mesma experiência de imagens tradicionais. Eis o que ocorre com Rimbaud e, mais consistemente, com William Blake, Eles se consideram hereges luciferianos, porém sua imaginação é permeada de imagens tradicionais, quer da Igreja Católica oficial (Rimbaud), quer de origem subterrânea e esotérica, hermética e espiritual (Blake). Contudo a tradição afirma a sua força mesmo em místicos tão revolucionários que buscam sua autoridade essencialmente em si mesmos e numa interpretação secular das suas visões. Este misticismo secular toma formas particularmente interessantes nos países anglo-saxões, nos quais, depois de Blake, deparamo-nos com figuras como Walt Whitman, Richard Bucke e Edward Carpenter, que na interpretação de suas experiências não reconhecem autoridade alguma.

Talvez o melhor exemplo de uma interpretação puramente naturalista de uma experiência mística irresistível seja dada pela obra, ainda amplamente lida nos Estados Unidos, de autoria do médico canadense Richard Maurice Bucke, o amigo de Walt Whitman e executor do seu testamento. Em 1872, Bucke experimentou uma iluminação mística avassaladora; durante os anos seguintes, tentou aclarar o significado dela e alcançar uma compreensão de todas as grandes experiências místicas que se lhe afiguraram autênticas. Compilou suas averiguações num livro intitulado *Cosmic Consciousness*[8]. O livro deixa claro que uma experiência mística autêntica pode ser interpretada, mesmo pelo próprio "místico", de modo puramente imanente, naturalista, sem a mais leve referência a au-

---

8. Cf. Richard Maurice Bucke, *Cosmic Consciousness: A Study on the Evolution of the Human Mind*. O livro foi editado pela primeira vez em 1901. Fiz uso da 18.ª edição, Nova York, 1956.

toridades religiosas. Mas mesmo neste caso desempenham um papel determinante as teorias científicas e filosóficas aceitas pelo autor, do mesmo modo que as teorias correspondentes dos budistas, neoplatônicos ou cabalistas moldam as interpretações que dão às suas experiências. A teoria científica que forneceu a este autor do fim do século XIX seus conceitos básicos foi o darwinismo. Na linha das teorias de Darwin, considerou ele a experiência mística como um estádio dentro do desenvolvimento da consciência humana no sentido de uma maior universalidade. Do mesmo modo que o aparecimento de uma nova espécie biológica é anunciado por mutações que aparecem em membros da espécie antiga, assim aquela forma mais elevada de consciência, que Bucke chama de "consciência cósmica", apresenta-se hoje só em alguns espécimens humanos, sendo que esta elevada consciência que no fim se estenderá a toda a humanidade é o que agora é denominado de experiência mística. As gerações passadas deram-lhe uma interpretação religiosa — um erro histórico compreensível. A reivindicação de autoridade pelo místico é legítima, mas é mister interpretá-la de maneira diferente: é a autoridade daqueles cuja consciência atingiu um novo estádio de desenvolvimento. As teorias de Bucke naturalmente parecem hoje ingênuas e cientificamente insustentáveis. Não obstante, acho-as extremamente ilustrativas como uma indicação a mais de que a experiência mística é basicamente amorfa e portanto pode ser interpretada de inúmeras maneiras.

Ainda assim, este misticismo secular é uma exceção. A maioria dos místicos, como vimos, é fortemente influenciada pela educação recebida que, de modo perfeitamente natural, os imbui das atitudes e símbolos tradicionais. Mas a comunidade não considerava isto uma salvaguarda suficiente. O misticismo implica por sua própria natureza o perigo de um incontrolado e incontrolável desvio em face da autoridade tradicional. A instrução religiosa do grupo ainda deixa lugar a todo tipo de aventuras espirituais contrárias às idéias e doutrinas reconhecidas e capazes, portanto, de produzir um choque entre o místico e a autoridade religiosa do seu grupo. Esta é, sem dúvida, uma entre as muitas razões para a crença, amplamente disseminada, de que um místico necessita de um guia espiritual, ou *guru*, como é chamado na Índia. Na superfície, a função do *guru* é principalmente psicológica. Ele impede o discípulo que começa a explorar o mundo do misticismo de perder-se em situações perigosas. Pois confusão e até loucura espreitam de emboscada; o caminho do misticismo é cheio de perigos. Ele bordeja abismos da consciência e exige um passo seguro e medido. Os iogues, os sufis e os cabalistas, não menos do que os manuais do misticismo católico, salientam a necessidade de um tal guia espiritual, sem o qual o místico corre o perigo de perder-se na selva da aventura mística. O guia deve ser capaz de preservar o equilíbrio apropriado dentro da mente do místico. Só ele está familiarizado com as aplicações práticas das diferentes doutrinas, que não podem ser aprendidas nos livros. E ele tem uma função adicional, que tem sido pouco discutida mas que é, não obstante, de grande importância; representa a autoridade religiosa tradicional. Ele molda a interpretação da experiência pelo místico, dirigindo-a por canais aceitáveis para a autoridade estabelecida. Como é que realiza isso? Preparando o discípulo para o que lhe cumpre esperar durante a caminhada e à sua chegada ao alvo. Ele proporciona, desde a saída, a coloração tradicional que a experiência mística, por mais amorfa que seja, assumirá na consciência do noviço.

Consideremos, por exemplo, os *Exercícios Espirituais*, de Inácio de Loyola, um inestimável manual do misticismo católico. Desde o começo impregna ele a consciência do noviço com as imagens da Paixão de Cristo. Mostra exatamente o que o noviço, a cada passo, deve esperar, e põe-se a produzir o fenômeno que promete. O mesmo acontece, para tomar um exemplo do misticismo judaico, com a análise hassídico-cabalista dos estádios de meditação e êxtase, contida num famoso tratado proveniente da escola habadista do hassidismo da Rússia Branca [9]. O tratado informa em detalhes ao viandante no caminho da con-

---

9. *Cuntras ha-Hipaalut*, por Rabi Baer, filho de Rabi Schneür Zalman de Ladi, no volume *Likuté Beudrim*, Varsóvia, 1868.

templação "ativa", acerca dos estádios pelos quais terá de passar, se é que sua carreira mística irá obedecer aos rígidos conceitos judaicos do puro temor e do puro amor a Deus, e se é que pretende resguardar-se dos incontroláveis excessos emocionais. O tratado fornece os tradicionais símbolos cabalísticos que descrevem ou interpretam o caminho do místico judeu em direção à experiência do divino, assegurando, assim, que o caminho irá conformar-se aos ditames da autoridade, especialmente nas suas encruzilhadas mais perigosas.

Para manter o misticismo dentro do quadro das autoridades constituídas, compromissos muitas vezes fizeram-se necessários. Como é de se esperar, estes variam extremamente, conforme os requisitos dos diferentes grupos religiosos. A título de exemplo altamente ilustrativo de um tal compromisso, gostaria de discutir aqui o conceito cabalista da *guilui Eliiahu,* da "Revelação do Profeta Elias". Trata-se de um exemplo de como os aspectos conservadores e "progressistas" do misticismo podem unir-se para formar um único símbolo eloqüente.

Quando os primeiros cabalistas apareceram no palco da história judaica, no Languedoc, em fins do século XII, não pretenderam ter falado diretamente com Deus. Adotaram uma posição de compromisso. Por um lado, desejavam comunicar algo que obviamente não havia chegado a eles através dos canais tradicionais e geralmente reconhecidos. Mas por outro lado, como judeus ortodoxos, não podiam reivindicar, para sua própria experiência mística, grau igual ao da revelação, na qual se fundamentava a autoridade religiosa do judaísmo. Todas as religiões monoteístas possuem um conceito distinto, pode-se chamá--lo de uma filosofia de sua própria história. Desse ponto de vista, a primeira revelação, que exprime os conteúdos fundamentais de uma religião, é a maior, a de mais alto grau. Cada revelação sucessiva é de grau menor e de menos autoridade que a anterior. Um tal conceito proíbe a um verdadeiro crente colocar uma nova revelação no mesmo nível das grandes revelações do passado e cria, obviamente, um grave problema para o místico, já que ele atribui um enorme valor à sua nova e viva experiência. Esta situação requereu soluções de compromisso que se refletiam inevitavelmente na terminologia religiosa. No judaísmo rabínico, a partir do qual se desenvolveu o misticismo cabalista, um número de revelações distintas foi reconhecido como autêntico e cada uma, a seu próprio modo, de autoridade, a saber, a revelação de Moisés, dos Profetas, do Espírito Sagrado (que falou através dos autores dos Salmos e outras partes da Bíblia), dos receptores da "Voz Celeste" (*bat Col*, durante, acreditava-se, a era talmúdica), e finalmente a "revelação do Profeta Elias". Cada uma destas fases representa um grau de autoridade inferior à precedente. O princípio permanecia em vigor: cada geração pode reivindicar apenas um determinado nível de experiência. Mas os místicos ainda podiam criar um lugar para suas experiências, dentro do quadro tradicional, desde que a definissem em concordância com esta escala descendente de valores.

Foi por isso que os cabalistas não reivindicaram mais do que o grau aparentemente tão modesto de receptores da "revelação do Profeta Elias". Neste contexto, deve-se ter em mente que em tais experiências o fator auditivo era primordial e o fator visual apenas secundário, já que, sem dúvida, sob a influência da teoria mística da profecia acima referida, os místicos judeus atribuíam muito maior importância à audição de uma voz que às visões de luz.

Desde os começos do judaísmo rabínico, tem o Profeta Elias sido uma figura profundamente identificada com a preocupação central dos judeus: é ele quem transmite a mensagem divina de geração a geração, é ele quem, no fim dos dias, reconciliará todas as opiniões conflitantes, as tradições e as doutrinas manifestadas no judaísmo [10]. Homens verdadeiramente piedosos encontram-no não menos na praça do mercado do que em visões. Já que ele foi concebido como o custódio vigilante do ideal religioso judaico, o guardião messiânico e garantidor da tradição, foi impossível supor que ele jamais revelaria ou comunica-

10. Cf. o artigo "Eliyahu", *in Encyclopaedia Judaica*, VI, 1930, pp. 487-95.

ria algo que contradissesse fundamentalmente a tradição. Assim, a interpretação da experiência mística como uma revelação do Profeta Elias tendia, muito mais, por sua própria natureza, a confirmar do que a questionar a autoridade tradicional.

É extremamente significativo que os primeiros cabalistas a terem suspostamente alcançado este grau tenham sido o Rabi Abraão de Posquières e seu filho Isaac, o Cego. Abraão ben Davi (morto em 1198) foi, em sua geração, a mais alta autoridade rabínica no Sul da França, um homem profundamente enraizado na erudição e cultura talmúdicas. Mas ele foi ao mesmo tempo um místico, que formulou sua experiência em termos nitidamente conservadores[11]. Ele mesmo relata em seus escritos que o Espírito Sagrado lhe apareceu dentro de sua casa de estudos; mas os cabalistas afirmaram que a aparição foi do Profeta Elias. Só esta interpretação podia garantir que nenhum conflito surgiria entre os conhecimentos tradicionais do rabi e a tradução em novos conceitos de sua experiência mística. E quando seu filho, um místico puramente contemplativo, sem maiores pretensões à autoridade rabínica, prosseguiu no caminho místico do pai, a mesma reivindicação foi feita em relação a ele. A sua escola, bem como as doutrinas por ele formuladas, foi considerada complemento legítimo da doutrina rabínica, e seus seguidores não correram nenhum perigo de entrar em conflito com a autoridade tradicional. Forças tremendas, no entanto, estavam em ação dentro deste misticismo, e os símbolos através dos quais a nova revelação foi comunicada desvendam um conflito intenso, e de modo algum isento de perigo, com a autoridade tradicional.

Isto ocorria no estádio inicial do cabalismo. O mesmo fenômeno verifica-se no tocante a uma figura central da sua evolução posterior, Isaac Lúria, no século XVI. Lúria representa ambos os aspectos do misticismo em seu desenvolvimento mais amplo. Sua atitude toda foi decididamente conservadora. Aceitava plenamente a autoridade religiosa estabelecida, que procurou mesmo reforçar ao enaltecer sua

---

11. Cf. o capítulo sobre Abraão ben Davi no meu trabalho *Reschit ha-Cabalá, Os Começos da Cabala*, Jerusalém, 1948, pp. 66-98.

estatura e aprofundar seu significado. No entanto, as idéias que utilizou nesta tarefa aparentemente conservadora eram totalmente novas e, dentro do seu contexto conservador, parecem duplamente ousadas. No entanto, a despeito de sua conspícua novidade, elas não foram tidas como uma ruptura com a autoridade tradicional. Isto foi possível porque se reivindicou para elas a autoridade do Profeta Elias — uma reivindicação amplamente reconhecida, graças à impressionante personalidade e piedade de Lúria. A fonte de inspiração de Lúria tornou-se, assim, uma nova autoridade por si. Ainda que expressa em categorias tradicionais, esta nova autoridade, uma vez reconhecida, produziu profundas modificações no judaísmo, embora seus defensores alegassem não estarem fazendo nada disso. De acordo com a concepção prevalecente de que cada revelação nova é de grau inferior à precedente, Lúria manteve-se reticente quanto à fonte de sua inspiração. Mas essa reserva não deve enganarnos. A experiência mística que foi a fonte onde se abeberou, permanece tão autêntica quanto qualquer outra, e de grau tão elevado como qualquer fenômeno anterior no mundo do judaísmo rabínico.

IV.

Há mais um outro ponto importante em relação à interpretação e função conservadora do misticismo. Afirmei que o ambiente e a formação do místico levam-no, bastante espontaneamente, a expressar sua experiência através de símbolos tradicionais. Isto nos traz de volta ao problema do simbolismo. O problema da interpretação de símbolos naturalmente apresenta copiosos aspectos. Enfatizar um destes aspectos, no presente contexto, não significa minimizar a importância de outros, em contextos diferentes. Símbolos, por sua própria natureza, servem para descrever uma experiência que em si carece de expressão. Mas este aspecto psicológico ainda não é o problema todo. Símbolos também têm uma função dentro da comunidade humana. Podemos ir mesmo ao ponto de dizer que uma das funções principais dos símbolos religiosos consiste na preservação da vitalidade da experiência religiosa, dentro de um tradicional ambiente conservador [12]. A riqueza de significado que eles parecem irradiar empresta nova vida à tradição, sempre exposta ao risco de ficar congelada em formas mortas — processo este que prossegue até que os próprios símbolos morram ou mudem.

O místico que atribui um novo significado simbólico aos seus textos sagrados, às doutrinas e ao ritual de sua religião — e é precisamente isto o que quase todos os místicos têm feito e o que explica em grande parte sua importância na história das religiões — descobre uma nova dimensão, uma nova profundidade dentro da sua própria tradição. Ao empregar símbolos para descrever sua própria experiência e formular a interpretação que lhe dá, de fato dispõe-se a confirmar a autoridade religiosa reinterpretando-a, independentemente do fato de ele considerar os conceitos tradicionais como símbolos ou tentar elucidá-los por meio de novos símbolos. Porém, ao ampliar assim as dimensões simbólicas, transforma a autoridade religiosa, e o simbolismo que emprega serve de instrumento para esta transformação. Em piedosa veneração ele se curva perante a autoridade, sem que isto o impeça de transformá-la, às vezes até radicalmente. Ele utiliza símbolos velhos e dá-lhes significado novo, pode até utilizar símbolos novos e dar-lhes um significado velho — em ambas as hipóteses encontramos um inter-relacionamento dialético entre os aspectos conservadores e os aspectos novos, produtivos, do misticismo.

E surge um outro problema: será correto distinguir entre estas duas atitudes em face da autoridade como sendo conscientes e inconscientes? Estaremos certos ao afirmar que a autoridade religiosa é uma força consciente dentro da mente do místico, enquanto que seu conflito com ela tem suas raízes nas camadas inconscientes de sua experiência? Algo pode ser argüido em favor deste ponto de vista. Indubitavelmente existiram místicos nos quais a linha divisória

12. Para uma discussão da função do simbolismo na religião, vide o simpósio *Religious Symbolism*, ed. F. Ernest Johnson, Nova York, 1955. Contudo, não apóio de modo algum a opinião defendida pelo Prof. Abraham Joshua Heschel, de que o Judaísmo Rabínico é uma religião formada fora das categorias do simbolismo.

entre consciente e inconsciente coincidiu com a linha divisória entre suas tendências conservadoras e revolucionárias. Mas isto não deve levar-nos a simplificar em demasia. Estas linhas divisórias em geral não se mostram tão claras. Com bastante freqüência o conflito desenrola-se bem abertamente e o místico é perfeitamente cônscio dele. Em tais casos, o místico sabe que deve opor-se à autoridade existente, que foi escolhido para fundar uma autoridade nova ou erradicá-la de vez.

Foi o que se deu com os grandes líderes dos anabatistas, cuja inspiração mística é inquestionável, e dos quacres, para citar apenas estes dois exemplos crassos da história do cristianismo. E, no judaísmo, o mesmo vale em relação aos chefes sabataístas e hassídicos. As categorias psicológicas e históricas não são de forma alguma idênticas. Freqüentemente os místicos fizeram o máximo para expressar-se dentro do quadro da autoridade estabelecida, sendo levados a um conflito aberto com esta tão-somente ao depararem com demasiada oposição dentro de sua comunidade. Mas se tivessem tido a liberdade de escolher, teriam evitado os conflitos para os quais não lhes foi dado opção. Em certos casos pode-se mostrar que os místicos começaram a dar interpretações cada vez mais radicais às suas idéias somente após o conflito ter sido forçado sobre eles..

O *Diário* de John Wesley, o fundador do metodismo, proporciona um excelente exemplo de tal caso. Raramente houve descrição tão clara de como um místico, preso na dialética de sua experiência, lutou com todas as forças para não ser arrastado a um conflito com a autoridade religiosa estabelecida. Este conflito com a Igreja Anglicana foi imposto a Wesley, não de dentro porém de fora, mas depois ele passou a aceitá-lo com plena consciência e travou sua batalha até o fim. Na medida em que os documentos disponíveis nos permitem julgar, a situação de Valentinus, o notável líder gnóstico, parece em grande parte ter sido da mesma ordem. E deparamos com um desenvolvimento similar na história do hassidismo, cujos primeiros chefes não tinham nenhuma intenção de entrar em choque com as autoridades rabínicas. Quando o conflito lhes foi imposto, alguns dentre eles deram largas ao seu misticismo espiritual; mas após um certo tempo, o movimento e seus adversários rabínicos chegaram a um compromisso, frágil de início, mas ganhando gradativamente estabilidade. No que me é dado ver, nossa compreensão do assunto é muito pouco avançada pela distinção entre processos conscientes e inconscientes.

Mas sob que circunstâncias surge um conflito desses? Quais são os fatores decisivos? Qual é a espécie de misticismo que conduz a um conflito com a autoridade e qual não? Não temos, infelizmente, resposta satisfatória para essas perguntas. Tais conflitos são em grande parte imprevisíveis e não giram essencialmente em torno da personalidade ou das doutrinas do místico. Dependem inteiramente de circunstâncias históricas. Mas o relacionamento entre religião e condições históricas muda constantemente e não pode ser reduzido a um simples denominador comum. Uma resposta inequívoca requereria o conhecimento de todos os fatores históricos e das condições específicas prevalecentes no momento em que os místicos embarcaram em suas atividades. Contudo, há, talvez, uma única exceção a essa afirmativa: aqueles místicos que é possível caracterizar como radicais natos — uma qualidade pessoal específica que não se restringe de forma alguma aos místicos. Há muitos homens que tendem por natureza à formulação radical das suas idéias, que entram em atrito com qualquer tipo de autoridade e não têm a menor paciência com a insensatez de seus próximos. Eles não precisam ser necessariamente místicos para entrar em oposição à autoridade estabelecida. Porém, se se tornam místicos, esta tendência radical fica particularmente acentuada, como no caso de George Fox, na formação do movimento dos quacres ingleses.

Somente no caso raro e extremo do misticismo niilista é que a doutrina mística *como tal* implica conflitos. Doutrinas, por outro lado, que foram expressas com a máxima força em determinada época e lugar sem levar a conflito algum, podem, sob circunstâncias históricas diferentes, fomentar embates violentos. Sem dúvida, a dialética do simbolismo, que mencionamos, está sempre presente; mas se ela entra em conflito aberto com a autoridade e isto depende de fatores extrínsecos. A história do misticismo católico encerra exemplos famosos, e o historiador do misticismo tira pouco benefício das tentativas dos apologistas de provar que duas doutrinas, uma das quais é aceita pela Igreja, enquanto a outra tem sido condenada como herética, apenas aparentam ser similares, quando, na realidade, são fundamentalmente diversas. Isto é amplamente ilustrado através da história do misticismo quietista no cristianismo [13]. Pois não foram as doutrinas do quietismo, tal como originalmente formuladas por seus representantes na Igreja espanhola, que haviam mudado quando Madame Guyon foi condenada; o que tinha mudado era a situação histórica. Aí, um dos conflitos mais dramáticos na história da Igreja evidencia como uma luta desse tipo pode surgir contra a vontade dos principais participantes, se uma situação histórica sem qualquer relação com doutrinas místicas a torna aparentemente desejável.

Encontramos a mesma situação no hassidismo. Quando Israel Baal-Schem, o fundador, no século XVIII, do hassidismo polonês, expôs a tese mística de que a comunhão com Deus (*devekut*) é mais importante do que o estudo de livros, isto provocou considerável oposição e foi citado em todas as polêmicas anti-hassídicas como prova das tendências subversivas e anti-rabínicas do movimento. Mas exatamente a mesma teoria havia sido exposta duzentos anos antes por ninguém menos do que o próprio Isaac Lúria, a grande autoridade mística, em Safed, sem suscitar o mais leve antagonismo. O que mudara não fora a tese mas o clima histórico.

Delineamos acima a atitude dos místicos com respeito à autoridade. Quanto aos esforços das au-

---

13. É interessante, neste contexto, comparar dois relatos tão diferentes quanto o de Heinrich Heppe, *Geschichte der quietischen Mystik in der katholischen Kirche*, Berlim, 1875, e o de Ronald A. Knox, *Enthusiasm: A Chapter in the History of Religion with Special Reference to the XVII and XVIII Centuries*, Oxford, 1950.

35

toridades para conter os esforços dos místicos dentro do quadro tradicional, mostramos que em geral fizeram o melhor possível para levantar obstáculos na senda do místico. Não lhe dão nenhum encorajamento, e se os obstáculos, finalmente, amedrontam o místico e trazem-no de volta aos velhos e habituais caminhos — tanto melhor do ponto de vista da autoridade.

Todas as grandes religiões institucionais têm demonstrado considerável aversão pelos místicos leigos, quer dizer, os místicos iletrados que, impulsionados pela intensidade de sua experiência, acreditam poder dispensar os canais tradicionais e sancionados da vida religiosa. Quanto menos instruído o candidato à iluminação mística, quanto menos ele conhece em matéria de teologia, tanto maior o perigo de um conflito com a autoridade. Este ponto é ilustrado por todos os manuais de misticismo redigidos do ponto de vista da autoridade tradicional, independentemente do seu conteúdo específico. As autoridades judaicas, por exemplo, tentaram evitar conflitos, restringindo a eruditos talmúdicos plenamente adestrados o direito de engajar-se na prática e especulação místicas. Todos os manuais cabalísticos trazem a advertência de Maimônides: "Ninguém é digno de entrar no paraíso (o reino do misticismo) sem que tenha antes tomado a sua parte de pão e carne" [14], vale dizer, a porção adequada de sóbrios estudos rabínicos.

Tais advertências, é preciso admitir, não foram muito eficazes. A história das grandes religiões é rica de misticismo leigo e dos movimentos dele emergidos. Na história do cristianismo, o misticismo leigo é exemplificado por movimentos como o dos gnósticos, dos Irmãos do Espírito Livre, dos Alumbrados espanhóis e das seitas protestantes dos últimos quatro séculos. A Igreja, é verdade, ferreteou todos estes movimentos como heresias. Mas isto nem sempre foi o caso no judaísmo. Ainda que muitos dentre os grandes cabalistas preenchessem plenamente os requisitos da advertência conservadora de Maimônides, sempre

14. Maimônides, *Mischné Torá, Hilchot Iesodé ha-Torá*, IV, 13.

houve cabalistas não tão bem versados no saber rabínico ou que, em todo caso, não possuíam uma instrução talmúdica completa. Um caso assim é o do mais célebre entre todos os místicos judaicos dos últimos séculos, Israel Baal-Schem, o fundador do hassidismo polonês. Seu "saber", no sentido tradicional da palavra, era bastante magro; ele não teve mestre de carne e sangue a guiá-lo no seu caminho — o único guia espiritual a quem jamais aludiu foi o profeta Ahijah de Schiloh, com quem mantinha constante contato espiritual e visionário. Em poucas palavras, foi um místico leigo puro, e o misticismo leigo foi um fator vital no movimento por ele fundado. No entanto, este movimento (ainda que ao preço de um compromisso) logrou o reconhecimento da autoridade tradicional. Outros movimentos, nos quais o misticismo leigo desempenhou um papel importante — os sabataístas, por exemplo —, não foram capazes de obter este reconhecimento e foram impelidos ao conflito aberto com a autoridade rabínica.

Especialmente nas religiões monoteístas, a autoridade religiosa dispõe de um outro método ainda para evitar conflitos com os místicos da comunidade. Consistia este em fazê-los arcar com responsabilidade social. Pressionavam os místicos a misturarem-se com o povo comum, participar em suas atividades, em vez de permanecer entre si em comunidades de "iluminados". No cristianismo, onde desde os começos do monasticismo os místicos sempre conseguiram agrupar-se, esta tendência nem sempre tem sido tão clara como no judaísmo. Desde os tempos talmúdicos, encontramos uma decidida oposição a deixar os místicos se organizarem em comunidades próprias. Os rabis insistiam sempre que a experiência mística, "o amor de Deus", deve ser confirmado por atividades dentro da comunidade humana, não sendo suficiente o indivíduo derramar sua alma ante Deus. Não falarei aqui, em pormenor, desta tendência. Basta mencionar que ela tem sido altamente eficaz em "amansar" místicos e mantê-los dentro dos limites impostos pela autoridade tradicional.

37

Em oposição diametral e irreconciliável a todas essas tentativas de aliviar a tensão entre misticismo e autoridade religiosa situa-se o caso extremo do niilismo místico, em que toda autoridade é rejeitada em nome de experiência e iluminação místicas. À primeira vista, o místico niilista parece o mais livre e o mais fiel à sua percepção central; pois, tendo alcançado a mais alta meta da experiência mística, isto é, a dissolução de toda forma, estende sua introvisão mística às relações com o mundo real, ou seja, rejeita todos os valores e a autoridade que garante a validez dos valores. No entanto, do ponto de vista da história, é o mais coagido e o menos livre entre os místicos, pois a realidade histórica, tal como corporificada na comunidade humana, impede-o mais que a qualquer outro místico de proclamar abertamente sua mensagem. Isto explica, sem dúvida, por que são extremamente raros os documentos do misticismo niilista. Por causa do seu caráter subversivo, as autoridades suprimiam-nos e destruíam-nos; onde quer que tenham chegado até nós, é porque seus autores recorreram a uma ambigüidade de expressão que, por sua vez, torna duvidosa a nossa interpretação dos textos. Isso explica, por exemplo, por que continua sendo matéria controvertida o caráter niilista de certas doutrinas místicas, e especialmente as dos ismaelitas e dos drusos, mas também de grupos como a ordem dos dervixes bektaschi. Por outro lado, a ambigüidade intencional de tais escritos tem feito com que, sempre, sejam suspeitos de niilismo místico.

Na falta de fontes originais acerca do niilismo gnóstico do segundo século, material que não chegou até nós [15], parece-me não possuirmos um registro mais impressivo de um misticismo niilístico do que a obra polonesa *Livro das Palavras do Senhor,* na qual os discípulos de Jacob Frank (1726-91) anotaram os ensinamentos de seu mestre conforme suas próprias

---

15. Material valioso em que basear uma análise das possibilidades niilísticas do misticismo gnóstico é proporcionado por Hans Jonas, *in Gnosis und spaetantiker Geist,* I, Goetingen, 1933; mas dependemos totalmente de citações e relatos transmitidos por adversários católicos do gnosticismo. Textos originais completos não foram preservados. Cf. também Herbert Liboron, *Die Kapokrastinische Gnosis,* Leipzig, 1938.

palavras [16]. Em outra parte analisei as circunstâncias que permitiram a erupção deste niilismo místico dentro de uma comunidade tão firmemente organizada e autoritária quanto o judaísmo rabínico [17]. Messianismo e misticismo desempenharam partes iguais na cristalização dessas idéias, que se originaram na ala radical do movimento sabataísta [16].

O que nos interessa aqui é o modo pelo qual a experiência mística do contato humano com a fonte primordial da vida conseguiu obter expressão num símbolo que implica a negação de toda autoridade. Uma iluminação concernente à liberdade messiânica na redenção cristaliza em torno do símbolo da Vida. Em sua experiência mística, o místico encontra Vida. Esta "Vida", contudo, não é a vida harmoniosa das coisas vinculadas a Deus, um mundo ordenado pela lei divina e submetido à Sua autoridade, mas é algo bem diferente. Totalmente livre, não encadeada a nenhuma lei ou autoridade, esta "Vida" nunca cessa de produzir formas e destruir o que produzira. É a promiscuidade anárquica de todas as coisas vivas. Neste caldeirão fervilhante, nesta destruição contínua, é que o místico mergulha. Para ele, este salto é a mais alta experiência humana. Para Frank, a destruição anárquica representa toda a radiância luciferiana, todas as combinações e matizes da palavra "Vida". O místico niilista desce ao abismo dentro do qual nasce a liberdade das coisas vivas: ele passa por todas as encarnações e formas que encontra, sem comprometer-se com nenhuma; e não contente com o fato de rejeitar e ab-rogar todos os valores e leis, espezinha-os e desagrada-os, tudo com o fito de obter o exilir da Vida.

16. Até hoje, citações mais extensas e anotações deste livro somente são encontradas na obra, em dois volumes, de Alexander Kraushar, *Frank i Frankisci Polscy*, Cracóvia, 1895. Os manuscritos utilizados por Kraushar perderam-se durante a Segunda Guerra Mundial, quando as bibliotecas polonesas foram quase totalmente destruídas. Um manuscrito incompleto dessas copiosas anotações foi descoberto recentemente na biblioteca da Universidade de Cracóvia.

17. Cf. meu artigo "Le Mouvement Sabbataiste en Cologne", *Revue de L'histoire des religions*, CLII-CLIV, 1953-4, especialmente a última parte, CLIV, pp. 42-77.

18 Cf. a exposição minuciosa em minha obra, em dois volumes, em hebraico, *Schabetai Zevi*, Tel Aviv, 1957.

Nesta interpretação radical de um símbolo, o elemento vivificador da experiência mística foi associado à sua destrutividade potencial. É óbvio que, do ponto de vista da comunidade e das suas instituições, semelhante forma de misticismo só podia ser vista como possessão demoníaca. E é fato indicativo de uma das enormes tensões que correm através da história do judaísmo, que esta mais destrutiva de todas as visões tenha sido formulada em sua forma mais irrestrita por alguém que se rebelou contra a lei judaica e rompeu com o judaísmo.

V.

Parece-me que um dos pronunciamentos que chegou até nós, do Rabi Mendel Torum de Rimanov (morto em 1814) [19], um dos grandes santos hassídicos, lança uma luz brilhante sobre o problema do relacionamento entre autoridade e misticismo. Tentarei interpretar a referida declaração. A revelação dada a Israel, no Monte Sinai, como todo mundo sabe, é um conjunto claramente definido de doutrinas, uma convocação dirigida à comunidade humana; seu significado é perfeitamente claro e certamente não é uma fórmula mística aberta a interpretações sem fim. Mas, qual é, surge a pergunta, o elemento verdadeiramente divino nesta revelação? A questão já é discutida no Talmud (Makoth, 24 a). Quando os filhos de Israel receberam os Dez Mandamentos, o que foi que eles puderam de fato ouvir, e o que foi que ouviram? Alguns rabis sustentaram que todos os Mandamentos foram enunciados aos filhos de Israel diretamente pela voz divina. Outros afirmaram que só os dois primeiros Mandamentos foram comunicados diretamente, 'Eu sou o Senhor teu Deus" e "Não terás outros deuses diante de mim" (Êx. 20: 2-3). Depois disso, o povo ficou subjugado, não pôde mais agüentar a voz divina. Por isso viu-se obrigado a receber os demais Mandamentos por intermédio de Moisés. Só Moisés foi capaz de suportar a voz divina, e foi ele

---

19. Citado por Ahron Markus, *in Der Chassidismu*, Pleschen, 1901, p. 239, de *Torat Menahem*, uma coletânea de alguns dos sermões do Rabi de Rimanov.

40

quem repetiu, em voz humana, aqueles enunciados de autoridade suprema que são os Dez Mandamentos.

Esta concepção de Moisés, como o intérprete da voz divina para o povo, foi desenvolvida mais radicalmente por Maimônides [20], cujas idéias Rabi Mendel de Rimanov levou à sua última conclusão. Na opinião de Rabi Mendel, nem mesmo os dois primeiros Mandamentos foram revelados diretamente ao povo inteiro. Tudo que Israel escutou foi o *alef,* a letra hebraica com que começa o primeiro Mandamento, o *alef* da palavra *anokhi,* "Eu". Isto se me afigura uma afirmação extremamente notável, fornecendo bastante material para a reflexão. Pois, em hebraico, a consoante *alef* representa nada mais que a posição adotada pela laringe quando uma palavra começa com uma vogal. Assim, pode-se dizer que o *alef* denota a fonte de todo e qualquer som articulado, e de fato os cabalistas sempre consideraram o *alef* a raiz espiritual de todas as demais letras, abarcando sua essência o alfabeto inteiro e, portanto, todos os demais elementos da interlocução humana [21]. Escutar o *alef* equivale a não escutar quase nada; é o preparativo para toda linguagem audível, mas por si só não transmite nenhum sentido específico. Assim, com sua audaciosa afirmativa de que a revelação a Israel consistiu, de fato, unicamente, no *alef,* Rabi Mendel transformou a revelação do Monte Sinai numa revelação mística, plena de significado infinito, mas sem significado específico. A fim de tornar-se um fundamento de autoridade religiosa, tinha que ser traduzido em linguagem humana, e foi exatamente o que Moisés fez. Sob essa luz, toda enunciação em que se baseia uma autoridade, tornar-se-ia uma interpretação humana — por mais válida e exalçada que fosse — de

20. Maimônides, *Guia dos Perplexos,* II, 33. Maimônides avança a opinião de que em toda parte, nas passagens relativas à revelação do Monte Sinai, onde se diz que os filhos de Israel ouviram palavras, o sentido é que eles ouviram os sons (inarticulados) da voz, mas foi Moisés quem ouviu as palavras (em sua articulação significativa) e as comunicou ao povo.

21. Esta opinião é expressa por Jacob Kohen de Soria, no começo de sua explicação cabalística do alfabeto hebraico, por mim publicado *in Madaé ha-Iahadut,* II, 1927, especialmente à pág. 203.

algo que a transcende [22]. Por uma vez na história, uma experiência mística foi participada a uma nação inteira e formou um laço entre esta nação e Deus. Mas o elemento verdadeiramente divino nesta revelação, o imenso *alef*, não foi por si só suficiente para exprimir a mensagem divina e por si só foi mais do que a comunidade podia suportar. Unicamente o profeta dispunha de poderes para comunicar à comunidade o significado desta voz inarticulada. É a experiência mística que concebe e dá nascimento à autoridade.

---

22. Esta opinião, conforme chamou a minha atenção meu amigo Ernst Simon, encontra-se expressa com grande exatidão, e numa forma sugerindo a linguagem dos místicos, numa carta de Franz Rosenzweig a Martin Buber, datada de 1925. Rosenzweig nega que a revelação do Monte Sinaı tivesse transmitido leis. "O único conteúdo imediato da revelação... é a própria revelação; com *Va-iered* ('ele desceu'. Êx., 19:20) ela está essencialmente completa, com *va-iedabér* ('Ele falou', Êx., 20:1) já começa a interpretação, e mais ainda com *anohí* (o 'Eu' com que começam os Dez Mandamentos)." Cf. Franz Rosenzweig, *Briefe*, Berlin, 1935, p. 535; tradução inglesa *in* F. Rosenzweig, *On Jewish Learning*, ed. N. N. Glatzer, Nova York, 1955, p. 118.

2. O SIGNIFICADO DA TORÁ NO MISTICISMO JUDAICO

I.

O misticismo judaico é a soma das tentativas feitas para introduzir uma interpretação mística no conteúdo do judaísmo rabínico, tal como este se cristalizou na época do Segundo Templo e posteriormente. O processo de cristalização, obviamente, tinha de estar bastante adiantado para que este desenvolvimento pudesse ocorrer. Isto se aplica tanto ao tipo de judaísmo centrado em torno da Lei, e que Filo de Alexandria se propôs a interpretar, quanto a um judaísmo mais altamente desenvolvido como o talmúdico, sobre o qual se basearam as diligências dos cabalistas medievais. Não é minha intenção, aqui, discutir os problemas históricos relacionados com o desenvolvimento do misticismo judaico e, sobretudo, da Cabala; fiz isto em outro lugar, particularmente no meu *As Granaes Correntes da Mística Judaica* *. Basta dizer que o tópico que pretendo discutir ocupa uma posição central no misticismo judaico.

Num sistema religioso baseado na revelação divina e na aceitação de livros sagrados que definem seu conteúdo, as questões atinentes à natureza de semelhante revelação, tal como exposta nos livros sagrados, são indiscutivelmente da maior importância. Em tempos de crise, ademais — e o misticismo .como fenômeno histórico é um produto de crises —, estas questões se tornam particularmente urgentes. Os místicos são homens que por sua própria experiência interior e sua especulação acerca dessa experiência descobrem novas camadas de significação na sua religião tradicional. Quando experiência e especulação não os levaram a romper com as instituições tradicionais da sua religião, era inevitável que se confrontassem com dois problemas. Como é que poderiam encontrar sua própria experiência refletida e antecipada nos textos sagrados? E, ainda: como é que sua visão do mundo poderia ser harmonizada com a visão aceita pela sua própria tradição? (Cf. Cap. 1, onde esta questão é discutida em pormenor.) É do conhecimento geral que as interpretações alegóricas brotam espontaneamente sempre que um conflito entre idéias novas e as expressas num livro sagrado exige alguma forma de compromisso. O que é verdade com respeito à interpretação alegórica aplica-se ainda mais à interpretação especificamente mística de tais textos.

Não é meu intuito discutir aqui a exegese mística em sua aplicação concreta à Bíblia. Número imenso de livros tem sido escrito por místicos judeus, na tentativa de achar suas próprias idéias no texto bíblico, ou de lê-las em seu contexto. Grande parte da literatura cabalística consiste em comentários aos livros da Bíblia, especialmente o Pentateuco, os Cinco Ro-

* Trad. bras.: São Paulo, Ed. Perspectiva, 1972.

los *, os Salmos, o Cântico dos Cânticos, o Livro de Rute, e Eclesiastes. Muitos cabalistas de mente produtiva viram nisto um meio condizente para exprimir idéias próprias, dando, ao mesmo tempo, a impressão de que elas emanavam das palavras da Bíblia. Não é sempre fácil, em determinado caso, especificar se o texto bíblico inspirou a exegese, ou se a exegese foi um artifício deliberado destinado a cobrir a brecha entre a visão nova e a velha, mediante a extração de idéias completamente novas do texto. Mas isto talvez seja adotar uma opinião demasiado racionalista sobre o que se passa na mente de um místico. Na realidade, os processos de raciocínio dos místicos são em grande parte inconscientes, e talvez nem sequer se dêem conta do choque entre o velho e o novo, que é de interesse tão apaixonante para o historiador. Eles estão cabalmente enraizados na tradição religiosa em que foram criados, e muitas noções que a um leitor moderno podem parecer distorções fantásticas de um texto, brotam de uma concepção das Escrituras Sagradas, que para o místico se afigura perfeitamente natural. Pois se há uma coisa que se pode dizer com certeza a respeito dos cabalistas, é esta: eles são, e esforçam-se ao máximo para continuar sendo, tradicionalistas, como o indica a própria palavra Cabala, que é uma das várias palavras hebraicas para designar "tradição".

Assim, é importante para nós entender as suposições básicas subjacentes à exegese concreta dos místicos. Este é o problema que passaremos agora a discutir. Nesse intento, não dependeremos de conjeturas ou de inferências tiradas das exegeses, pois os místicos nos deixaram formulações extremamente precisas e iluminadoras de suas idéias. A especulação mística acerca da natureza da Torá anda de mãos dadas com o desenvolvimento de certos princípios gerais. Algumas das idéias dos místicos possuem uma história bastante peculiar e não são comuns a todos os cabalistas, mas caracterizam somente certas tendências. Não é sem interesse observar a relação entre estas

---

* Os cinco livros mais curtos dos *Ketuvim*: Cântico dos Cânticos, Rute, Lamentações, Eclesiastes e Ester.

45

diferentes idéias e os princípios básicos a partir dos quais evoluíram.

Muita coisa foi escrita sobre a exegese alegórica de Filo de Alexandria e os pressupostos em que ela se baseia. A esta altura não há necessidade de dizer mais a respeito. Ao discutir as concepções específicas dos cabalistas acerca do significado da Torá, deparamos inevitavelmente com alguns impressionantes paralelos em certas passagens da obra de Filo. Ainda recentemente, um erudito da envergadura de I. F. Baer tentou demonstrar a existência de profundo parentesco estrutural e, mesmo, de identidade entre as concepões de Filo e as dos cabalistas, interpretando ambos como desenvolvimentos perfeitamente legítimos das concepções estritamente rabínicas que servem de base à *Halahá*[1]. Mas este paralelismo, pelo que me é dado ver, não brota de uma influência histórica de Filo sobre os cabalistas medievais, embora tenha havido numerosas tentativas — todas fracassadas, na minha opinião — de demonstrar uma tal linha de afiliação[2]. À medida que tais paralelos realmente existem, baseiam-se em similaridade de propósito. Os cabalistas, como haveremos de ver, formularam seus desígnios com clareza e penetração incomparáveis, e é fácil a pessoa desencaminhar-se quando lê Filo à luz das penetrantes formulações que fizeram. Similaridade de propósito e, portanto, na estrutura fundamental das idéias místicas acerca da natureza das Escrituras Sagradas, explica também os paralelos

1. Cf. o artigo, em hebraico, de Y. F. Baer, *in Zion*, XXIII-XXIV, 1959, pp. 143 ss., especialmente até p. 154, onde menção é feita à primeira versão deste capítulo, publicada *in Diogenes*, n. 14-15. 1956. Baer tenta provar que, em Filo, *logos* e Torá são idênticos, indo mais longe ainda do que Erwin Goodenough (*By Light, Light: The Mystic Gospel of Hellenistic Judaism*, New Haven, 1935) que não menciona uma tal identificação em seu capítulo sobre Filo e a Torá, pp. 72-94. Cf. também Harry A. Wolfson, *Philo*, I, pp. 114-43; Edmund Stein, *Die allegorische Exegese des Philo aus Alexandrien*, 1929.

2. Outra tentativa foi feita recentemente por Samuel Belkin, em sua obra, em hebraico, *Midrasch ha-Neelam e suas Fontes nos Antigos Midraschim Alexandrinos*, Jerusalém, 1958, edição especial do anuário *Sura*, III, pp. 25-92. Belkin tenta provar que esta parte importante do *Zohar* é um *midrasch* baseado em fontes alexandrinas intimamente ligadas a Filo. Seu empreendimento não resiste à crítica; cf. a apreciação penetrante dessa obra por R. Zwi Werblowsky, *in Journal of Jewish Studies*, X, p. 276, nota 3, 1959-60, pp. 25-44, 112-135. A réplica, por Joshua Finkel, "The Alexandrian Tradition and the Midrasch Neélam", *in The Leo Jung Jubilees*, Nova York, 1962, pp. 77-103, é totalmente improcedente.

entre certas afirmações cabalistas sobre a Torá e as de místicos islâmicos acerca do Corão ou, ainda, de místicos cristãos a respeito de seu cânon bíblico. Só um estudo das condições históricas sob as quais se desenvolveram determinadas idéias cabalísticas pode dizer-nos se existia, ou não, uma conexão histórica entre as especulações de cabalistas judeus e as especulações de não-judeus sobre a natureza das Escrituras Sagradas. De minha parte, acredito estar capacitado a demonstrar tal influência, em pelo menos um caso, no contexto da doutrina do significado quádruplo das Escrituras Sagradas.

Antes porém de voltar ao nosso problema central, mais uma observação preliminar se faz necessária. A maior parte, se não a totalidade, de especulação e doutrina cabalísticas, diz respeito ao domínio das emanações divinas, *sefirót*, em que se desdobra o poder criador de Deus. Através de um longo período de tempo, imaginaram os cabalistas numerosas maneiras de descrever este domínio. Mas durante toda sua história, continuou sendo o principal conteúdo de sua visão, e sempre se lhe referiam na linguagem dos símbolos, já que ele não é acessível à percepção direta da mente humana. À medida que Deus se revela, Ele o faz por meio do poder criador das *sefirót*. O Deus de quem fala a religião, é sempre concebido sob um ou mais destes aspectos de Seu Ser, que os cabalistas identificavam como estádios no processo da emanação divina. Este mundo cabalístico das *sefirót* abrange o que teólogos e filósofos denominaram o mundo dos atributos divinos. Mas, para os místicos, era a vida divina, ela mesma, à medida que se move rumo à Criação. A dinâmica secreta dessa vida fascinava os cabalistas, que a encontravam refletida em todos os domínios da Criação. Mas essa vida não é separada da Divindade, nem lhe é subordinada, mas é, antes, a revelação da raiz oculta, a respeito da qual nada pode ser dito, nem mesmo através de símbolos, já que ela nunca é manifestada, raiz essa que os cabalistas chamam de *en-sof*, o infinito. Mas esta raiz oculta e as emanações divinas são uma só coisa.

Não é preciso, aqui, penetrar nos paradoxos e mistérios da teologia cabalística que trata das *sefirót* e sua natureza. Mas um ponto importante deve ser aclarado. O processo que os cabalistas descreviam como a emanação de energia divina e de luz divina foi também caracterizado como o desdobramento da *linguagem* divina. Isto dá lugar a um paralelismo profundamente arraigado entre as duas mais importantes espécies de simbolismos empregados pelos cabalistas para comunicar suas idéias. Falam eles de atributos e esferas de luz; mas, no mesmo contexto, falam também de nomes divinos e das letras das quais estes são compostos. Desde os inícios mesmos da doutrina cabalista, estas duas maneiras de falar aparecem lado a lado. O mundo secreto da divindade é um mundo de linguagem, um mundo de nomes divinos que se abrem de acordo com uma lei que lhes é própria. Os elementos da linguagem divina aparecem como as letras das Escrituras Sagradas. Letras e nomes não são apenas meios convencionais de comunicação. São muito mais. Cada um deles representa uma concentração de energia e exprime uma riqueza de significados que não pode ser traduzida, não plenamente, pelo menos, em linguagem humana. Há, é evidente, uma discrepância óbvia entre os dois simbolismos. Quando os cabalistas falam de atributos divinos, e de *sefirót,* descrevem o mundo secreto sob dez aspectos; quando, por outro lado, falam de nomes e letras divinas, operam necessariamente com as vinte e duas consoantes do alfabeto hebraico, no qual a Torá é escrita, ou, como eles o teriam formulado, através do qual a essência secreta da Torá foi tornada comunicável. Várias maneiras de resolver esta aberrante contradição foram tentadas. Uma explanação foi que, dado o fato de as letras e *sefirót* serem configurações diferentes do poder divino, não podem ser reduzidas a uma identidade mecânica. O que é significativo para nossos propósitos neste momento, é a analogia entre Criação e Revelação, resultante do paralelo entre as *sefirót* e a linguagem divina. O processo da Criação, que prossegue de estádio em estádio e é refletido em mundos extradivinos, bem como, evidentemente, na natureza, não difere necessariamente do processo que encontra sua expressão em palavras divinas e nos documentos da Revelação, nos quais a linguagem divina supostamente se refletiu.

Estas considerações nos conduzem ao próprio âmago do nosso tópico. Existe um relacionamento necessário entre o significado místico da Torá e as assunções concernentes à sua essência divina. Os cabalistas não procedem a partir da idéia de um significado comunicável. A Torá, é claro, significa algo para nós. Ela comunica algo, em linguagem humana. Mas este, como haveremos de ver, é apenas o mais superficial dos vários aspectos sob os quais é possível apreciá-la. Veremos, a seguir, quais são estes aspectos.

Os conceitos cabalísticos da verdadeira natureza da Torá baseiam-se em três princípios fundamentais. Eles não são necessariamente ligados entre si, ainda que amiúde apareçam juntos em nossos textos, mas não é difícil ver como se pode estabelecer uma relação entre eles. Estes princípios podem ser identificados como:

1. O princípio do nome de Deus.

2. O princípio da Torá como um organismo.

3. O princípio do significado infinito da palavra divina.

Do ponto de vista histórico, e, presumivelmente, também psicológico, eles não têm todos a mesma origem.

II.

O conceito do nome de Deus como a mais alta concentração de poder divino, forma um elo de conexão entre dois grupos de idéias, um originalmente associado à magia e outro pertencendo à especulação mística como tal. A idéia da estrutura e natureza mágica da Torá pode ser encontrada muito antes da Cabala, por exemplo, num *midrasch* relativamente antigo, no qual Rabi Eleazar, comentando Jó 28: 13, "O homem não lhe conhece a ordem", declara: "As

49

várias seções da Torá não foram dadas em sua ordem correta. Pois se tivessem sido dadas em sua ordem correta, qualquer pessoa que as lesse seria capaz de ressuscitar os mortos e fazer milagres. Por esta razão a ordem e o arranjo corretos da Torá foram ocultos, e são do conhecimento somente do Santíssimo, louvado seja Ele, de quem está escrito (Isa., 44:7): 'E quem, como eu, chamará e o anunciará, e o porá em ordem para mim' " [3].

Esta declaração, obviamente, possui forte acento mágico e implica uma visão mágica da Torá. É sobejamente conhecido que no período helenístico, e mais tarde, a Torá foi usada para fins mágicos, tanto por judeus como por não-judeus: nomes divinos colhidos na Torá eram utilizados para fins de encantação. Muitas vezes são ininteligíveis para nós os métodos de combinação para derivar estes nomes mágicos da Torá. Certos textos hebraicos e aramaicos, de fins da era talmúdica e pós-talmúdica, indicam o uso específico que era feito de tais nomes mágicos, supostamente tirados da Torá e do Livro dos Salmos. A introdução a uma dessas obras — Schimusché torá, literalmente "As Utilidades Teúrgicas da Torá" — relata como Moisés subiu aos céus para receber a Torá, como ele conversou com os anjos, e como, finalmente, Deus lhe deu não só o texto da Torá, tal como o conhecemos, mas também a combinação secreta das letras representando um outro esotérico aspecto da Torá [4]. Este livro chegou ao conhecimento dos primeiros cabalistas, na Provença e na Espanha, por volta do ano 1200. Moisés ben Nachman (Nachmânides), um dos mais proeminentes dentre os primeiros cabalistas, refere-se-lhe no prefácio do seu afamado comentário à Torá. Escreve ele:

3. *Midrasch Tehilim*, ed. Buber, p. 33. O autor desta afirmação é Eleazar ben Pedat, mestre rabínico do século III. cujo interesse por idéias esotéricas aparece também em outras afirmações; cf. W. Bacher, *Die Agada der Palestinensichen Amoraer*, II, Estrasburgo, 1896, p. 31. Já Bacher recusou "duvidar da autenticidade desta afirmação, que soa como uma antecipação primitiva da posterior, assim chamada, 'Cabala Prática' ".

4. Este prefácio foi publicado várias vezes como uma peça à parte sob o título "A Fonte da Sabedoria". O texto mesmo do livro foi preservado apenas em forma de manuscrito. Existe uma tradução alemã, de August Wuensche, *in Aus Israel's Lehrhallen, kleine Midraschim*, I, Leipzig, 1907, pp. 127-33, especialmente p. 132.

Nós possuímos uma tradição autêntica mostrando que a Torá inteira consiste nos nomes de Deus, e que as palavras que lemos podem ser divididas de maneiras bem diferentes, de modo a formar nomes (esotéricos)... A afirmação, na Agadá, no sentido de que a Torá foi originalmente escrita em fogo preto sobre fogo branco [5], obviamente confirma nossa opinião de que a escritura foi contínua, sem divisão em palavras, o que tornou possível lê-la ou como uma seqüência de nomes (esotéricos) [*al derech ha-sche-mót*], ou da forma tradicional como história e mandamentos. Assim, a Torá dada a Moisés foi div.dida em palavras de forma tal a ser lida como mandamentos divinos. Mas, ao mesmo tempo, recebeu ele a tradição oral, de acordo com a qual era mister lê-la como uma seqüência de nomes.

Em face da estrutura esotérica da Torá, diz Nachmânides, a tradição massorética a respeito da escritura da Bíblia, e especialmente dos rolos da Torá, deve ser preservada com o máximo cuidado. Cada uma das letras conta, e deve ser rejeitado para o uso na sinagoga um rolo da Torá onde falte ou haja a mais uma única letra sequer. Este conceito é bem velho. Já no século II, Rabi Meir, um dos mais importantes mestres da Mischná, relata:

Quando eu estava estudando com Rabi Akiva, costumava pôr vitríolo na tinta, e ele nada dizia. Mas, quando fui ter com Rabi Ischmael, este me perguntou: "Meu f.lho, qual é sua profissão"? Eu respondi: "Eu sou um escriba " [da Torá]. E ele me disse "Meu filho, seja cuidadoso em seu trabalho, pois é o trabalho de Deus; se você omite uma única letra sequer, ou escreve uma letra a mais, destruirá o mundo inteiro" [6].

A passagem de Nachmânides indica claramente a influência da tradição mágica que, naturalmente, era bem mais antiga que a Cabala. Daí foi apenas um curto passo até o ponto de vista mais radical de que a Torá não é apenas composta de nomes de Deus, mas é, como um todo, o grande nome de Deus.

---

5. Igualmente uma afirmação de Simão ben Laquisch, um mestre palestinense muito propenso ao misticismo esotérico. Transmitida em várias versões, primeiro no Talmud Palestinense, Schekalim, VI, ao final da Halahá I. Ainda voltarei a falar, mais adiante, sobre a interpretação mística desta afirmação por um dos cabalistas mais primitivos.

6. Erubin 13a. Baer enfatizou as simplificações desta passagem no que concerne à interpretação mística da Torá. loc. cit., p. 145.

Esta tese já não é mais mágica, porém puramente mística. Aparece pela primeira vez entre os cabalistas espanhóis, e a evolução do ponto de vista antigo para o novo parece ter-se dado entre os mestres de Nachmânides. Comentando uma passagem do *Midrasch Gênesis Rabá,* na qual se menciona que a palavra "luz" ocorre cinco vezes na história do primeiro dia da Criação, correspondendo aos cinco rolos da Torá, Ezra ben Salomão, um contemporâneo mais velho de Nachmânides, que freqüentava os mesmos círculos cabalísticos da cidade de Gerona, na Catalunha, escreve: "Como vão longe as palavras deste sábio; suas palavras são de fato verdadeiras, pois os cinco livros da Torá são *o Nome* do Santo, louvado seja Ele" [7]. A luz mística que brilha nestes livros é, assim, o grande Nome de Deus. A mesma tese encontra-se nos escritos de vários membros do grupo de cabalistas de Gerona, e foi finalmente evocada pelo autor do *Zohar,* a obra clássica do cabalismo espanhol [8].

Creio que o próprio Nachmânides estava perfeitamente familiarizado com esta nova idéia, mas relutava em expressar uma tese mística tão radical num livro destinado a um público amplo, não instruído na doutrina cabalística. Dizer que a Torá não era em essência outra coisa senão o grande Nome de Deus era certamente uma afirmação audaciosa que requeria uma explicação. A Torá é aqui interpretada como uma unidade mística, cujo propósito primordial não consiste em transmitir um significado específico, mas sim em expressar a imensidão do poderio de Deus, concentrado em Seu grande "Nome". Dizer que a Torá é um nome não significa que este seja um nome que possa ser pronunciado como tal, nem tem algo a ver com qualquer conceito racional inerente à função social de um nome. O sentido é, antes, que, na Torá, Deus expressou Seu Ser transcendente, ou ao menos aquela parte, ou aspecto, do Seu Ser que

7. Ezra ben Salomão, Comentário às Agadot Talmúdicas, *in* Vatican MS Cod. Hebr., 294, Fol. 34 a.

8. Cf. Azriel, *Perusch Agadot,* ed Tishby, p. 76; pseudo-Nachmânides, *Sefer ha-emuná vehabitahón.* XIX; *Zohar,* II, 87b; III, 80b, 176a. *In* III, 36a, lê-se: "A Torá inteira é um único santo Nome místico".

pode ser revelado à Criação e através da Criação. Além disso, já que até na antiga Agadá a Torá era considerada um instrumento da Criação, por meio do qual o mundo veio a existir [9], este novo conceito da Torá deve ser considerado uma extensão e reinterpretação mística do conceito mais velho. Pois o instrumento que fez o mundo vir a existir é muito mais do que um mero instrumento, uma vez que, como vimos acima, a Torá é o poderio concentrado de Deus, expresso como tal em Seu Nome. Mas esta idéia tem outras implicações. Um outro Midrasch antigo diz que Deus "olhou dentro da Torá e criou o mundo" [10]. O autor destas palavras deve ter pensado que a lei que governa a Criação como tal, o cosmos, e, portanto, toda a natureza, estava prefigurada na Torá, de modo que Deus, olhando dentro da Torá, podia vê-la, embora para nós este aspecto da Torá permaneça oculto. Esta concepção é de fato formulada por Filo, que explica o fato de a Lei Mosaica começar com um relato da Criação, dizendo que "Moisés queria expor a gênese do grande estado mundial (*megalópolis*), já que as suas próprias leis eram a melhor cópia possível da estrutura da natureza toda" (Filo, *Vita Mosis,* II,51). Na mente dos cabalistas aglutinavam-se numa só idéia estas antigas noções, transmitidas na tradição agadista. O Nome contém poder, mas ao mesmo tempo abarca as leis secretas e a ordem harmoniosa que permeiam e governam toda a existência. Ademais, foram os cabalistas capazes de ler, nos livros esotéricos e apocalípticos da época talmúdica, que céu e terra foram criados pelo Nome de Deus [11]. Não foi nada mais do que natural, combinar afirmações deste gênero com a noção da Torá como o instrumento da Criação, quer dizer, o Grande Nome de Deus.

Esta idéia básica da Torá como o Nome de Deus foi a fonte de certos outros desenvolvimentos cabalísticos. Subentende-se que uma tal afirmação

9. Mischná Abot, III, 14; Sifre, Deut. 48, ed. Finkelstein, p. 114; *Génesis Rabá* I, I. Cf. Leo Baeck, *Aus Drei Jahrtausenden,* Tuebingen, 1958, pp. 162 ss, e Baer, *loc. cit.* p. 142.
10. *Génesis Rabá,* I. 1. Os antecedentes ou paralelos, relativos a esta passagem, em Platão e em Filo, têm sido discutidos freqüentemente.
11. *Hehalót Rabati,* IX, Cf. meu livro *Jewish, Gnosticism, Mercabah Mysticism, and Talmudic Tradition,* Nova Yortk. 1960.

acerca da Torá não se refere ao documento escrito a tinta sobre um rolo de pergaminho, mas à Torá como um ser preexistente, que precedeu qualquer outra coisa no mundo. Decorre isto, por exemplo, da Agadá, segundo a qual a Torá foi criada dois mil anos antes da criação do mundo. (*Gênesis Rabá*, VIII, 2, ed. Theodor, p. 57). Para os cabalistas, esta "Criação da Torá" foi o processo pelo qual o Nome divino, ou as *sefirót* divinas, das quais temos falado, emanou da essência oculta de Deus. A Torá, conforme o conceito dos cabalistas, não é, portanto, algo separado da essência divina, não é criada no sentido mais restrito da palavra; é, antes, algo que representa a vida secreta de Deus e que a teoria cabalística da emanação tenta descrever. Em outras palavras, a vida secreta de Deus é projetada para dentro da Torá; a sua ordem é a ordem da Criação. Este aspecto mais secreto da Torá, ou, talvez se possa dizer, a Torá em sua forma oculta, é às vezes mencionado na literatura cabalística do século XIII como *torá kedumá*, a Torá primordial, e é às vezes identificada com a *hochmá* (*sophia*) de Deus, Sua "sabedoria", a segunda emanação e manifestação do poderio divino, que brotou do secreto "nada" [12]. Veremos no decorrer da nossa discussão como certos cabalistas conceberam o estado da Torá quando ainda contida na unidade mística da sabedoria de Deus. Houve cabalistas para quem este conceito da Torá como o Nome de Deus significava simplesmente que ela era idêntica à sabedoria de Deus ou que era um aspecto parcial daquela mesma sabedoria. Porém houve também outras opiniões [13].

Uma das variantes mais importantes desta teoria ocorre em Joseph Gicatila, cabalista espanhol de projeção, que escrevia em fins do século XIII e sem dúvida estava familiarizado com o *Zohar*. Na sua

12. *Sophia* como Torá primordial na carta de Ezra ben Salomão, por mim publicada in *Sefer Bialik*, 1934, p. 159. Outras interpretações in Azriel, *Perusch Agadot*, p. 77, e as passagens aí citadas por Tishby, o editor. Também no comentário de Pseudo-Abraão ben Davi, ao *Ietzirá*, I, 2, lemos: "A Torá primordial é o nome de Deus".

13. A interpretação do próprio Azriel, *loc. cit.*, não é clara. Ele aqui também diz que "cada uma das *sefirót* de Deus é denominada Torá", porque, como atributo de Deus, instrui ela acerca da conduta ideal do homem, conduta essa que representa um esforço no sentido de imitar os atributos de Deus, manifestados precisamente nas *sefirót*.

concepção, a Torá não é propriamente o nome de Deus, mas a explicação do Nome de Deus. Para ele, o Nome significava exatamente o mesmo que havia significado para a tradição judaica, ou seja, o tetragrama, que é o único verdadeiro nome de Deus. Escreve ele: "Saiba que a Torá inteira é, e sempre foi, uma explicação e comentário do tetragrama IHWH. E este é o verdadeiro sentido da expressão bíblica "Torá de Deus" [*torát* IHWH] [14]. Em outras palavras, a frase *torát* IHWH não significa a Torá que Deus deu, mas a Torá que explica IHWH, o nome de Deus. Torá, aqui, é entendida como *hora'á*, uma exposição didática. Mas a idéia de Gicatila vai mais longe ainda. Em que sentido é a Torá uma "explicação" do nome de Deus? No sentido, responde ele em várias passagens [15], de que a Torá foi tecida a partir do nome de Deus. Gicatila parece ter sido o primeiro a empregar esta noção de tecitura, *'ariga*, para ilustrar a recorrência do Nome no texto da Torá. Escreve ele, por exemplo: "Observai o modo miraculoso pelo qual a Torá foi tecida a partir da sabedoria de Deus". E numa outra passagem:

A Torá inteira é uma tecitura de des'gnações, *kinuiim* — o termo genérico dos cognomes de Deus, tais como compassivo, grande, misericordioso, venerável — e estes cognomes por sua vez são tecidos dos vários nomes de Deus [tais como *El, Elohim, Schadai*]. Mas todos estes nomes sagrados são ligados ao tetragrama IHWH e dependem dele. Assim, é, em essência, a Torá inteira, tecida do tetragrama [16].

Estas palavras, parece-me, lançam bastante luz sobre a tese de Gicatila. A Torá é o Nome de Deus porque é um tecido vivo, um *textus* na acepção literal da palavra, no qual o um e verdadeiro nome, o tetragrama, é tecido de modo secreto, indireto, mas também diretamente como uma espécie de *leitmotiv*. O núcleo, de qualquer maneira, é o tetragrama. Se perguntassem a Gicatila exatamente como

14. Gicatila, *Schaaré Orá*, Offenbach, 1715, 51a.

15. Igualmente assim em seus três livros *Schaaré Orá, Schaaré Tzedek*, e *Taamé Mitzvót*, sendo que este último só existe em forma de manuscrito. No trabalho anterior de Gicatila, *Ginat Egoz*, não aparece ainda esta tese.

16. *Schaaré Orá*, 2b.

esta tessitura foi feita, teria sem dúvida respondido, como seu mestre Abraão Abulafia, que os elementos básicos, o nome IHWH, os outros nomes de Deus, e mais os cognomes, os *kinuiím*, ou melhor, suas consoantes, atravessaram várias fases de permutações e combinações, de conformidade com as fórmulas expostas pelos talmudistas, até que, ao fim, tomaram a forma das orações hebraicas da Torá, tal como as lemos atualmente. Os iniciados, que conhecem e compreendem estes princípios de permutações e combinações, podem seguir o texto ao revés e reconstruir a tessitura original de nomes. Todas estas metamorfoses de nomes têm uma função dupla. Por um lado, servem para dar à Torá seu aspecto de comunicação, uma mensagem de Deus ao homem, acessível à compreensão humana. Por outro, apontam para a operação secreta do poderio divino, reconhecível apenas pelo traje tecido com os Nomes Sagrados quando eles servem a determinados propósitos específicos dentro da obra da Criação.

Concluindo, seria necessário dizer que este conceito da Torá como uma tessitura de nomes não trouxe contribuição para a exegese concreta. Foi, antes, um princípio puramente místico, e tendeu a remover a Torá de toda compreensão humana de seus significados específicos, que são, no fim das contas, a única preocupação da exegese. Mas isto não perturbou os cabalistas. Para elees, o fato de Deus ter expressado a Si Mesmo, ainda que Seu pronunciamento escape à compreensão humana, é muito mais importante do que qualquer "significado" passível de ser transmitido. Assim considerada, constitui a Torá um absoluto e tem primazia sobre todas as interpretações humanas que, por mais fundo que penetrem, podem apenas aproximar-se da absoluta "ausência de significação" da revelação divina.

Certos cabalistas, como Menahem Recanati (c. 1300), foram mais longe ainda. Partindo de um velho ditado: "Antes que o mundo fosse criado, só Deus e Seu Nome existiram" [17], ensinaram eles que o nome aqui referido não era apenas o tetragrama IHWH,

---

17. *Pirké Rabi Eliezer.* III.

mas a totalidade das manifestações do poder divino — este, assim afirmaram, era o significado místico do verdadeiro nome de Deus. Daí foi necessário apenas mais um passo para dizer que Deus, Ele mesmo, é a Torá, "pois a Torá não é algo além Dele, e Ele não está além da Torá" [18].

Recanati atribui esta citação aos cabalistas, e uma afirmação semelhante consta de fato no trabalho de Gicatila sobre os fundamentos místicos dos mandamentos: "Sua Torá está Nele, é o que os cabalistas afirmam, isto é, o Santo, louvado seja Ele, está no Seu Nome e Seu Nome está nele, e Seu Nome é Sua Torá" [19]. Em outra parte do mesmo livro, esclarece esta afirmativa aludindo a uma velha formulação nos hinos dos místicos da *Mercabá*: "É um princípio importante, expresso pelos antigos da seguinte forma: 'Teu Nome está em Ti, e em Ti está Teu Nome'. Pois as letras do Seu Nome são Ele Mesmo. Ainda que se afastem Dele, elas permanecem enraizadas firmemente" (literalmente: voam embora e permanecem com ele) [20]. Ele explica isso, dizendo que as letras representam o corpo místico de Deus, enquanto que Deus, por assim dizer, é a alma das letras. Esta comparação, de um lado, entre Deus e Sua Torá e, de outro, entre a alma e o corpo, leva-nos ao segundo princípio, a ser discutido a seguir.

III.

O princípio de que a Torá é um organismo vivo está de acordo com várias linhas do pensamento cabalístico. A referência a corpo e alma, na passagem de Gicatila, que acabamos de citar, sugere tal conceito, e a noção de que a Torá é tecida de nomes sagrados é meramente uma maneira metafórica de dizer que ela é um tecido vivo. Mas a idéia da Torá como um organismo vivo é mais velha do que Gicatila.

18. Recanati, *Taamé ha-Mitzvót*, Basiléia, 1581, 3a. A afirmação "Deus Mesmo é chamado Torá" ocorre também no *Zohar*, II, 60a.

19. MS Jerusalém, 8.º, 597, Fol. 21b. Este manuscrito contém o trabalho de Gicatila, porém sob o nome (plágio?) de Isaac ben Farhi ou Perahia. Existem muitos manuscritos da importante obra de Gicatila que se apresentam sob esse nome.

20. *Ibid.*, Fol 228b: *ki otiiot porhot ve-omdot bó.*

Ela foi formulada com penetrante clareza pelos primeiros cabalistas espanhóis. Em seu comentário ao *Cântico dos Cânticos,* Ezra ben Salomão, de Gerona, escreve que a Torá não contém uma única letra ou ponto sequer supérfluos, "porque em sua divina totalidade, ela é um edifício talhado a partir do Nome do Santo, bendito seja Ele" [21]. A natureza desse edifício divino, *binian elohí,* pode ser depreendida de uma longa discussão a respeito do assunto, pelo contemporâneo mais novo de Ezra, Azriel, de Gerona, em seu comentário cabalístico da Agadá talmúdica. Também ele parte da suposição de que a Torá é o Nome de Deus, e que ela é um corpo vivo dotado de alma. As peculiaridades da escrita massorética da Torá, os tipos diferentes de seções, parágrafos, etc., sugerem-lhe uma comparação com um organismo completo e independente.

Exatamente como existem membros e juntas no corpo de um homem, exatamente como alguns órgãos do corpo são mais vitais e outros menos, assim parece ocorrer com a Torá. Para alguém que não entenda seu significado oculto, certas seções e versos da Torá merecem, aparentemente, ser jogados ao fogo; mas para quem adquiriu ciência do seu verdadeiro significado, representam componentes essenciais da Torá. Conseqüentemente, omitir uma única letra ou um ponto sequer da Torá equivale a remover uma parte de um edifício perfeito [22]. Daí se segue também que, com respeito ao seu caráter divino, nenhuma distinção essencial pode ser feita entre a seção do Gênesis 36, enumerando as gerações de Esaú [passagem aparentemente supérflua], e os Dez Mandamentos, porquanto tudo é *uma* unidade e *um* edifício [23].

Temos aqui uma clara combinação dos dois princípios. A Torá é um nome, mas este nome é construído como um organismo vivo. O Nome que é a raiz de todas as coisas não é apenas um absoluto, mas, conforme fica manifestado na Torá, ele se distribui nas distintas partes de um ser orgânico. A única diferença é que um organismo comum inclui órgãos vitais e outros que não são vitais, ao passo que na Torá esta distinção é apenas aparente, pois um mís-

21. MS Leiden, Warner 32, Fol. 23a.

22. Cf. acima a afirmação de Rabi Ismael, nota 1, p. 39.

23. Azriel, *Perusch Agadót,* p. 37.

tico autêntico descobre significados secretos mesmo nas partes que parecem inteiramente despidas de importância; aliás, é precisamente a partir de passagens assim que lhe é dado respigar palavras-chaves, ou símbolos, para intuições profundas ou doutrinas, como, por exemplo, o *Zohar* e a Cabala luriânica o fizeram, com base no capítulo trinta e seis, do Gênesis.

Este conceito da Torá como um organismo místico já se encontra no relato de Filo acerca da seita judaica dos Terapeutas, no Egito: "Pois a Torá inteira (*nomothesia*) parece a esta gente como algo afim a um ser vivo; o sentido literal é o corpo, enquanto que a alma é o significado secreto debaixo da palavra escrita"[24]. E em várias ocasiões Filo baseia seus próprios desenvolvimentos numa concepção semelhante[25]. Uma linha direta de influência, a partir dos Terapeutas do Egito ou de Filo, até os cabalistas, se me afigura muito improvável. De um modo inteiramente independente um do outro, místicos adotaram atitudes semelhantes para com as Sagradas Escrituras e expressaram-nas em imagens parecidas.

Este conceito da Torá como um organismo é também fundamental para o *Zohar,* surgido cinqüenta anos depois da obra de Azriel. Lemos nele, por exemplo:

Aquele que trabalha na Torá sustenta o mundo, e capacita cada uma das partes a executar sua função. Pois não há um membro sequer no corpo humano que não tenha sua contraparte no mundo como um todo. Pois assim como o corpo humano consiste em membros e partes de graus variáveis, todos eles agindo e reagindo uns sobre os outros de modo a formar um organismo, assim também sucede com o mundo em conjunto: ele consiste em uma hierarquia de coisas criadas que, ao agirem e reagi-

24. Filo, *De Vita Contemplativa,* ed. Conybeare, p 119.

25. Cf. Goodenough, *By Light, Light,* pp. 83-4. Baer presume que, em Filo, este conceito da Torá como um organismo remonta possivelmente à metáfora semelhante do *logos* como um *zoön,* no *Fedro,* de Platão (264c), e que Filo, contrariamente a Platão, interpreta este *logos* não mais como um "discurso", mas como a palavra de Deus. De Filo, essa idéia do organismo foi depois retomada por Orígenes, cujas palavras (*De principiis,* IV, 2,4, ed. Kroetschau, p. 312) até certo grau antecipam a posição do *Zohar:* "As Sagradas Escrituras são como um homem e possuem carne [conforme o sentido literal], alma [conforme a interpretação alegórica], e espírito [conforme o mistério]".

rem apropriadamente uns sobre os outros, formam, juntos, um corpo orgânico [26].

Outra metáfora acerca da mesma idéia, desta vez baseada na imagem de uma árvore, ocorre em outro trecho do *Zohar* [27] e encontra expressão mais marcante ainda numa das obras hebraicas de Moisés de Leon, a quem considero autor da maior parte do *Zohar*. "Pois a Torá", assim escreve ele,

é denominada a Árvore da Vida... Assim como uma árvore consiste em ramos, folhas, casca, entrecasca e raízes, sendo que cada um desses componentes pode ser chamado de árvore, pois não há diferença substancial entre elas, verificarás também que a Torá contém muitas coisas internas e externas, e todas formam uma única Torá e uma árvore, sem diferença entre elas... E ainda que entre os sábios do Talmud um proíba o que outro permite, um declare ritualmente impuro algo que outro considera impermissível, um diga isto e outro aquilo, não obstante, é necessário saber que o todo forma uma única unidade [28].

O autor dos *Tikunei Zohar,* que escreveu apenas alguns anos após a conclusão da parte principal do *Zohar,* também afirma: "A Torá tem uma cabeça, um corpo, um coração, uma boca e outros órgãos, da mesma forma como Israel" [29]. Temos aqui um paralelo entre os dois organismos místicos: a Torá e Israel. O *Zohar,* ele próprio fala de cada um destes órgãos em diferentes passagens, e eles não são postos em relação direta. Um paralelo entre eles parece pela primeira vez ter sido estabelecido pelo autor dos *Tikuním.* O organismo místico da Torá, que encarna o nome de Deus, é correlacionado, assim, com o corpo místico da comunidade de Israel, que os cabalistas consideravam não somente um organismo histórico do povo judeu, mas também um símbolo esotérico da *Schehiná,* sendo seus membros como que membros da *Schehiná* (cf. Cap. 3, pp. 103-9). Cabalistas pos-

26. *Zohar,* I, 134b.

27. *Zohar,* III, 202a

28. Moisés de Leon, *Sefer ha-Rimon,* MS Museu Britânico, Margoliouth n. 759, Fol. 100b.

29. *Tikunei Zohar,* Tikun 21, Fol. 52b.

60

teriores, como haveremos de ver, tiram conclusões ainda mais explícitas desta correlação.

Mas existe ainda mais um simbolismo no qual se exprime a idéia de um organismo, e no qual apareceram pela primeira vez certas opiniões especialmente audaciosas a respeito da natureza da revelação contida na Torá. A fim de compreender estas idéias, devemos ter em mente a velhíssima distinção tradicional entre a "Torá escrita" e a "Torá oral". De acordo com o uso comum nas fontes talmúdicas, a Torá escrita é o texto do Pentateuco. A Torá oral é a soma total de tudo o que foi dito por eruditos ou sábios a título de explicação deste *corpus* escrito, pelos comentadores talmúdicos da Lei e por todos os demais que interpretaram o texto. A Torá oral é a tradição da Congregação de Israel, ela desempenha o papel necessário de completar a Torá escrita e torná-la mais concreta. De acordo com a tradição rabínica, Moisés recebeu ao mesmo tempo ambas as Torás, no Monte Sinai, e tudo quanto um erudito subseqüente encontra na Torá ou legitimamente dela deduz, já estava incluído nesta tradição oral fornecida a Moisés. Assim, no judaísmo rabínico, as duas Torás são uma só [30]. A tradição oral e a palavra escrita completam-se mutuamente, uma não é concebível sem a outra. Desde o começo as duas concepções desempenharam um papel significativo no pensamento dos cabalistas, que os ligou ao simbolismo místico das *sefirót.* A Torá escrita foi considerada principalmente como um símbolo da esfera doadora da Divindade, identificada primordialmente com a *sefirá Tiferet,* enquanto que a Torá oral foi vista como um símbolo da esfera receptora, que é ao mesmo tempo a esfera da *Schehiná* e da "Congregação de Israel". Em suas associações ativas, estas duas *sefirót* manifestam a atuação de Deus, e, similarmente, toda a revelação da Torá ocorre somente nesta unidade da Torá escrita e oral. As formas nas quais a Torá escrita e oral são dadas aqui

---

30. Para estes dois conceitos, cf. W. Bacher, *Die aelteste Terminologie der juedischen Schriftauslegung,* I, Leipzig, 1899, pp. 89 e 197; H. L. Strack, *Einleitung in den Talmud,* 5.ª ed., Munique, 1921, pp. 4 ss. A respeito da posição deles dentro da teologia do judaísmo ortodoxo, cf. a monografia extremamente interessante de S. Katz, *Die muendliche Lehre und ihr Dogma,* Leipzig, 1922.

na terra — por exemplo, o rolo da Torá e as coletâneas de tradições talmúdicas — apontam para trás, para aquelas esferas mais profundas das quais elas essencialmente emergiram. Na passagem acima citada dos *Tikunei Zohar*, o autor prossegue identificando o coração com a Torá escrita, e a boca, com a Torá oral.

Especulações a respeito destes dois aspectos da Torá figuram nos livros mais antigos dos cabalistas, por exemplo o *Livro Bahir* [31]. Porém a discussão mais interessante acerca do relacionamento entre eles ocorre num fragmento que pode ser atribuído a um dos primeiros cabalistas provençais, isto é, Isaac, o Cego. Este fragmento, que chegou até nós unicamente em forma de manuscrito, fornece um comentário místico do *Midrasch Konen,* tratando da cosmogenia [32]. Este *midrasch* repete o conceito acima mencionado, de que a Torá preexistente foi escrita em fogo preto sobre fogo branco, o que, como já vimos acima, já Nachmânides tomava como uma indicação do *status* místico da Torá. A Torá aqui parece arder diante de Deus, em letras pretas, ardentes, sobre fogo branco, e é esta a concepção que inspirou Rabi Isaac a escrever, provavelmente antes de Nachmânides, o seguinte:

Na mão direita de Deus estavam gravadas todas as gravações (formas intrínsecas) destinadas a ascender um dia da potência ao ato. A partir da emanação de todas (superiores) as *sefirót* elas foram gravadas, riscadas e moldadas na *sefirá* da Graça (*hessed*), primeira interior, inconcebivelmente sutil. Esta formação é chamada Torá concentrada, ainda não desdobrada, bem como Torá da Graça. Juntamente com todas as outras gravações (principalmente) duas foram feitas sobre ela. Uma tem a forma da Torá escrita, a outra, a da Torá oral. A forma da Torá escrita é a das cores do fogo branco e a forma da Torá oral tem formas coloridas como que de fogo preto. E todas estas gravações e a Torá ainda não desdobrada existiam potencialmente, não sendo perceptível nem à vista espiritual nem à sensorial, até que a vontade (de Deus) inspirou a idéia de ativá-las por meio da sapiência primordial e conhecimento oculto. As-

31. No *Livro Bahir,* 97 e 137, a última *sefirá* é denominada "o tesouro da Torá oral", contendo todos os Mandamentos. Cf. também 99 (de acordo com o texto emendado): "A Torá escrita [chamada "luz"], necessita da Torá oral, que é uma lâmpada [portadora da luz], a fim de resolver as dificuldades e explicar seus segredos".

32. *In* Jellinek, *Bet ha-Midrasch,* II, Leipzig, 1853, pp. 23-24.

sim, no princípio de todos os atos, havia, preexistencial-
mente, a Torá ainda não desdobrada (*torá kelula*), que
está na destra de Deus, junto com todas as formas primordiais (literalmente: inscrições e gravações) nela ocultas, e é a isto que o Midrasch alude quando diz que Deus
tomou a Torá primordial (*torá kedumá*), que se origina
na mina do "arrependimento" e na fonte da sapiência original [33], e num único ato espiritual emanou a Torá ainda não desdobrada, a fim de proporcionar permanência
às fundações de todos os mundos.

O autor prossegue relatando como a partir da
Torá ainda não desdobrada, que corresponde à *sefirá*
da Graça, emergiu a Torá escrita, que corresponde à
sefirá da Compaixão Divina, que vem a ser *Tiferet*,
bem como a Torá oral, correspondendo ao poder do
juízo divino em *malkut*, a última *sefirá*. Ele interpreta
o organismo ígneo da Torá, que ardia diante de Deus
em fogo preto sobre fogo branco, como segue: o fogo
branco é a Torá escrita, na qual a forma das letras
ainda não é explícita, pois a forma das consoantes e
dos pontos vocais foi dada primeiro pela força do
fogo negro, que é a Torá oral. Este fogo negro equivale à tinta sobre o pergaminho. "E assim, a Torá
escrita só pode tomar forma corpórea por meio da
força da Torá oral, vale dizer: sem a Torá oral, ela
não pode ser fielmente compreendida." Basicamente
só Moisés, mestre de todos os Profetas, penetrou em
contemplação intata nessa mística Torá escrita, que
na realidade continua oculta dentro da forma invisível de luz branca. Mesmo os outros Profetas apenas conseguiram lançar-lhe uma fugaz olhadela, num
instante de intuição passageira [34].

O simbolismo místico desta passagem profundamente significativa esconde a opinião de que, a rigor,
não existe Torá escrita aqui na terra. Uma idéia de
longo alcance! Aquilo que chamamos de Torá escrita
passou através da mediação da Torá oral, já não sen-

---

33. Sapiência primordial é a segunda *sefirá*. "Arrependimento"
(em hebraico, literalmente "retorno") é o nome da terceira, porque
todas as coisas "retornam", no fim, ao seu ventre.

34. Segui, quanto ao acima, o difícil texto de Rabi Isaac, o
Velho, no MS 584/699, da Enelow Memorial Collection, no Seminário
Teológico Judaico de Nova York. O manuscrito forma um só códice,
porém dividido em dois por um livreiro arbitrário.

do mais uma forma oculta em luz branca; ao invés, emergiu ela da luz preta que determina e limita e, portanto, denota o atributo da severidade e juízo divinos. Tudo o que percebemos nas formas fixas da Torá, escrita a tinta sobre pergaminho, consiste, em última análise, em interpretações e definições daquilo que é oculto. *Existe apenas uma Torá oral*: eis o sentido esotérico dessas palavras, e a Torá escrita é um conceito puramente místico. Ela é corporificada numa esfera acessível unicamente a profetas. Ela foi, por certo, revelada a Moisés, mas o que ele deu ao mundo como sendo a Torá escrita adquiriu sua forma atual passando pela mediação da Torá oral. O branco místico das letras sobre o pergaminho é a Torá escrita, mas não o preto das letras escritas a tinta [35]. No organismo místico da Torá, as duas esferas sobrepõem-se, e não existe Torá escrita, livre do elemento oral, que possa ser conhecida ou concebida por criaturas que não sejam profetas.

IV.

Este princípio da Torá como organismo vincula-se estreitamente ao terceiro princípio, que podemos agora passar a discutir. É o princípio dos múltiplos, para não dizer infinitos, significados da Torá. Muitas vezes os diferentes membros da Torá, vista como um organismo, não eram considerados órgãos de valor e importância idênticos, mas sim camadas diferentes de significado dentro da Torá. Eles guiam o estudante místico dos textos sagrados, desde os significados externos até níveis de compreensão cada vez mais profundos. Assim, a idéia do organismo fica identificada com a concepção de uma hierarquia viva de significados e níveis de significado.

Neste contexto, adotaram os cabalistas uma linha de pensamento que encontraram nos filósofos judeus da Idade Média, os quais, por sua vez, haviam-na tomado da tradição filosófica dos árabes. Refiro-me

---

35. A teoria formulada neste antigo fragmento já deve ter servido de base ao tratado cabalístico de Jacob ben Jacob Kohen, de Soria, a respeito das formas das letras, e se alicerça na distinção — que por sua vez deriva seu sentido do contexto aqui discutido — entre uma "forma esotérica branca" e uma "forma esotérica preta"; cf. minha edição deste tratado, *in Madaé ha-Iahadut*, II, 1927, pp. 203-4.

aos dois níveis de significado nos textos sagrados, o interior e o exterior. Este dualismo foi igualmente bem-vindo para, de um lado, o racionalismo esotérico dos filósofos e dos reformadores, ao qual Leo Strauss recentemente dedicou vários trabalhos importantes [36], e, de outro lado, para os interesses religiosos dos místicos, que se puseram a redescobrir seu próprio mundo nas profundezas das Sagradas Escrituras. Não preciso entrar, aqui, em pormenores acerca dos grupos islâmicos, especialmente de seitas tão esotéricas como os ismaelenses, que acentuavam o significado interno, alegórico ou místico do Corão, em contraste com o sentido externo ou literal, que nos estádios mais elevados de iniciação perdia todo significado. Os autores árabes denominam os adeptos destas seitas de *batiniia*, ou advogados do significado interior, vale dizer, esotérico ou espiritualista. É interessante notar que os termos empregados por muitos filósofos judeus para designar estes dois níveis de significado (*hitson* e *penimi*, exterior e interior), nunca ocorrem neste contexto nas fontes judaicas mais antigas, porém são traduções literais dos termos árabes correspondentes. É evidente, assim, que esta terminologia originou-se no Islão, de onde foi adotada pelos filósofos judeus, que passaram a identificar o significado interno com a interpretação filosófica do texto, fato que não era exatamente místico. Uma interpretação mística só surgiu quando a terminologia foi adotada pelos cabalistas espanhóis e, finalmente, pelo autor do *Zohar,* que a traduziu para o aramaico. Em muitas passagens do *Zohar,* desenvolve-se o princípio de que a Torá é ao mesmo tempo oculta e manifesta, esotérica e exotérica, *'oraita setim ve-galia* [37]. O autor encontra este dualismo não apenas na Torá, mas em toda esfera concebível de existência, a começar por Deus e abarcando todo domínio e aspecto da Criação.

---

36. Cf. especialmente a sutil investigação de Leo Strauss, *in Persecution and the Art of Writing,* Glencoe, III, 1952.

37. Cf. *Zohar,* II, 230b (exatamente a mesma formulação já consta em Gicatila, *Guinat Egoz,* Hanau, 1615, 3b), III, 75a e 159a. A mesma fórmula aparece com a passagem do uso filosófico para o cabalístico dos termos "esotérico" e "exotérico", por Isaac ben Latif, *in Guinze ha-Melech,* ed. Jellinek, XXV, impresso em Stern, *Kochbé Itzhak,* XXXII, Viena, 1865, p. 9.

Por outro lado, cumpre não esquecer que, à época dos cabalistas espanhóis, o clima era tal que permitia um fácil intercâmbio de idéias entre as comunidades cristã e judia. Dois ramos diferentes, brotando da mesma raiz, encontram-se na doutrina da Torá, de acordo com a forma que ela finalmente tomou no *Zohar*. A raiz antiga é indubitavelmente Filo de Alexandria, a quem podemos, em última análise, atribuir todas estas distinções entre significado literal e significado espiritual, que foram adotadas pelos Padres da Igreja e pela Idade Média cristã, bem como pelo Islão (que as derivou de fontes cristãs orientais). Embora seja perfeitamente possível que semelhantes idéias tenham sido preservadas também por grupos judaicos que não nos foi dado até agora identificar, sua expressão histórica visível é, sem dúvida, atribuível à influência cristã e islâmica.

Surge, então, a pergunta: existiu um elo histórico entre a doutrina do *Zohar*, dos níveis diferentes de significado, e a teoria similar, porém mais velha, do significado quádruplo das Escrituras Sagradas desenvolvida pelos autores cristãos do início da Idade Média?[38] Uns setenta anos atrás, Wilhelm Bacher, num trabalho valioso acerca da exegese bíblica do *Zohar*, tentou demonstrar a existência de uma linha histórica de filiação[39]. Mas como não tinha uma idéia clara das várias camadas literárias de que o *Zohar* se compõe, não conseguiu formular suas averiguações com aquela precisão que, a meu ver, se tornou possível no estado atual das pesquisas.

Mas antes de examinarmos as concepções que formam a base do *Zohar*, é preciso fazer mais uma observação. De acordo com o que dissemos acima, houve muitos filósofos judeus que identificaram o significado interno da Torá com alegoria filosófica. E, de fato, muitas das suas explanações alegóricas sabem fortemente a Filo. Idéias filosóficas são redes-

---

38. Ernst von Dobschütz, «Vom vierfachen Schriftsinn. Die Geschichte einer Theorie». *Harnack-Ehrung, Beitraege zur Kirchengeschichte... Adolf von Harnack... dargebracht*, Leipzig, 1921, pp. 1-13.

39. W. Bacher, *L'Exégèse* blique dans le Zohar, *Revue de Études Juives*, XXII, 1891, pp. 3 ' 1.

cobertas na Bíblia. Mas a alegoria, neste sentido, não foi de modo algum a pedra de toque da exegese cabalística, que foi estritamente simbólica. O que a exegese cabalística descobre, atrás do significado literal da Bíblia ou das interpretações talmúdicas da Bíblia, é algo bem diferente. O que os cabalistas procuravam na Bíblia não eram primordialmente idéias filosóficas, mas uma descrição simbólica do processo oculto da vida divina, conforme ela emerge das manifestações e emanações das *sefirót*. Seu interesse fundamental na Bíblia pode ser designado como teosófico. No que diz respeito à alegoria propriamente dita, encontramos no meio dos cabalistas atitudes bem divergentes. Uma autoridade tão exponencial como Nachmânides evitou deliberadamente as interpretações alegóricas dos filósofos em seu comentário da Torá. Estava bem cônscio de que uma espiritualização pura da Torá, decorrente da aplicação consistente do método alegórico, podia resultar num perigo para a observância do ritual judaico. Advertiu expressamente contra tal perigo numa passagem em seu comentário ao Deuteronômio, 29:29, que por razões ignoradas não consta das nossas edições [40]. Na sua opinião, este mesmo risco não se apresentava na interpretação mística do texto bíblico, onde o símbolo se faz significativo tão-somente através do real cumprimento do mandamento. Mas nem todos os cabalistas mantinham a mesma reserva face à alegoria. Muitos a consideraram um instrumento legítimo. O autor do *Zohar*, ainda que interessado principalmente na descrição mística e simbólica do mundo oculto da Divindade, não se absteve de interpretar alegoricamente certas passagens bíblicas. Assim, o Livro de Jonas, bem como, no Gênesis, as histórias dos Patriarcas, transformam-se em relatos alegóricos do destino da alma humana — embora isto não impeça que estas mesmas histórias dos patriarcas recebam do autor uma interpretação puramente mística (e de maior alcance). Depois que a interpretação esotérica das Escrituras Sagradas

---

40. Filo já se referira extensamente aos perigos da espiritualização radical da Torá, numa passagem muito discutida, *De migratione Abrahami*, pp. 89-94. Cf. também a longa passagem que ataca semelhantes alegorizações puras dos Mandamentos, na obra de Moisés de Leon, *Sefer ha-Rimon*, que citei em *Major Trends in Jewish Mysticism*, Nova York, 1954, pp. 397-8.

assumiu dois aspectos diferentes — um alegórico e outro místico — o caminho estava aberto para a doutrina dos quatro níveis de significado. Enquanto que Joseph ibn Aqnin, por exemplo, um contemporâneo de Maimônides, fala, em seu comentário ao Cântico dos Cânticos, de três níveis assim de interpretação — literal, agádico e filosófico-alegórico — os cabalistas acrescentam um quarto nível, o do mistério teosófico no sentido acima exposto. Este nível, o *Zohar* denomina *raza de-nehemanuta* — compreensão conforme o "mistério da fé".

Esta concepção do significado essencialmente quádruplo da Torá apareceu em fins do século XIII, mais ou menos ao mesmo tempo, na obra de três autores cabalísticos diferentes, que provavelmente pertenciam ao mesmo grupo ou, pelo menos, estavam em contato um com o outro. São eles: Moisés de Leon, que também foi o autor da maior parte do *Zohar,* Bahia ben Ascher, e Joseph Gicatila. Suas definições dos quatro níveis de significado divergem até certo ponto. Mas a concepção teve seu desenvolvimento mais significativo na literatura zoharística; e foi esta tendência que também exerceu a influência mais duradoura sobre o misticismo judaico posterior.

As primeiras referências aos quatro níveis aparecem no *Midrasch ha-Neelam,* relativo ao Livro de Rute, uma das obras mais antigas do autor do *Zohar.* Nela, escreve: "As palavras da Torá são qual uma noz". Como é que se entende isso? Do mesmo modo que uma noz tem uma casca e um cerne, assim cada palavra da Torá contém fato externo (*maassé*), *midrasch, hagadá,* e mistério (*sod*), cada um dos quais possui um significado mais profundo que o anterior[41]. Trata-se de passagem digna de nota por várias razões. Ela não utiliza qualquer termo ou fórmula específica, tal como posteriormente foi a praxe para designar os quatro níveis. *Hagadá* parece referir-se a alguma forma alegórica ou figurativa de interpretação, enquanto que *midrasch* significa o método hermenêutico pelo qual os halahistas, ou legalistas do Talmud, de-

---

41. *Zohar Hadasch,* Jerusalém, 1953, 83a. Bacher deixa de levar em conta esta primeira entre as obras que formam o conjunto do *Zohar.*

rivaram suas definições do texto bíblico. A comparação da Torá com uma noz não é nova dentro da literatura judaica. Ela já fora empregada pelos hassidim alemães e franceses de princípios do século XIII, especialmente em relação à *mercabá* descrita no capítulo I do Livro de Ezequiel. A metáfora era particularmente adequada porque a noz possui não apenas a casca externa, dura, mas ainda duas camadas internas, mais finas, protegendo o cerne. A mesma figura, vale notar, foi saudada, no século XII, por Joaquim de Floris, o afamado monge da Calábria, em sua obra *Enchiridion in Apocalypsim* [42].

Essencialmente o mesmo grupo de significados, embora formulado mais explicitamente, e exposto numa afamada passagem do *Zohar* que se tornou um *locus classicus* para os cabalistas.

Na verdade, a Torá deixa escapar uma palavra, e emerge um pouco de seu invólucro e depois torna a esconder-se. Mas procede assim somente com os que a conhecem e lhe obedecem. Pois a Torá se parece com uma bela e formosa donzela, escondida numa câmara reclusa de seu palácio, e que tem um namorado secreto, desconhecido de todos. Por amor à donzela, ele vive passando à porta da casa dela, olhando para cá e para lá, à procura dela. Ela sabe que o bem-amado ronda o portão da sua casa. O que é que ela faz? Abre a porta da sua câmara reclusa, um pouquinho só, e por um momento revela o rosto ao bem-amado, porém logo o esconde de novo. Estivesse alguém com o amado, nada veria e nada perceberia. Só ele a vê e ele é atraído por ela com o coração e a alma e todo seu ser, e ele sabe que por amor a ele, ela se lhe mostrou por um instante, ardendo de paixão por ele. Assim acontece com a palavra da Torá, que se revela somente aos que a amam. A Torá sabe que o místico (*hakim liba*, literalmente, o sábio de coração) ronda o portão de sua casa. O que é que ela faz? Do interior de seu palácio oculto desvela o semblante, acena-lhe e retorna logo ao palácio onde se esconde. Os que

42. Cf. J. Huck, *Joaquim von Floris und die joachitische Literatur*, 1938, p. 291: *si ad nucis dulcedinem pervenire volumus, primo necesse est, ut amoveatur exteria cortex, secunda testa, et ita tercio loco perveniatur ad nucleam.* Cf. também p. 148 da mesma obra. Moisés de Leon usa a metáfora em vários contextos: o significado da Torá, o significado da *mercabá* e os perigosos domínios em torno dela; cf. seu *Ha-Nefesch ha-Hachamá*, Basiléia, 1608, 21, cad. O, Fol. 1 c-d. Mesmo a comunidade dos místicos é solenemente apostrofada *in Zohar*, I, 154b, como sendo aqueles que haviam "penetrado até o cerne". Em I, 19b, II, 15b, e outras passagens do *Zohar*, a noz é o símbolo da *mercabá*, que no contexto representa o conhecimento cabalístico do mundo

lá se encontram nada vêem e nada sabem, somente ele, e ele é atraído para ela com todo o coração e toda a alma e todo seu ser. Assim a Torá se desvela e se esconde, e emerge em amor pelo seu amado e desperta o amor nele. Venha e veja: este é o caminho da Torá. De início, quando deseja revelar-se a um homem, faz-lhe um rápido sinal. Se ele entende, muito que bem; se não, manda-o vir e chama-o de simplório. Ao mensageiro que ela envia, a Torá diz: diga ao simplório que venha até aqui para que eu possa conversar com ele. Assim como está escrito (Prov., 9:4): "Quem é simples, volte-se para cá. Aos faltos de entendimento, diz ela". Quando ele vem para junto dela, ela começa a falar-lhe por detrás de uma cortina, palavras à altura da sua compreensão, até que, lentamente, ele começa a entender, e isto chama-se *deraschá* [43]. Depois ela fala, através de um véu, palavras alegóricas (*milin de hida*) e isto é o que se chama *hagadá* [44]. Só então, depois que ele se familiariza com ela, esta se lhe revela, face a face, e fala-lhe de todos seus segredos escondidos e seus caminhos obscuros, que desde o começo estiveram em seu coração. Um tal homem, então, é chamado de perfeito, um "mestre", ou seja, "um noivo da Torá", no sentido mais estrito, o dono da casa, a quem ela desvenda todos os segredos, nada escondendo. Ela lhe diz: Está vendo agora quantos segredos havia naquele sinal que lhe fiz no primeiro dia, e qual o seu verdadeiro sentido? E ele entende, então, que àquelas palavras nada se pode acrescentar e delas nada se pode tirar. E pela primeira vez, então, compreende o verdadeiro significado das palavras da Torá, tal como elas aí se encontram, aquelas palavras às quais nenhuma sílaba ou letra pode ser acrescentada e das quais nenhuma pode ser tirada. E, por isso, os homens deveriam tomar o cuidado de perseguir a Torá (isto é, estudá-la com grande exatidão), a fim de se tornarem seu bem-amado, do modo como foi relatado [45].

Esta delicada analogia, entremeada de figuras da tradição cavaleiresca da Idade Média, oferece um excelente desenvolvimento da curta sentença do *midrasch* relativo ao Livro de Rute, que se refere à

43. *Deraschá* significa aqui o gênero de interpretação praticado pelos talmudistas, por meio do qual eles derivam a doutrina oral esotérica das palavras das Sagradas Escrituras, de acordo com determinadas normas.

44. O mesmo uso de *hida* para alegoria, costumeiro no hebraico medieval, é feito também por Moisés de Leon, ao final do seu *Mischkan ha-Edut*, MS Cambridge, 54a: "Nas palavras dos sábios existem *hagadót*, algumas das quais são alegorias (*hida*), enquanto que outras deverão ser entendidas literalmente, sem qualquer alegoria".

45. *Zohar*, II, 99a-b. Uma excelente investigação desta importante parábola da literatura cabalística posterior encontra-se no ensaio de F. Lachover, "The Gate to the Tower", *in Al guevul ha-iaschan ve he-hadasch*, Jerusalém, 1951, pp. 29-78.

Torá como uma noz. Ela emprega a mesma terminologia, exceto pelo fato de que aqui a *maassé*, o fato externo, é substituído pelo termo mais costumeiro de *peschat*, designando o significado literal ou simples, que é preservado mesmo na transfiguração mística, embora tornado transparente pela luz mística que o permeia. Um outro passo é dado numa passagem diferente do *Zohar* (III, 202a), no qual os vários níveis de significado são expressamente representados como partes do organismo da Torá, que é a Árvore da Vida. Aqui, contudo, o antigo termo *hagadá* é substituído por uma termo novo, *remez*, que no hebraico medieval veio (sob influência árabe) a designar alegoria. Aqui, ainda, somado aos acima mencionados quatro níveis de significado, menciona-se um quinto, a *guematria*, ou interpretação por meio do valor numérico a que correspondem as letras do alfabeto hebraico, mas que alhures não é considerado um nível independente de significado.

A esta altura o autor do *Zohar* ainda não havia concebido uma fórmula concisa expressando a íntegra da concepção. As passagens acima citadas foram escritas entre 1280 e 1286. Porém, depois de completar a parte principal do *Zohar* em forma pseudo-epigráfica, como sendo uma coletânea de diálogos entre Rabi Simão bar Iokhai e seus discípulos, no século segundo, Moisés de Leon escreveu numerosas obras cabalísticas, em hebraico, e sob seu próprio nome. Nelas, desenvolve um certo número de idéias, primeiro expostas no *Zohar*. Sabemos que já antes de 1290 havia composto um livro intitulado *Pardes,* literalmente, "paraíso", hoje perdido. O título baseia-se num trocadilho, que se tornou amplamente conhecido e foi muito usado na literatura hebraica subseqüente. O trocadilho tem por fundamento o famoso relato sobre quatro grandes rabis que, no século II, se dedicaram a estudos esotéricos. Os quatro, é dito, tinham "entrado no paraíso". Foram eles os Rabis Akiva, Ben Zoma, Ben Azai e Aher. "Um deles viu e morreu; o segundo viu e perdeu a razão; o terceiro devastou as plantas novas (quer dizer: tornou-se um apóstata e desencaminhou os jovens). Só Rabi Akiva entrou em paz e saiu em paz" [46]. O significado de *pardes,* nesta passagem, tem sido há muito tempo objeto de especulação. Discuti o tópico em outra parte [47] e não há necessidade de entrar nisso, aqui. De qualquer modo, Moisés de Leon empregou este termo altamente sugestivo, tão rico em matizes de significado, como uma chave cifrada dos quatro níveis de interpretação. Cada consoante da palavra PaRDeS designa um dos quatro níveis: P representa *peschat,* o sentido literal, R representa *remez,* o sentido alegórico, D representa *deraschá,* a interpretação talmúdica e agádica, e S representa *sod,* o sentido místico. O *pardes* no qual os quatro antigos eruditos entraram passou, assim, a designar as especulações a respeito do verdadeiro significado da Torá em todos os quatro níveis. Numa obra composta bem mais tarde, Moisés de Leon utilizou mais uma vez esta imagem, combinando-a com a noção acima mencionada da Torá como uma noz composta de casca e cerne. Alguns anos depois, aproximadamente entre 1295 e 1305, um autor anônimo, provavelmente um discípulo de Moisés de Leon ou um membro do seu grupo, escreveu os últimos dos livros zoháricos, *Raia Mehemna,* "O Verdadeiro Pastor", e *Tikunei Zohar,* uma obra contendo várias interpretações da primeira seção da Torá (Gên. 1-5). Este autor adotou o termo *pardes* como designação dos quatro níveis de significado e é desta origem que todos escritores subseqüentes o derivaram.

Em seu comentário sobre o Gênesis, 2:10 e ss., tratando dos quatro rios que correm no jardim do Éden, ou paraíso, o autor anônimo dá um novo jeito à antiga anedota talmúdica acerca dos quatro rabis. Nesta versão, um dos rabis entrou no rio Pischon, nome este interpretado como *pi schone halahót,* ou seja, "uma boca que aprende o sentido exato das *Halahót".* Pischon, aqui, representa o sentido literal. O segundo rabi entrou no rio Gihon, cujo nome representa uma referência à alegoria. O terceiro entrou no rio Hidekel, nome interpretado como uma com-

46. Hagiga, 14b; cf. *Major Trends,* p. 52.

47. Na seção II do meu livro *Jewish Gnosticism, Merkabah Mysticism, and Talmudic Tradition,* Nova York, 1960.

binação das duas palavras *had* e *kal*, "agudo" e "hábil", uma referência à agudeza e habilidade da interpretação talmúdica, *deraschá*. O quarto rabi entrou no Eufrates, representando o âmago do cerne, a medula que abriga a semente da vida, ou seja, onde sempre novos mistérios são descobertos e desenvolvidos. Ben Zoma e Ben Azai chegaram apenas à casca e às camadas internas em volta da Torá; aí permaneceram e incorreram em danos, nestes reinos; só Rabi Akiva penetrou até a medula da Torá; só ele entrou e emergiu são e salvo [48]. O autor do *Raia Mehemna* tem ainda uma outra variante. Em várias passagens emprega ele a palavra-chave *pardes*, mas substitui *remez*, alegoria, por *reiiót*, instituições [49].

O autor dos *Tikunim* identifica a *Schehiná*, a presença de Deus, a última a ser concebida entre as dez emanações, ou *sefirót*, com a Torá em todas suas manifestações, abarcando todos seus significados e níveis de significado. Por conseguinte, chama ele a *Schehiná* de "paraíso da Torá", *pardes há-Torah* [50]. Da mesma forma que Moisés de Leon, combina ele este conceito com o tema da noz: "A *Schehiná* no exílio é chamada de *pardes* (porque é como que trajada com os quatro níveis de significado), mas é ela mesma que é o cerne mais íntimo. Conseqüentemente, também a chamamos de noz e quando o rei Salomão entrou no paraíso (da especulação mística), disse: 'Eu entrei no jardim das nozes' " (Cântico dos Cânticos, 6:11) [51]. O significado exato de *"Schehiná no exílio"*, neste contexto, será esclarecido mais adiante nesta nossa investigação. No seu *Livro da Alma Racional*, escrito em 1290, o próprio Moisés de Leon

48. *Zohar*, I, 26b. A passagem não é da parte principal, mas do *Tikunei Zohar*.

49. A palavra deve ser lida *reiiót* e não *reaiot*, "provas", que não faria sentido no contexto. A suposição de Bacher, de que *reaiot*, como ele o lê, seria uma corruptela, nas nossas edições, do termo correto *remez*, é refutada pelo fato de a mesma interpretação da papalavra *pardes* constar já de duas outras passagens, mas que lhe escaparam, isto é, *Zohar Hadasch*, 102d, e 107c. Estas passagens também pertencem ao *Tikunei Zohar*.

50. *Zohar Hadasch* (seção *Tikunim*), 102d.

51. *Tikun*, n. 24, Fol. 68a-b. Aqui, as cascas, *kelipin*, já são relacionadas diretamente com as forças demoníacas e seu poderio, sendo que deste, a *Schehiná*, é libertada somente no Sábado, quando ela se veste de trajes sefiróticos.

ligou a idéia do *pardes* com o primeiro princípio acima discutido, ou seja, o princípio da Torá enquanto nome de Deus. Diz ele:

Sob o título *Pardes*, escrevi um livro acerca do mistério dos quatro caminhos; conforme o próprio título informa, trata-se dos quatro que entraram no *pardes*, que é nada mais senão *peschat, remez, deraschá* e *sod*. Nesse livro comentei extensamente a respeito desses assuntos em relação ao mistério das histórias e fatos relatados na Torá, a fim de demonstrar que todas se referem, num sentido místico, à vida eterna, e que nada há na Torá que não esteja contido no mistério do Seu Nome [52].

O mesmo princípio básico da interpretação quádrupla das Sagradas Escrituras é empregado por Bahia ben Ascher de uma ponta a outra do minucioso comentário a respeito da Torá, escrito por ele em 1291, em Saragoça. Bahia não utiliza o termo *remez* mas denomina este método alegórico de interpretação, que para ele é idêntico a uma interpretação conforme os princípios da filosofia medieval, de "o caminho racional", *derech ha-sekhel*. A palavra *pardes,* contudo, era-lhe desconhecida ainda, pois embora estivesse familiarizado com certas seções da parte principal do *Zohar,* as partes posteriores, onde este termo ocorre, ainda não haviam sido escritas quando Bahia iniciou seu comentário.

Mais um outro meio de definir quatro de semelhantes níveis de significado pode ser encontrado no fragmentário comentário cabalístico ao *Guia dos Perplexos* de Maimônides. O texto tem sido atribuído a Joseph Gicatila e parece, em todo caso, que foi escrito por volta dos fins do século XIII [53]. Diz o autor: "A Torá pode ser interpretada de três ou até mais maneiras". Estas maneiras, ou métodos, ele denomina de *perusch, beur, pescher,* e *derasch. Perusch* é para ele o sentido estritamente gramatical, análogo ao que acima foi chamado de *peschat. Pescher,* "interpretação", significa uma penetração mais profunda ao sentido literal. *Derasch* compreende tanto a alegoria como o método talmúdico de deduzir a *Halahá* das palavras das Escrituras e alegoria. O sentido mís-

---

52. Moisés de Leon, ao final do seu *Sefer ha-Nefesch ha-Hachamá*, Basiléia, 1608.

tico ele chama de *beur*. Literalmente, isto quer dizer apenas explanação, mas por meio de um jogo místico de palavras, à maneira cabalística, relaciona-se aquela com outra palavra hebraica, *beer*, que é poço, e desta forma a Torá é comparada a um poço de água fresca do qual irrompem sempre novos níveis de significado oculto. Uma idéia semelhante ocorre no *Raia Mehemna*, cujo autor leu ao menos uma parte dos primeiros trabalhos de Gicatila. Aqui também a Torá é um poço inesgotável de água fresca que nenhuma jarra (*kad*) conseguirá jamais esvaziar. A palavra hebraica *kad* tem o valor numérico 24; isto significa para o autor que nem mesmo os vinte e quatro livros do tradicional cânon bíblico podem exaurir a profundidade mística da essência oculta da Divindade, que é manifestada através dos livros da Bíblia [54].

É significativo, neste contexto, que em sua atitude face à alegoria, o *Zohar* preserve todo o esoterismo aristocrático dos filósofos racionalistas, demonstrando o *Midrasch ha-Neelam* uma particular inclinação para a interpretação alegórica. Uma passagem das mais notáveis é dedicada à interpretação da bem conhecida Agadá acerca do banquete messiânico no qual Israel se deleitará com o Leviatã [55]. O autor concorda plenamente com a interpretação filosófica dada a este banquete e por Maimônides [56], utilizando-a textualmente. Bem no espírito dos filósofos, justifica o grosseiro modo de expressão figurativo empregado pelos rabis, argumentando que a esperança deste banquete e de outras recompensas similares contribui para ajudar o povo simples a suportar as misérias do exílio. Um dos oradores afirma expressamente que

---

53. Georges Vajda, que dedicou uma investigação penetrante a algumas partes deste texto, duvida ser correta a atribuição — tradicionalmente feita — deste texto a Gicatila; cf. *Mélanges offerts à Etienne Gilson*, Paris, 1959, p. 656. A questão, por certo, merece investigações adicionais. Não só as partes impressas são atribuídas a Gicatila, mas também os fragmentos, em grande parte inéditos, preservados em Oxford, MS. Neubauer, 1911.

54. *Zohar*, II, 114b, e o comentário de Gicatila a respeito de Maimônides, na segunda parte do trabalho de Saul Kohen, "Perguntas Dirigidas a Abarbanel", Veneza, 1574, 21a.

55. Baba batra, 74b-75a; cf. L. Ginzberg, *The Legends of the Jews*, V, pp 43-6.

a fé popular não deve ser destruída mas, pelo contrário, reforçada [57].

Este aspecto quádruplo da Torá possui uma similaridade marcante com os conceitos de certos autores da antiga Idade Média, como Bede (século VIII). Tais idéias se alastram entre os autores cristãos da Idade Média tardia. Falam eles, neste contexto, de história, alegoria, tropologia (que para eles significa homilias moralizantes), e analogia (que em geral quer dizer a interpretação escatológica das Sagradas Escrituras). Mas aqui também variam as classificações. A interpretação estritamente mística é identificada às vezes com anagogia e às vezes, por outro lado, alegoria e anagogia tornam-se uma coisa só [55]. Famosos, neste contexto, são os versos de origem desconhecida, citados por Nicholas de Lyra, no século XIV:

Littera gesta docet, quid credas allegoria,
Moralis quid agas, quo tendas anagogia.

Derivaram os cabalistas este conceito dos cristãos? A pergunta tem sido respondida de várias maneiras. No artigo acima citado, Wilhelm Bacher admite a existência de uma tal conexão histórica, enquanto que Perez Sandler, recentemente, tentou provar que a doutrina cabalística do *pardes* foi desenvolvida de maneira independente [59]. Ainda que seja por certo possível que os cabalistas tenham chegado à teoria dos quatro níveis sem influência externa, simplesmente dividindo a interpretação alegórica em seus dois aspectos, um filosófico e outro teosófico-místico, estou inclinado a concordar com Bacher. O aparecimento simultâneo da idéia em três autores cabalísticos, todos eles vivendo na Espanha cristã e todos eles trabalhando com a mesma teoria dos quatro níveis,

56. *Hilkhot Teschuvá,* VIII, 4.

57. *Zohar,* I, 135b-136a. É interessante, e não deixa de ter um certo significado irônico, que para designar a fé popular o autor empregue o termo *mehemanutha dekolá,* que em muitas outras passagens do *Zohar* é usado em sentido místico, significando não "o que todos acreditam", mas a força da fé que penetra o mundo, o sistema das *sefirót.*

58. Cf., para pormenores, o artigo de A. von Dobschuetz, acima citado.

59. P. Sandler, "Le baiát Pardes", *in Jubilee Volume for Elias Auerbach,* Jerusalém, 1955, pp. 222-35.

embora divergindo na respectiva classificação, sugere que tenham deparado em algum lugar com esta idéia dos quatro significados e a tenham adotado. Somos quase forçados a concluir que foram influenciados por hermeneutas cristãos. O relato do *Zohar* sobre os quatro níveis denota uma semelhança marcante com a concepção cristã. Por outro lado, Gicatila (ou o pseudo-Gicatila) não teria boas razões para distinguir entre duas variedades de sentido literal, se não tivesse estado interessado, *a priori*, em extrair um significado quádruplo da Torá [60].

A cristalização desta idéia dos quatro níveis no organismo hierárquico da Torá não foi a única contribuição do *Zohar* para o problema que aqui nos preocupa. Uma outra tese importante aí exposta é que cada palavra, e mesmo cada letra, possui setenta aspectos ou, literalmente, "faces". Este conceito não se originou entre os cabalistas. Encontra-se no *mídrasch Números Rabá* e já era citado no século XII por Abraão ibn Ezra, o afamado comentador da Bíblia, na introdução ao seu comentário sobre o Pentateuco [61]. Ele não ocorre no Talmud mas foi desenvolvido a partir de um tema talmúdico. Setenta é o número tradicional de nações que habitam a terra. O Talmud afirma que cada mandamento emanado da boca de Deus no Monte Sinai foi dividido e pôde ser ouvido em todos os setenta idiomas [62]. Um elo entre este conceito e o posterior, dos setenta aspec-

---

60. Segundo parece, vale a pena assinalar que esta relação entre a teoria cabalística e o similar conceito cristão já foi notada por Pico della Mirandola, o primeiro humanista cristão a ter interesse profundo na Cabala. Em sua obra *Apologia*, escrita em 1487, escreve ele: "Da mesma forma como nós possuímos um método quádruplo de exegese bíblica, o literal, o místico ou alegórico, o trópico e o anagógico, assim também ocorre entre os hebreus. Eles chamam o sentido literal de *peschat*, o alegórico de *midrasch*, o trópico de *sehel*, e o anagógico, o mais sublime e divino de todos, de *cabalá*". Cf. *Opera*, Basiléia, 1557, pp. 178-9. Os termos hebraicos são exatamente os mesmos que os usados por Bahia ben Ascher, cujo trabalho, conseqüentemente, deve ter sido utilizado por Pico. A identificação errônea de *midrasch* com alegoria, e de *sehel*, que em Bahia de fato significa alegoria, com tropologia, mostra que os conhecimentos destas fontes, por Pico, eram bastante limitados. O mesmo erro é repetido, de forma mais pronunciada, na *Apologia* de Pico, escrita pelo monge franciscano Archangelus de Borgo Novo. Ele cita a literatura do Midrasch sob o título de alegoria, porém trabalhos como os de Maimônides e Gersônides são classificados como tropologia; cf. *Apologia fratris Archangeli de Burgonoro... pro defensione doctrinae Cabalae*, Bolonha, 1564, 8b.

61. *Números Rabá*, XIII, 15.

62. Schabat, 88b.

77

tos, aparece claramente numa passagem do *Alfabeto de Rabi Akiva,* um tratado semimístico, datando dos começos da era pós-talmúdica, que nunca foi anteriormente considerado neste contexto. Lemos nele: "Todos os tesouros da sabedoria foram entregues ao príncipe angélico Seganzagael, e todos foram desvendados a Moisés no Monte Sinai, de modo que durante os quarenta dias que lá passou foi instruído em todos os setenta aspectos dos setenta idiomas" [63]. Mais tarde, os setenta idiomas foram eliminados e a nova forma nascia. O *Zohar* faz uso liberal dela. Os diferentes aspectos são os segredos que podem ser descobertos em cada palavra. "Muitas luzes brilham em cada palavra" [64]. Esta tese foi de fato avançada por um autor do século XII, tido em alta estima pelos cabalistas da Espanha. Abraão bar Hiia escreve: "Cada letra e cada palavra em cada seção da Torá têm uma raiz profunda na sabedoria e contêm um mistério dentre os mistérios da compreensão (divina), em cuja profundidade somos incapazes de penetrar. Queira Deus que possamos saber um pouco só desta abundância" [65]. O significado do texto sagrado não pode esgotar-se em qualquer número finito de luzes e interpretações, e o número setenta representa aqui naturalmente a totalidade inesgotável da palavra divina. Além do mais, a luz e o mistério da Torá são um só, pois a palavra hebraica *or,* luz, e a palavra hebraica *raz,* mistério, possuem o mesmo valor numérico, 207. Quando Deus falou "Que se faça luz", referia-se ao mistério que brilha na Torá, como o exprime o autor do *Midrasch ha-Neelam* [66]. E foi esta oculta luz primordial da Criação, tão nobre que não podia ser rebaixada ao uso de criaturas, que Deus encerrou dentro da Torá. Em suas meditações místicas acerca das Escrituras Sagradas, o cabalista consegue captar um raio, "luz da luz inesgotável". Uma notável aplicação desta noção ao próprio *Zohar*

63. *Otiiot de Rabi Akiva,* ed. Wertheimer, Jerusalém, 1914. p. 12.

64. *Zohar,* III, 202a.

65. Abraão bar Hiia, *Meguilat ha-Megalé,* Berlim, 1924, p. 75.

66. *Zohar,* I, 140a; *Zohar Hadasch,* 8b.

encontra-se na obra do afamado cabalista Haiim Vital (morto em 1620). A palavra *Zohar* significa literalmente Esplendor. De acordo com o referido autor, o esplendor da luz divina da Torá se reflete nos mistérios desse livro. Mas quando tais mistérios são amortalhados pelo significado literal, sua luz fica ofuscada. O sentido literal é escuridão, mas o significado cabalístico, o mistério, é o *zohar* que resplandece em cada linha das Escrituras Sagradas [67].

Esta depreciação do sentido simples, literal, não é nenhuma invenção dos cabalistas posteriores. Ela é claramente enfatizada em certas passagens do próprio *Zohar*. Rabi Simão disse:

Ai do homem que considera a Torá um livro de contos e coisas profanas. Se assim fosse, mesmo hoje seríamos capazes de escrever uma Torá tratando de tais assuntos, ou melhor até. No que se refere às coisas mundanas, os reis e príncipes do mundo (em suas crônicas?) possuem materiais mais valiosos. Podíamos usá-los como modelo para redigir uma Torá desse tipo. Mas, na realidade, as palavras da Torá são palavras mais elevadas e mistérios mais elevados. Mesmo quando os anjos descem à terra (para cumprir uma missão) eles se vestem com os trajes deste mundo, e, se não o fizessem, não poderiam sobreviver neste mundo e o mundo não os suportaria. E se isto é verdade no tocante aos anjos, tanto mais o é no tocante à Torá, por meio da qual Ele criou os anjos e todos os mundos, e por meio da qual tudo subsiste. Quando ela desce à terra, como é que o mundo a suportaria se não vestisse trajes terrestres? Os contos da Torá são apenas seus trajes externos. Se alguém quer supor que a própria Torá é o traje e nada mais, deixe que ele se entregue ao fantasma. Um tal homem não terá parte no mundo vindouro. É por isso que Davi (Salmos, 119:18) disse: "Abra meus olhos para que eu enxergue coisas maravilhosas dentro de Tua Torá", ou seja, aquilo que está por trás dos trajes da Torá. Venham e vejam: há trajes que cada um vê e, quando tolos vêem um homem em trajes que lhes parecem belos, então já não olham mais de perto. Porém, mais importante que o traje, é o corpo, e, mais importante do que o corpo, é a alma. Da mesma forma, a Torá possui um corpo, que consiste nos mandamentos e ordenações da Torá, que são denominados *gufé torá*, "corpos da Torá" [68]. Este corpo é revestido de trajes que consistem em estórias mundanas. Tolos só vêem os trajes, que é a parte narrativa da Torá; eles nada mais

---

67. Vital, *Etz, ha-Daát*, Zolkiev, 1871, pp. 46-7.

79

sabem, e deixam de ver o que está por trás dos trajes. Aqueles que sabem mais vêem não apenas o traje, mas também o corpo que está por baixo dele. Mas os verdadeiros sábios, os servos do Rei Supremo, aqueles que estiveram ao pé do Monte Sinai, olham somente para a alma, que é a verdadeira base de toda a Torá, e um dia, decerto, ser-lhes-á dado entrever a alma mais íntima da Torá.

A Torá, o autor acrescenta, necessita de uma vestimenta externa que consiste de narrativas, assim como o vinho, se se quer conservá-lo, necessita de uma jarra. Mas é sempre preciso penetrar até o segredo que está por trás dela [69].

O último passo, e o mais radical, no desenvolvimento deste princípio do significado infinito da Torá, foi dado pela escola palestinense de cabalistas, que floresceu no século XVI, em Safed. Eles partiram do velho conceito de que as almas de Israel que saíram do Egito e receberam a Torá ao pé do Monte Sinai eram em número de 600.000. De acordo com as leis da transmigração e da distribuição das centelhas nas quais a alma se desintegra, estas 600.000 almas primordiais estão presentes em cada geração de Israel.

Conseqüentemente, existem 600.000 aspectos e significados na Torá. De acordo com cada uma dessas maneiras de explicar a Torá, a raiz de uma alma foi moldada em Israel. Na Era Messiânica, cada um entre os homens de Israel lerá a Torá de conformidade com o significado peculiar de sua raiz. E assim, também, é a Torá compreendida no Paraíso [70].

Esta idéia mística de que cada alma individual tem seu modo peculiar de entender a Torá foi enfatizada por Moisés Cordovero, de Safed (morto em 1570). Disse ele que cada uma destas 600.000 almas santas tem sua porção especial da Torá, "e a ninguém

68. Um trocadilho. O sentido literal de *gufé torá* é, de fato, "corpos da Torá", mas no Talmud esta expressão é empregada no sentido de "doutrinas importantes da Torá".

69. *Zohar*, III, 152a.

70. Isaac Lúria, S*efer ha-Kavanót*, Veneza, 1620, 53b. Mais sobre o assunto *in* Vital, *Schaár Guilgulím*, XVII, Jerusalém, 1912, 17b; *in* Nathan Shapira, *Megalé Amuchot*, Cracóvia, 1937, IX; e *in* Naphtali Bacharach, *Emek ha-Melech*, Amsterdã, 1648, 42a.

80

mais, exceto a ele, cuja alma daí brota, será dado compreender nesta maneira especial e individual que lhe é reservada"[71]. Com o auxílio do *Zohar,* os cabalistas de Safed desenvolveram ainda a idéia de que a Torá, que em sua forma visível contém apenas umas 340.000 letras, teria, de alguma forma misteriosa, 600.000. Cada indivíduo, em Israel, possui uma letra desta misteriosa Torá, à qual se prende sua alma, e ele lê a Torá de um modo particular predeterminado por sua raiz superior que está na Torá. Menahem Azariá de Fano, um dos grandes cabalistas italianos (c. 1600), expõe em seu tratado sobre a alma, que a Torá, tal como foi originalmente entalhada nas duas tábuas (as que foram partidas), continha essas 600.000 letras e que somente nas segundas tábuas ela assumiu a forma abreviada que, contudo, graças a um meio secreto de combinar letras, ainda indica o número original de 600.000 letras que formam o corpo místico da Torá[72].

V.

Examinamos os três princípios básicos que se pode dizer governam a concepção geral dos cabalistas acerca da Torá. Mas isto de maneira alguma encerra o assunto. Em certos trabalhos cabalísticos, tais princípios tomam uma direção nova e abrem perspectivas de longo alcance. Os cabalistas não recuavam diante de inferências audaciosas em tais assuntos. Todos estes novos desenvolvimentos tiveram seu ponto de partida em duas perguntas que vinham de maneira bastante natural à mente de um judeu piedoso mas de inclinação especulativa: 1. Qual teria sido o conteúdo da Torá, que deve ser considerada a mais alta manifestação da sapiência divina, não fosse a queda do homem? Ou, numa formulação mais radical: Se a Torá era preexistente, se ela precedeu a Criação, qual era a sua natureza antes da queda? 2. Qual será a estrutura da Torá, na Era Messiânica, quando o homem for restaurado a seu estado prís-

71. Cordovero, *Derischá be-iniané Malahím,* ed. Ruben Margolioth, Jerusalém, 1945, p. 70.

72. M. A. Fano, *Maámar ha-Nefesch,* Pyotrkow, 1903, III, 6, Fol. 17a.

tino? — Essencialmente as duas perguntas são uma
só, ou seja, qual é a relação da Torá com a história
fundamental do homem? Surpreende um pouco que
esta questão tenha preocupado grandemente certos cabalistas. Repercutiu amplamente nos escritores cabalistas subseqüentes, cujas idéias sobre este assunto exerceram profunda influência no desenvolvimento posterior
do misticismo judaico, tanto em seu aspecto ortodoxo
quanto herético.

Mesmo que o autor do corpo principal do *Zohar*
não exaltasse essas questões, elas assumiram uma importância fundamental na mente de seu contemporâneo
mais jovem que escreveu a *Raia Mehemna,* "O verdadeiro pastor" (uma obra sobre as razões esotéricas dos
mandamentos da Torá) e o *Tikunei Zohar.* Seus livros
revelam duas seqüências de idéias que são relevantes
com relação a isto.

A primeira delas se relaciona com os dois aspectos
diferentes da Torá, que nesses livros são chamados *torá
de-beriá,* "a Torá no estado de criação" e *torá de-
-atzilut,* "a Torá no estado de emanação". A última é
caracterizada pelas palavras do salmista (19:8): "A
Torá do Senhor é perfeita", o que significa que ela está
autocontida em seu caráter divino e ainda intacta. A
torá de-beriá, por sua vez, está caracterizada pelo verso
dos Provérbios (8:22): "O Senhor me criou no começo de suas obras". Isto é, a Torá apareceu quando
Deus se afastou de sua essência divina oculta e se revelou na criação de obras e mundos [73]. E em outra passagem: "Há uma Torá que não se pode dizer que foi
criada; ela é emanação de Deus". Apenas com relação
a esta *torá de-atzilut* não-criada é que se aplica a tese
mística que Deus e a Torá constituem um só [74]. O autor
não desenvolve detalhadamente esta idéia, salvo nas
passagens em que ela está relacionada com a segunda
questão, que ele discute freqüentemente e largamente.
Assim, lemos numa terceira passagem que a Torá criada, *torá de-beriá,* é a vestimenta externa da *Schehiná* [75].

73. *Tikunei Zohar,* Prefácio, 6b.

74. *Ibid.,* n. 22, Fol. 64a.

75. *Zohar,* I, 23a-b. Esta parte pertence ao *Tikunei Zohar.*

Se o homem não tivesse sucumbido ao pecado, a *Schehiná* poderia ser dispensada desta cobertura. Acontece que ela precisa de uma cobertura, como um homem que deve esconder sua pobreza. Deste modo, todo pecador pode estar ligado ao homem que rouba os trajes da *Schehiná;* mas o homem que cumpre os mandamentos da Torá é como uma pessoa que veste a *Schehiná* com os trajes dela e fá-la aparecer no mundo terrestre. Daí segue que aquilo que o autor chama de *torá de-beriá* corresponde à Torá como ela é realmente manifestada e pode realmente ser cumprida, isto é, a Torá da tradição talmúdica. Ela contém mandamentos positivos e negativos e traça uma nítida linha divisória entre o bem e o mal, o puro e o impuro, o permitido e o proibido, o sagrado e o profano. Esta idéia da vestimenta da Torá repete-se sempre nesta última parte do *Zohar,* ainda que com nuanças de significado muito divergentes. Ela se baseia na identificação da *Schehiná* (que também é a Rainha ou Matrona) à Torá tal como ela foi revelada aos homens. É afirmado repetidas vezes, por exemplo, que a cor de sua vestimenta, após a queda do homem, mas particularmente durante o período do exílio, é preta, em sinal de luto. Mas em outras passagens a cor preta é relacionada ao sentido literal da Torá, sendo este a primeira camada de sentido a ser discernido nela. Assim, numa passagem no *Raia Mehemna,* falando da Matrona como sendo a Torá, o autor declara que através de suas boas ações e também, é claro, através da sua intuição mais profunda, um homem virtuoso ilumina a *Schehiná,* "despindo-a do traje sombrio do significado literal e casuístico, adornando-a com trajes radiantes que são os mistérios da Torá" [76].

Em outras passagens aplica-se um simbolismo diferente a estes dois aspectos da Torá, um o factual e pragmático, e outro o contemplativo e místico. Vimos que a Torá foi comparada à Árvore da Vida, no Paraíso. Mas a Bíblia fala de duas árvores no Paraíso, cada uma das quais é agora relacionada a uma esfera diferente do domínio divino. A Árvore

[76]. III, 215b *(Raia Mehemna).*

da Vida foi identificada (mesmo antes do *Zohar*) à Torá escrita, ao passo que a Árvore do Conhecimento do bem e do mal foi identificada à Torá oral. Neste sentido, a Torá escrita, obviamente, é considerada um absoluto, enquanto que a Torá oral trata das modalidades da aplicação da Torá no mundo terreno. Esta concepção não é tão paradoxal quanto à primeira vista possa parecer. Para os cabalistas, a Torá escrita era, de fato, um absoluto, que como tal não pode ser total e diretamente apreendido pela mente humana. É a tradição que torna primeiro a Torá acessível à compreensão humana, indicando as maneiras e os meios através dos quais a Torá pode ser aplicada à vida judaica. Para um judeu ortodoxo — e não devemos esquecer que na sua própria opinião os cabalistas eram judeus ortodoxos — tão-somente a Torá escrita, sem a tradição, que é a Torá oral, estaria sujeita a toda espécie de interpretações errôneas. É a Torá oral que de fato determina a conduta do judeu. É fácil ver como a Torá oral veio a ser identificada — como o era pelos primeiros cabalistas — com a nova concepção mística da *Schehiná,* considerada a potência divina que governa a Congregação de Israel e nela se manifesta. Já discutimos certo número de inferências audazes que um dos primeiros cabalistas tirou deste simbolismo das duas manifestações da Torá.

O autor do *Raia Mehemna* e dos *Tikunim,* contudo, deu ao referido simbolismo uma nova direção, pejada de conseqüências. Para ele, a Árvore do Conhecimento do bem e do mal veio a simbolizar aquela parte da Torá que distingue entre bem e mal, puro e impuro, etc. Mas esta árvore sugeriu-lhe, ao mesmo tempo, a força que o mal pode adquirir sobre o bem em épocas de pecado e especialmente em épocas de exílio. A Árvore do Conhecimento transformou-se, assim, na árvore das restrições, proibições e delimitações, enquanto a Árvore da Vida era a árvore da liberdade, uma árvore simbólica de uma idade em que o dualismo de bem e mal ainda não (ou não mais) era concebível, e tudo dava testemunho da uni-

84

dade da vida divina, intocada ainda por quaisquer restrições, pelo poder da morte ou por qualquer outro dos aspectos negativos da vida que apareceram tão-somente após a queda do homem. Tais aspectos restritivos, limitativos, da Torá, são perfeitamente legítimos no mundo de pecado, no mundo não redimido, e num mundo desses a Torá não podia ter assumido qualquer outra forma. Tão-somente após a queda e suas conseqüências de longo alcance assumiu a Torá o aspecto material e limitado no qual hoje nos aparece. Em inteiro acordo com esta visão é que a Árvore da Vida veio a representar a feição utópica da Torá [77]. Deste ponto de vista era perfeitamente plausível identificar a Torá como Árvore da Vida com a Torá mística, e a Torá como Árvore do Conhecimento do bem e do mal com a Torá histórica. Temos, aqui, evidentemente, um exemplo marcante da exegese tipológica à qual era tão dado o autor do *Raia Mehemna* e dos *Tikunim*.

Mas devemos efetuar um passo à frente. O autor liga este dualismo das árvores a dois conjuntos diferentes de tábuas conferidas a Moisés no Monte Sinai. Conforme uma velha tradição talmúdica, o veneno da serpente que corrompera Eva, e por meio dela toda a humanidade, perdeu a força com a Revelação do Monte Sinai, mas reconquistou-a quando Israel começou a adorar o bezerro de ouro. O autor cabalístico interpreta isto a seu modo. As primeiras tábuas, dadas antes que Israel pecasse com o bezerro de ouro, mas que, afora Moisés, ninguém havia lido, vieram da Árvore da Vida. As segundas tábuas, dadas após as primeiras terem sido partidas, vieram da Árvore do Conhecimento. O significado é claro: as primeiras tábuas continham a revelação da Torá em conformidade com o estado original do homem, governado pelo princípio corporificado na Árvore da Vida. Esta era uma Torá verdadeiramente espiritual, outorgada a um mundo em que Revelação e Redenção coincidiam, em que tudo era santo e não havia necessidade de manter em xeque as forças da im-

---

[77]. Cf. "Zum Verstaendnis der messianischen Idee im Judentum", *in Eranos-Jahrbuch*, XXVIII, 1960, pp. 221-3.

pureza e da morte por meio de proibições e restrições. Nessa Torá o mistério estava plenamente revelado. Mas o momento utópico logo se desfez. Quando as primeiras tábuas foram partidas, "as letras nelas talhadas voaram embora", isto é, o elemento puramente espiritual retrocedeu; desde então, tem sido visível apenas para os místicos, que podem percebê-lo mesmo debaixo dos novos trajes externos em que apareceu nas segundas tábuas [78]. Nas segundas tábuas, a Torá surge em vestimenta histórica e como força histórica. Na verdade, ela ainda encerra suas profundezas ocultas, seu mistério infinito. O bem ainda é translúcido, enquanto o mal deve ser cercado e combatido por todas as proibições concebidas como suas contrapartidas. Esta é a casca dura da Torá, indispensável num mundo governado pelas forças do mal. Mas a casca não deve ser confundida com o conjunto, ela não é tudo. Cumprindo os mandamentos, um homem é capaz de romper através da casca e atingir o cerne. Esta concepção também nos ajuda a desfazer em parte a ambigüidade de certas afirmações acerca da ordem hierárquica da Bíblia, da Mischná, do Talmud e da Cabala, que aparecem freqüentemente no *Raia Mehemna* e nos *Tikunim* e que têm confundido não poucos leitores desses textos. Seria um engano, porém, chamar estas passagens de antinomísticas ou antitalmúdicas [79]. O autor está longe de pretender pôr de lado a lei talmúdica, à qual concede plena validade e legitimidade como forma histórica em que a Torá foi dada. As discussões pormenorizadas de elementos da *Halahá*, nesses livros, são de caráter puramente positivo e não apresentam sinal de hostilidade. Mas não pode haver dúvida alguma de que o autor esperava que os aspectos utópicos e puramente místicos da Torá se tornariam plenamente manifestos e entrariam em vigor pleno no dia da Redenção. A verda-

78. *Zohar*, I, 26b, (*Tikunim*), II, 117b; III, 124b, 153a, 255a (todos do *Raia Mehemna*); *Tikunei Zohar*, ns. 56 e 60; *Zohar Hadasch*, 106c.

79. Em sua *História dos Judeus*, Heinrich Graetz interpreta assim estas passagens. Y. F. Baer revela uma compreensão bem mais profunda do seu verdadeiro significado, cf. seu ensaio, em hebraico, sobre o fundo histórico do *Raia Mehemna*, in *Zion*, V. 1940, 1-44. Baer também foi o primeiro a chamar a atenção para a relação entre estas idéias e as dos Espirituais franciscanos do século XIII.

deira essência da Torá é uma só; e é esta essência que é encarnada no conceito da *torá de-atzilut*. Mas a vestimenta, ou forma externa, que ela adotou num mundo onde é necessário combater o poder do mal, é absolutamente legítima e indispensável. A forte ênfase que o autor lança sobre estes aspectos sombrios da Torá em sua forma talmúdica — ele é dado a estabelecer paralelos, que até parecem irônicos e críticos, entre a escravidão dos israelitas em seu exílio egípcio e os esforços hermenêuticos pelos quais os eruditos talmúdicos derivam o conteúdo da Torá oral da Torá escrita [80] — evidenciam a amplitude de sua preocupação com o aspecto místico e utópico da Torá. O exílio da Torá, que em princípio começou com a queda, adquiriu significado pleno com o exílio histórico do povo judeu. Daí por que, nestes livros, dois conceitos intrinsecamente tão diferentes — pecado e exílio — são amiúde combinados e quase identificados.

Os cabalistas da escola de Safed, no século XVI, desenvolveram esta idéia de uma forma muito interessante. Tentaram responder à pergunta sobre o que a Torá fora antes da queda e como aquela Torá original pode ser conciliada com a Torá histórica concreta. Tais idéias são magnificamente formuladas nos trabalhos de Moisés Cordovero, que foram retomados por muitos outros autores. Cordovero também parte da suposição de que a Torá, em sua essência mais íntima, se compõe de letras divinas, que por sua vez são configurações da luz divina. Apenas no decurso de um processo de materialização passam estas letras a ser combinadas de várias maneiras. Primeiro formam nomes, isto é, nomes de Deus, depois apelativos e predicados que sugerem o divino e, mais adiante ainda, combinam-se de uma nova maneira, para formar palavras relativas a eventos terrestres e objetos materiais. O nosso mundo atual tomou o seu grosseiro caráter material em conseqüência da queda do homem, e a Torá sofreu uma modificação paralela. As letras espirituais tornaram-se materiais quando o

---

80. Cr. passagens como I, 27a-28a; III, 124b, 153a-b, 229b, 254a-b; *Tikunei Zohar*, n. 21, Fol. 48a-b; *Tikunim, in Zohar Hadasch*, 97c-99d. As passagens do *Zohar*, acima, pertencem todas à mesma fonte.

caráter material do mundo tornou a transformação necessária. À base desta teoria, Cordovero encontrou uma resposta para as duas perguntas — qual era a natureza da Torá antes da queda? e, qual será a natureza dela na Era Messiânica? [81]

Para ilustrar sua concepção, utiliza o exemplo da ordenação bíblica proibindo o uso do vestuário feito de lã misturada com linho. Em hebraico, essa mistura chama-se *scha-atnez*.

Diz a Torá (Deut. 22:11): "Não te vestirás de *scha-atnez*" — o que não pode ter sido escr.to antes que Adão mesmo se tivesse vestido com este material concreto e grosseiro, conhecido na linguagem mística por "pele da serpente". A Torá, destarte, não poderia conter semelhante proibição, pois que relevância podia este *scha-atnez* ter para a alma do homem, originalmente vestido de trajes puramente espirituais? E, de fato, a combinação primitiva das letras, na Torá, antes da queda, não foi *schaatnets tzemer u-fischtim* (*scha atnets*, de lã e linho), mas as mesmas consoantes numa combinação diferente, ou seja: *satan as metzar u-tofsim*, uma advertência a Adão para não trocar seu primitivo traje de luz pelo traje de pele da serpente, simbolizando as forças demoníacas denominadas *satan áz*, "Satanás insolente". Além do mais, continham tais palavras uma advertência no sentido de que estas forças seguramente iriam trazer ao homem medo e aflição, *metzar*, tentando apoderar-se dele, *u-tzofim*, e assim fazê-lo descer ao inferno. O que foi, porém, que provocou esta mudança na combinação das letras, de modo a agora lermos *scha atnez tzemer u-fischtim?* Isto veio a acontecer porque a natureza de Adão se tornou material depois que ele envergou a pele da serpente, necessitando assim uma Torá que desse mandamentos materiais. Tal coisa exigia uma nova leitura das letras para transmitir o significado de um mandamento. E o mesmo ocorre com todos os outros mandamentos baseados na natureza corpórea e material do homem [82].

A mesma fonte trata também dos aspectos escatológicos da questão.

81. Cordovero, *Schiúr Komá*, Varsóvia, 1883, 63b.

82. Abraão Azulai, *Hesed le-Abraham*, Sulzbach, 1685, II, 27. Este autor fez uso pormenorizado de um manuscrito da principal obra de Cordovero, *Elima Rabati*, de onde tomou muitas idéias interessantes.

No que diz respeito às novas interpretações da Torá, que Deus revelará na Era Messiânica, podemos afirmar que a Torá permanecerá a mesma eternamente, porém, no começo, ela assumiu a forma de combinações materiais de letras, que se adaptavam ao mundo material. Mas um dia os homens hão de se desfazer deste corpo material; serão transfigurados e recuperarão o corpo místico de Adão antes da queda. Então compreenderão o mistério da Torá, seus aspectos ocultos tornar-se-ão manifestos. E, mais tarde, quando ao fim do sexto milênio (isto é, após a verdadeira redenção messiânica e o começo da nova eternidade) o homem se tornar um ser espiritual ainda mais elevado, penetrará ainda mais profundamente nos mistérios ocultos da Torá. Qualquer pessoa então será capaz de entender o conteúdo milagroso da Torá, e as combinações secretas, e destarte aprenderá muito a respeito da essência secreta do mundo... Pois a idéia fundamental da presente dissertação é que a Torá, como o próprio homem, veste um traje material. E quando o homem se elevar de seu traje material (isto é, de sua condição corpórea) para um mais sutil, mais sublime, também a manifestação material da Torá será transformada e sua essência espiritual será apreendida em graus sempre crescentes. As faces veladas da Torá tornar-se-ão radiantes, e os justos as estudarão. No entanto, em todas estas fases, a Torá será a mesma que ela foi no começo; sua essência nunca mudará [83].

A mesma idéia foi seguida por Isaac Lúria e desenvolvida numa direção semelhante. "No Paraíso, o sentido dos mandamentos era diferente e bem mais espiritual do que agora, e aquilo que os homens piedosos cumprem agora na execução material dos mandamentos, eles hão de cumprir então, no traje paradisíaco da alma, tal como Deus pretendeu quando criou o homem" [84].

Estas idéias representam uma combinação extremamente iluminadora do *absoluto* e do *relativo*. De acordo com a crença ortodoxa, a Torá permanece uma entidade essencialmente imutável e absoluta. Mas, ao mesmo tempo, vista em perspectiva histórica, adquire significado específico somente em relação ao cambiante estado do homem no universo, de maneira que o próprio significado fica sujeito a mudança. Os

83. *Ibid.*, II, 11, e sem dúvida provém da mesma fonte. Passagens semelhantes podem também se encontrar nas obras de Cordovero, p. ex., *Schiúr Komá*, 85d.

84. Cf. também a passagem extensa em *Schaár Maamaré Retzal*, Jerusalém, 1898, 16c, citada por Vital sob o nome de Lúria.

cabalistas posteriores falaram de quatro mundos a constituir uma tal hierarquia espiritual: o mundo da emanação divina, *atzilut*, o mundo da criação, *beriá*, o mundo da formação, *ietzirá*, e o mundo da ativação, *asiiá*. Estes mundos não são sucessivos mas existem simultaneamente, formando os diferentes estádios pelos quais a força criadora de Deus se materializa. A revelação da Torá, como o órgão da Criação, deve necessariamente ter chegado a todos estes mundos dentro de alguma forma, e de fato aprendemos certas coisas a respeito de sua estrutura nesses estádios. Textos originados na escola de Israel Saruk (c. 1600) desenvolvem a seguinte idéia: no mundo superior, o mundo da *atzilut*, a Torá era meramente uma seqüência de consoantes que pode ser derivada do alfabeto hebraico. Foi esta a vestimenta original que brotou do movimento lingüístico interno do *en-sof*, tecido como que da "beatitude" imanente que impregna o *en-sof*, a infinita Divindade transcendente, tanto em sua essência oculta como no primeiro momento em que cogitou de revelar seu poderio infinito. Em sua ordem original, estes elementos mais íntimos da Torá já continham os germes de todas as possibilidades incluídas neste movimento lingüístico. É tão-somente no segundo mundo que a Torá é manifestada como uma seqüência de nomes sagrados de Deus, formados por certas combinações de elementos presentes no mundo da *atzilut*. No terceiro mundo, aparece como uma seqüência de nomes e forças angélicas, de conformidade com a lei daquele mundo que é habitado por seres angélicos. Só no quarto e último mundo pôde a Torá aparecer como ela aparece a nós [85]. As leis que determinam a estrutura interna de cada um desses mundos são reveladas pela forma específica sob

---

85. Naphtali Bacharach, *'Emek ha-Melech*, 4a. Teorias similares são desenvolvidas extensamente em muitas obras da escola luriânica, em exposições tanto autênticas como apócrifas da doutrina de Lúria. De longe, a passagem mais importante deste gênero é a longa citação de um manuscrito da autoria de Iossef ibn Abraham Hazkuni, de Isaac Lúria, preservado no início da obra de Abraham Hazkuní, *Schtei Iadót*, Amsterdã, 1726, 3a. Lemos aí, entre outras afirmações radicais, que a Torá, originalmente, devia compor-se de seis livros (como ainda o é a Lei Oral, a Mischná). O sexto livro, contudo, que era para ser a *Torá de-atzilut*, tornou-se invisível aos nossos olhos e foi removido do começo da nossa Torá. Ele é revelado agora unicamente aos adeptos e iniciados, mas na Era Messiânica tornar-se-á parte da Torá visível.

a qual a Torá nela aparece. Se se perguntar por que não percebemos a Torá diretamente nesta função, a resposta será que precisamente este aspecto da Torá, como representação das leis cósmicas governando os vários mundos, foi ocultado pelas mudanças sofridas por suas formas externas após a queda do homem.

Em lugar algum, creio, foi esta "relativização" mística da Torá expressa em termos mais claros do que no fragmento de um livro de Rabi Eliiahu Kohen Itamari, de Esmirna (morto em 1729), cujo manuscrito esteve à disposição de Haiim Iosset David Azulai, e que o citou. Este Rabi Eliiahu foi um pregador e cabalista célebre, conhecido por seu ascetismo e piedade, embora sua teologia seja estranhamente permeada de idéias oriundas do cabalismo herético dos seguidores de Sabatai Tzvi, o falso messias. No fragmento faz-se uma tentativa de explicar a razão pela qual, em conformidade com a lei rabínica, os rolos da Torá usados na sinagoga devem ser escritos sem vogais e pontuações. Isto, diz o autor,

é uma referência ao estado da Torá tal como ela existia à vista de Deus antes de ser transmitida às esferas inferiores. *Pois tinha Ele diante de Si numerosas letras que não estavam unidas em palavras como hoje é o caso, porque o arranjo real das palavras dependeria de como este mundo inferior se conduzisse.* Por causa do pecado de Adão, Deus arranjou as letras à Sua frente em palavras descrevendo a morte e outras coisas terrestres, como o casamento por levirato. Sem pecado não haveria morte. As mesmas letras teriam sido juntadas em palavras contando uma estória diferente. Daí por que o rolo da Torá não contém vogais, nem pontuação, nem acentos, como alusão à *Torá que originalmente formava um amontoado de letras desconjuntas.* (Em hebraico: *tel schel otiyót beli mesudarót.*) O propósito divino será revelado na Torá com o advento do Messias, que subjugará a morte para sempre, de modo que não haverá lugar na Torá para algo relacionado com a morte, impureza e similar. Pois Deus então anulará a atual combinação de letras que forma a Torá do presente e comporá as letras em palavras diferentes que formarão sentenças novas, falando de outras coisas. Este é o sentido das palavras de Isaías (51:4): "A Torá sairá de mim", que já foram interpretadas pelos antigos rabis como significando: "Uma Torá nova sairá de mim" [86]. Significa isto que a Torá não tem validade eterna? Não, significa que o rolo da Torá será como é agora, mas Deus nos ensinará a lê-la, de acordo com arranjos diferentes das letras, e nos iluminará quanto à divisão e combinação das palavras [87].

Seria difícil conceber uma formulação mais audaciosa do princípio envolvido nesta teoria. Não é de surpreender que Azulai, rabi piedoso que foi, tenha protestado com horror contra uma tese tão radical. No entanto, em seu protesto, o que é curioso, invoca a doutrina de Nachmânides sobre o caráter original da Torá, em oposição à doutrina de Eliiahu Kohen que, segundo afirma, não possuía base em tradição rabínica autêntica e portanto não tinha validade. É evidente que não consiga descernir a linha ininterrupta de desenvolvimento de Nachmânides à doutrina de Eliiahu Kohen, que se limitou a tirar as últimas conseqüências da posição de Nachmânides. De qualquer forma, se me afigura extremamente significativo que um rabi tão renomado, gozando de grande prestígio e alta autoridade moral [88], fosse capaz de aceitar uma tese tão radical, e que uma concepção radicalmente espiritualista e utópica da Torá pudesse ter servido de base a um princípio geral amplamente adotado em círculos cabalísticos. É também interessante notar que o mesmo Azulai, tão indignado com o extremismo místico de Eliiahu Kohen, houvesse formulado ele mesmo, num dos seus livros, uma tese dificilmente menos radical. Há um velho *midrasch* segundo o qual alcançará beatitude eterna todo aquele que passe o dia inteiro lendo o versículo (Gên., 36:22): "E a irmã de Lotan foi Timna", passagem que ao leitor da Torá parece particularmente pouco significativa e irrelevante. Azulai oferece a seguinte explicação para este aforismo:

86. *Levíticos Rabá*, XIII, 3, ed. Margulies, p. 278. Cf. a argüição desta passagem em W. D. Davies, *The Torah in the Messianic Age*, Filadelfia, 1952, pp. 59-61.

87. Azulai, *Derasch le-Fi*, Livorno, 1801, 50a. A autenticidade da citação é corroborada ainda por um paralelo em *Midrasch Talpiyot*, de Eliahu Kohen, s.v. *amen*, onde esta idéia também é desenvolvida, ed. Czernowitz, 1860, 49d.

88. Eliiahu Kohen é o autor de um dos tratados éticos mais populares da Cabala posterior, *Schevet Musar*.

92

Quando um homem profere palavras da Torá, nunca deixa de criar potências espirituais e luzes novas, que brotam qual remédios das combinações sempre novas dos elementos e consoantes. Se, portanto, passa o dia inteiro lendo apenas este único versículo, atinge beatitude eterna, pois a cada instante a composição (dos elementos lingüísticos internos) muda de acordo com a condição e o grau do momento e de acordo com os nomes que fulguram nele nesse dado momento [89].

Aqui, uma vez mais, a ilimitada plasticidade mística da palavra divina serve de princípio, no presente exemplo ilustrado pelo que poderia parecer as mais insignificantes entre as palavras da Torá. No fim de contas, é esta, talvez, a única maneira de levar a sério a idéia de uma palavra revelada por Deus.

O que me parece ainda mais notável é que a formulação deste princípio, muito semelhante ao de Eliiahu Kohen, fosse atribuída a Israel Baal-Schem, o fundador do movimento hassídico na Polônia e na Rússia. Numa obra oriunda do período inicial do hassidismo, proveniente do círculo de Pinkas de Koretz, contemporâneo mais jovem e amigo de Baal-Schem, lemos:

De fato é verdadeiro que a santa Torá foi originalmente criada com um *incoerente amontoado de letras*. (Em hebraico: *be-ta 'arobot ottyot.*) Em outras palavras todas as letras da Torá, desde o começo do capítulo do Gênesis até o final do capítulo do Deuteronômio, não estavam ainda combinadas para formar as palavras que agora lemos, tais como "No começo Deus criou", ou "Vai-te de tua terra", e assim por diante. Estas palavras, pelo contrário, ainda não estavam presentes, pois os eventos da Criação que elas relatam ainda não haviam acontecido. Assim, todas as letras da Torá se achavam de fato amontoadas, e tão-somente quando um determinado evento de fato ocorria no mundo é que as letras se combinavam para formar as palavras em que o acontecimento é relatado. Quando, por exemplo, se verificou a Criação do Mundo, ou os eventos da vida de Adão e Eva, as letras formaram as palavras relativas a estes acontecimentos. Ou, quando alguém morria, a combinação "E fulano de tal morreu" vinha à existência. E assim aconteceu com todas as demais coisas. À medida que algo acontecia, formavam-se as respectivas combinações de letras. *Se acontecimentos diferentes tivessem ocorrido,*

89. H. J. D. Azulai. *Devarim Ahadim*, Livorno, 1788, 52c-d.

combinações diferentes de letras teriam surgido, pois saiba que a santa Torá é a sapiência infinita de Deus [90].

De certa maneira, este ponto de vista marcadamente naturalista, a respeito da natureza original da Torá, parece lembrar a teoria dos átomos, de Demócrito. A palavra grega *stoicheion* significa: letra e elemento ou átomo. De acordo com a teoria de Demócrito, os diversos atributos das coisas explicam-se pelos diversos movimentos dos mesmos átomos. Esta concordância entre letras, como os elementos do mundo da linguagem, e átomos, como os elementos da realidade, já foi notada por certos filósofos gregos. A formulação sucinta de Aristóteles: "Tragédia e comédia originam-se das mesmas letras" [91], não só ampliou a idéia de Demócrito, mas enunciou um princípio que reaparece na teoria cabalística da Torá, isto é, que as mesmas letras, em combinações diferentes, reproduzem aspectos diferentes do mundo.

VI.

Falamos do princípio da relativização, segundo o qual as manifestações da Torá absoluta variam conforme o período histórico, e observamos as diferentes leituras correspondentes aos diferentes estádios do homem, no Paraíso, no mundo de pecado e exílio, e na idade de redenção e transfiguração messiânicas. O mesmo princípio encontrou uma aplicação diferente e ainda mais ampla numa outra doutrina cabalística. Tenho em mente a doutrina dos ciclos cósmicos, ou *schemitot* [92], que, embora os autores do *Zohar* não tenham adotado e nada tenham a dizer a seu respeito, desempenhou um papel importante na Cabala mais antiga e exerceu considerável influência sobre

90. Esta tese foi exposta primeiramente na coletânea hassídica *Gueulat Israel*, publicada sob o nome de Baal Schem, Ostrog, 1821, 1c-2a. Idéias muito parecidas também são discutidas em outras destas primeiras coletâneas hassídicas, como, por exemplo, as que apareceram sob o nome de dois outros proeminentes *hassidim* do século XVIII, na coleção *Imré Tzadikim* (um manuscrito hassídico redigido por volta de 1800), Zhitomir, 1900, pp. 31-2.

91. Aristóteles, *De generatione et corruptione*, 315b, como suplemento de sua súmula da doutrina de Demócrito.

92. Cf. minha observação em *Major Trends*, pp. 178-80.

94

certos desenvolvimentos ulteriores no misticismo judaico. Esta teoria é exposta numa obra extremamente difícil que ainda não foi adequadamente investigada. O título dela, *Sefer ha-Temuná*, pode ter dois significados: "Livro da Configuração", isto é, a configuração das letras hebraicas, ou "Livro da Imagem", isto é, a imagem de Deus. Pois as letras, produtos do poder criador de Deus, formam também a imagem mística de Deus, tal como ela aparece no mundo das *sefirót*.

O livro em questão apareceu na Catalunha por volta de 1250; a identidade do seu autor ainda é desconhecida [93]. Trata ele, entre outros tópicos, dos diferentes aspectos da Torá, não no âmbito da história de uma única criação, como a registrada na Bíblia, mas de uma série de criações, cada qual governada por uma das sete *sefirót* inferiores. Isto porque o poder criador de Deus é exercido em cada *sefirá* e um ciclo cósmico, ou *schemitá*, que é essencialmente o produto dessa *sefirá*. Cada *schemitá* é governada por um atributo diferente de Deus, e só na série completa de sete *schemitót* constituindo um Grande Jubileu, reside a totalidade dos poderes criadores de Deus. Estas especulações baseiam-se na ordenação bíblica concernente ao ano sabático e ao jubileu, formulada no capítulo décimo-quinto do Deuteronômio. Cada um destes ciclos dura sete mil anos; no qüinquagésimo milênio, então, a Criação inteira retorna ao ventre da terceira *sefirá*, denominada "retorno" ou "penitência", ou mesmo ao nada, conforme a opinião de alguns dos cabalistas posteriores.

O que aqui nos concerne é o ponto de vista do autor acerca da natureza da Torá nas várias *schemitót*. Também para ele a Torá é em essência a Torá primordial, contida na sapiência de Deus ou dela emanada. As letras desta Torá primordial estão profundamente ocultas dentro da sapiência divina; sua forma e ordem encontram-se totalmente além de nosso conhecimento. Para nós, elas não têm forma nem limite. Mas, em cada *schemitá*, esta Torá oculta e perfeita ingressa num estado determinado pelo atributo do-

93. A melhor edição deste livro é a de Lvov, 1892.

minante de Deus, e neste estado torna-se a Torá a revelação pertencente à *schemitá* em questão. Assim, relativiza-se a essência absoluta da Torá em cada *schemitá*. Dentro da unidade orgânica de cada eão ou ciclo de Criação, esta Torá é uma forma legítima, a única em que a Torá pode ser apreendida, sendo, portanto, irrevogavelmente válida para a duração desse eão. Em outras palavras: em cada *schemitá* lerão os homens algo inteiramente diferente na Torá, porque em cada uma a sapiência divina da Torá primordial aparece sob um aspecto diverso. Pois a própria natureza das criaturas não é a mesma nestes ciclos, mas sofre grandes modificações, e o que neste nosso mundo presente só se pode dizer dos anjos será verdadeiro num outro, com respeito ao homem e à sua obra. Em cada ciclo as letras aparecem não apenas em formas diferentes, mas também entram em combinações diferentes. Em cada ciclo seu arranjo em palavras, e portanto seu significado específico, será diferente. A relação entre estas idéias e as discutidas na seção anterior é evidente. Mas a diferença entre elas também é evidente. Pois, de acordo com o ponto de vista acima, a Torá não pode ser manifestada de modos diferentes dentro de um único eão, mas somente através da passagem de um eão a outro.

O autor do *Livro Temuná* estava interessado principalmente nas três primeiras *schemitót,* governadas pelos atributos da Graça, da Severidade ou Juízo, e da Misericórdia. A segunda *schemitá* é a Criação na qual vivemos. A anterior foi governada pela lei da Graça, a corrente infinita do amor divino, que não conhecia restrições nem negações. E assim o eram suas criaturas e a Torá sob a qual viviam. Lida de modo diferente do de agora, não continha proibições, mas apenas afirmações do laço beatífico entre a criatura e seu Criador. Uma vez que não existiam maus desejos, nem a serpente, a Torá não mencionava tais coisas. É claro que esta concepção antecipava amplamente, ainda que numa forma diferente, a idéia concebida cinqüenta anos mais tarde pelo autor do *Raia Mehemna* a respeito do domínio da Torá em seu aspecto de Árvore da Vida. Existe igualmente um paralelo entre a Torá no segundo eão do *Livro Temuná* e a Torá como Árvore do Conhecimento no *Raia Mehemna*. Pois a Criação deste nosso mundo, caracterizado pela severidade divina, pela restrição e juízo, bem conhece os maus desejos e a tentação. Sua história dificilmente poderia ter sido outra, e assim também sua Torá, inevitavelmente, assumiu a forma na qual a conhecemos hoje. Daí conter ela proibições e mandamentos e todo seu conteúdo representar o conflito entre o bem e o mal. O autor, de fato, vai ao ponto de dizer que as letras da Torá originalmente se recusaram a entrar nesta combinação específica e a submeter-se ao uso — ou abuso — pelas criaturas que viriam a habitar este eão. E, seguindo a mesma linha, enfatiza o elemento utópico, representando um retorno às formas mais puras da *schemitá* precedente, que prevalecerá na próxima, o terceiro ciclo. A Torá voltará de novo a tratar somente do puro e do sagrado, os sacrifícios nela presentes serão de uma natureza puramente espiritual, indicando o grato reconhecimento do império de Deus e o amor ao Criador. Não haverá mais qualquer exílio, nem, por conseguinte, migração da alma como no eão atual. Transformado e transfigurado, o mau desejo do homem não estará mais em conflito, porém em harmonia com seu desejo do bem.

Esta obra combina assim o ponto de vista estritamente tradicionalista de que nenhuma letra da Torá, como ela foi dada no Monte Sinai, pode ser mudada, com o conceito de que em outros eões esta mesma Torá, sem modificar sua essência, apresentará um aspecto diferente. O autor não ignora as conseqüências de um antinomismo utópico que o autor do *Raia Mehemna* não ousou formular de maneira tão drástica. Se, como afirma o *Livro Temuná*, "o que é proibido aqui embaixo é permitido lá em cima" [94], segue-se logicamente que coisas proibidas no eão atual, por força da maneira atual de ler a Torá, podem muito bem ser permitidas ou mesmo ordenadas em outro eão governado por um outro atributo de Deus, ou seja, misericórdia e compaixão em vez de julgamento severo.

94. *Sefer ha-Temuná.* 62a.

De fato, é difícil deixar de perceber o antinomismo potencial de certas concepções, concernentes à manifestação da Torá nos vários eões, expressas no *Livro Temuná* e outras obras da mesma escola.

Neste contexto existem duas idéias estranhas que merecem atenção especial. Não raro expressam os cabalistas desta escola a crença de que em nossa *schemitá*, ou ciclo cósmico, está faltando uma letra da Torá. Esta afirmação foi interpretada de duas maneiras. Segundo um dos pontos de vista, que parece ter sido compartilhado pelo autor do *Livro Temuná*, uma certa letra do alfabeto aparece incompleta e defeituosa na sua forma atual, ao passo que era perfeita na *schemitá* anterior e tornará a sê-lo assim na próxima. Já que cada letra representa uma concentração de energia divina, pode-se inferir da deficiência de sua atual forma visível que o poder do julgamento severo, que imprime o seu cunho em nosso mundo, obsta a atividade das luzes e forças ocultas e impede que sejam manifestadas plenamente. As limitações de nossa vida sob o governo da Torá visível mostram que algo está faltando nela, algo que só será completado numa outra situação existencial. Segundo a concepção destes cabalistas, a letra defeituosa da Torá é a consoante *schin,* que escrevemos com três pontas, ש , mas que em sua forma completa terá quatro. Encontraram eles uma indicação disso no preceito talmúdico de que ambas as formas da letra *schin* deveriam ser inscritas na cápsula de couro que é colocada sobre a cabeça no ritual do uso dos filactérios, ou *tefilin.* De acordo com o outro ponto de vista, bem mais radical, nosso alfabeto de fato contém uma letra a menos; em nosso eão, esta letra não é manifestada e conseqüentemente não consta da nossa Torá. As implicações deste modo de ver são óbvias. O alfabeto divino original, e portanto a Torá completa, continha 23 letras, uma das quais se tornou invisível para nós e só voltará a ser patente na próxima *schemitá* [95] Por falta desta letra somente é que agora lemos orde

---

95. Esta teoria é citada por Daví ibn Zimri, *in Maguen Daví.* Amsterdã, 1713, 47b, de um trabalho proveniente do mesmo grupo de cabalistas que deu origem ao *Livro Temuná.*

nações positivas e negativas na Torá [96]. Cada aspecto negativo é relacionado com a letra faltosa do alfabeto original.

A segunda idéia baseia-se numa passagem do Talmud (Schabat, 116a), no sentido de que a Torá completa continha sete livros. Os cabalistas relacionaram cada um destes livros a cada uma das sete *sefirót* que governam os sete ciclos ou eões. Só na *schemitá* atual este Heptateuco transformou-se num Pentateuco (neste cômputo, considera-se que o quarto livro de Moisés, Números, consiste de três livros). O segundo destes três ficou reduzido a dois versículos (Núm., 10,35,36), único indício de sua existência. Ioschua ibn Schueib, um renomado rabi e cabalista do século XIV, conseguiu conciliar com esta tese concepções de resto ortodoxas. De acordo com ele, o poder inerente à Torá expandir-se-á num futuro eão e haveremos de perceber sete livros [97]. O autor do *Sefer Temuná* diz expressamente que um livro desapareceu de vista, "pois a Torá que o continha, bem como a luz que ele antigamente emitia, já se desvaneceram" [98]. Também afirma que o primeiro capítulo do Gênesis, cujo terceiro versículo contém uma referência a uma *schemitá* que consistia inteiramente de luz sem escuridão, é um vestígio de uma Torá mais completa, revelada à *schemitá* da Graça mas negada à nossa.

Esta noção de partes invisíveis da Torá que um dia serão manifestadas perdurou por séculos em numerosas variantes e foi absorvida pela tradição hassídica. Rabi Levi Isaac de Berditchev, um dos mais renomados místicos desse movimento, fornece uma formulação desta idéia particularmente audaciosa e impressiva. Começa ele por fingir surpresa ante a interpretação midráschica de Isaías, 51:4: "Uma Torá sairá de mim", dando-lhe o sentido de que "Uma nova Torá sairá de mim". Como é isto possível se constitui um artigo de fé judaico que além da Torá dada a Moisés não há outra e que ela não pode ser trocada

96. Num outro texto, do mesmo grupo, MS Vatican, Hebr. 22', Fol. 197a

97. Ioschua ibn Schueib, *Deraschot*, Cracóvia, 157', 63a.

98. *Temuná*, 31a.

por nenhuma outra? Pois se é proibido mudar até mesmo uma única letra. A verdade, porém, é que também o branco, os espaços no rolo da Torá, consiste em letras, só que não somos capazes de lê-las como lemos as letras pretas. Mas na Era Messiânica Deus há de revelar-nos também o branco da Torá, cujas letras se tornaram invisíveis para nós, e é a isto que se refere a afirmação sobre a "nova Torá"[99].

Esta doutrina inquestionavelmente deu lugar a toda espécie de variantes e desenvolvimentos heréticos. Admitida a hipótese de que a revelação de novas letras ou novos livros pudesse modificar toda a manifestação externa da Torá, sem afetar sua verdadeira essência, quase tudo era possível![100] Não obstante, esses cabalistas acentuaram a autoridade absoluta da Torá, tal como a lemos na presente *schemitá*, e não encararam a possibilidade de que uma tal modificação pudesse ocorrer sem um cataclismo cósmico a inaugurar uma nova *schemitá*. Assim, a utopia antinômica foi relegada a uma esfera histórica totalmente além da nossa. O único passo que poderia emprestar realidade a um tal antinomismo virtual seria dado quando a passagem de uma *sefirá*, ou uma *schemitá*, à próxima se situasse dentro de um tempo histórico em vez de ser postergada para o eão seguinte. É curioso notar que um tal passo foi seriamente considerado por um cabalista de orientação estritamente ortodoxa. Na concepção de Rabi Mordecai Iafe de Lublin, que escrevia em fins do século XVI, a *schemitá* atual começou de fato ao tempo da revelação no Monte Sinai, e as gerações que viveram antes desse evento pertenceram à *schemitá* anterior, a *schemitá* da Gra-

99. *Imré Tzadikim*, Zhitomir, 1900, p. 10, anotações de um discípulo sobre os ensinamentos do Rabi de Berditchev. (Esta é a fonte utilizada por Martin Buber, *Tales of the Hassidím: The early Masters*, Nova York, 1947, p. 232 — edição brasileira: *Histórias do Rabi*, Ed. Perspectiva, 1967.) Cf., também, a especulação acerca do preto e branco na Torá, comentada acima, p. 64, nota 35.

100. Encontrei um interessante paralelo a estas inferências, no artigo de Elisa von der Recke, reproduzido *in* Friedrich von Oppeln-Bronikoswski, *Der Schwarzkuenstler Cagliostro nach zeitgenoessichen Berichten*, Dresden, sem data, p. 98. Numa palestra feita em Mitau, em 1779, Cagliostro declarou que "faltam, na Bíblia, três capítulos, que existem só nas mãos dos mágicos", sendo que a posse desses três capítulos lhes confere enormes poderes.

ça [101]. Nenhuma criação nova de céu e terra foi necessária para produzir esta troca de eão. Se foi possível expor semelhante concepção no século XVI, sem causar ofensa a ninguém, não devemos nos surpreender com idéias similares, de caráter mais radical ou mesmo revolucionário, que tenham aparecido no decorrer da grande explosão messiânica no século XVII. Sabatai Tzvi, o pseudo-Messias, e seus seguidores também julgaram possível que uma nova *schemitá* se iniciasse com a redenção, que a Torá a governar este novo eão fosse de fato revelada pelo Messias e que essa Torá constituísse um afastamento radical da antiga lei.

Neste contexto devemos considerar mais uma vez o conceito de *torá de-atzilut,* a Torá no supremo estado de revelação. Por volta de 1300, certas formas desta concepção eram conhecidas em círculos influenciados pelo *Sefer Temuná.* Contudo, não relacionavam a referida concepção diretamente com a doutrina dos aspectos diferentes da Torá nas *schemitót.* Acreditavam, por exemplo, que os anjos haviam recebido da *torá de-atzilut* o entendimento da Torá, transmitindo-o a Moisés com todas as implicações secretas quando ele ascendeu ao céu para receber a Torá [102]. Aqui, a *torá de-atzilut* é, portanto, a Torá em sua essência pura, ou a Torá em seus aspectos místicos, mas não a Torá de um eão específico ou de uma *schemitá* específica.

As crenças da ala radical do movimento sabataísta — a grande erupção de messianismo espiritual — revelam paralelos marcantes com o desenvolvimento que os ensinamentos de Joaquim de Floris sofreram em meados do século XIII entre os "espiritualistas" radicais da Ordem dos Franciscanos. O que os "Evangelhos Eternos" queriam dizer para Joaquim é essencialmente o mesmo que a *torá de-atzilut* para os cabalistas. Joaquim acreditava que nesse *Evangelium Aeternum* o significado místico do Livro seria revelado numa nova era espiritual e substituiria o sentido

101. Mordecai Iafe, *Levusch Or Iekarot,* Lemberg, 1881, II, 8d.

102. Cf. *Sod Ilan ha-Atzilut,* ed. Scholem, *in Kobetz al Iad,* da Mekitze Nirdamim Society, V, Jerusalém, 1950, p. 94.

literal. É exatamente isto, *mutatis mutandis*, que a *torá de-atzilut* queria dizer para os cabalistas anteriores ao movimento sabataísta. Mas alguns dentre os seguidores franciscanos de Joaquim identificaram os escritos de seu mestre com o "Evangelho Eterno", considerando-os uma nova revelação do Espírito Santo. Isto é boa parte do que aconteceu com a *torá de--atzilut*, entre os sabataístas. Os ensinamentos dos antinomistas, que receberam sua deixa de Sabatai Tzvi e alguns de seus profetas de Salônica, foram tomados eles próprios como sendo a nova Torá espiritual — Sabatai Tzvi, assim acreditava-se, trouxera esta nova Torá para o mundo a fim de ab-rogar a velha *torá de-beriá*, que identificava com a Torá do período pré-messiânico. O conteúdo místico da Torá foi libertado dos laços que o prendiam ao significado tradicional do texto; tornou-se independente e nesta sua nova condição já não podia continuar a ser expresso pelos símbolos da vida tradicional judaica. Na realidade, entrou em conflito com eles: o cumprimento da nova Torá espiritual implicava a ab-rogação da *torá de-beriá*, sendo esta considerada como representando um estado de existência inferior e identificada pura e simplesmente com o judaísmo rabínico. O antinomismo levou a um niilismo místico que apregoava a transvaloração de todos os valores até então existentes e adotou a divisa: *bitulá schel torá zehu kiiumá*, "a anulação da Torá é sua realização" [103].

Esta identificação da *torá de-atzilut* com a Torá do novo eão acha-se talvez formulada de maneira mais clara em *Schaaré Gan Eden*, "Os Portais do Paraíso", um livro escrito em princípios do século XVIII pelo cabalista da Volínia, Jacob Kopel Lifschitz. O autor desta obra publicada postumamente formulou e recomendou quase todas as teses do sabataísmo, mas evitou causar ofensa, prefaciando seu livro com uma denúncia violenta, embora claramente insincera, dos sectários e suas doutrinas secretas que, na realidade, ele próprio esposava.

Nesse livro lemos o seguinte:

103. Vide, a respeito desta tese, meu ensaio sobre o sabataísmo na Polônia, *in Revue de l'histoire des religions*, CXLIII, pp. 209-32.

102

Dentro da *schemitá* em que vivemos, os mandamentos da Torá são uma necessidade divina... Esta Torá é chamada *torá de-beriá* e não *torá de-atzilut*. Pois nesta *schemitá*, toda Criação, *beriá*, provém de uma esfera, a partir da qual elas (suas obras) se desenvolvem e se combinam de forma apropriada à lei desta *schemitá*. Conseqüentemente, falamos de uma Torá da Criação, *torá de-beriá*. Mas na *schemitá* anterior, que foi a da Graça, e na qual, portanto, não existia nem o mau desejo, nem a recompensa, nem o castigo, uma lei cósmica diferente (*hanhagá*) prevalecia necessariamente. As palavras da Torá eram tão entrelaçadas que iam de encontro aos requisitos dessa lei cósmica específica, e as ações que trouxeram à existência a *schemitá* anterior provinham de uma esfera mais elevada, isto é, a esfera da sapiência. E por causa disso sua Torá é denominada *torá de-atzilut*, pois o significado de *atzilut* é a sapiência divina... Ao fim do sexto milênio, a luz que precede o sábado cósmico difundirá seus raios, engolindo a morte e expulsando do mundo o espírito impuro. Muitos mandamentos então serão ab-rogados, como, por exemplo, os que se referem ao puro e ao impuro. Uma nova lei cósmica então prevalecerá, de conformidade com o fim desta *schemitá*, como está escrito no *Livro Temuná*. Este é o sentido das palavras antigas: "Uma nova Torá surgirá"[104]. Isto não quer dizer que a Torá será substituída por uma outra, pois o fato seria contrário a um dos treze dogmas fundamenta.s do judaísmo (formulados por Maimônides). Ao invés, as letras da Torá combinar-se-ão de um modo diferente, conforme as exigências desse período, porém nem uma só letra será acrescentada ou tirada. Graças a essa nova combinação, as palavras hão de assumir um novo significado. O conhecimento do homem então aumentará, e todos, grandes e pequenos, conhecerão a Deus em virtude da luz que se acenderá no mistério do pensamento divino à véspera do sábado cósmico. Não é necessário falar disso com pormenores, pois estas coisas todas são explicadas no *Livro Temuná*, onde podem ser encontradas[105].

Na sua análise da referida obra, Tishby foi o primeiro a reconhecer a ambigüidade desta teoria[106] e assinalou corretamente o fato de que o *Sefer Temuná*, embora fale de processos que se iniciarão ao fim da presente *schemitá*, processos estes que dizem respeito à extinção da humanidade e da natureza, não contêm indícios da doutrina a ele aqui atribuída. Examinamos, acima, suas doutrinas efetivas. Tão-somen-

104. Cf. a literatura acima mencionada, nota 1, p. 34.

105. *Schaare Gan Eden*, Cracóvia, 1880, 12c.

106. J. Tishby, *Knesset*, IX, Jerusalém, 1945, 252-54.

te as crenças messiânicas do século XVIII levaram o autor a encontrar no *Livro Temuná* a idéia de uma lei específica para o período final da nossa *schemitá*, com o objetivo de explicar como pode ocorrer, em nosso próprio eão, a passagem da velha para a nova Torá, que é a *torá de-atzilut*. É claro que os cabalistas heréticos entre os sabataístas podiam, e justificadamente, ter citado a autoridade de Cordovero e outros autores que, como vimos acima, realmente falaram de uma tal mudança escatológica na maneira como o homem lê a Torá. Podemos de fato afirmar que a especulação cabalística abriu o caminho e lançou os fundamentos conceituais para uma tal concepção, ainda que os cabalistas não tivessem eventualmente consciência do antinomismo potencial inerente às suas teorias.

Ao seguir a evolução de algumas idéias centrais de certos cabalistas, concernentes à essência mística da Torá, vimos quão duradoura influência exerceram tais idéias sobre as teologias místicas do judaísmo. Fica-se assombrado com a energia e consistência com que estes conceitos foram formulados e desenvolvidos. Não poucas das idéias, que foram aqui investigadas até suas origens e suas formulações mais exatas e clássicas, repetem-se de uma forma ou outra em literalmente milhares de trabalhos da literatura hebraica subseqüente. As pontas mais agudas, que não faltavam nas formulações cabalísticas, foram às vezes aplainadas e o tom um tanto abafado. Mas não pode haver dúvida quanto ao significado fundamental dessas idéias para a compreensão de muitos aspectos da literatura judaica.

104

3. CABALA E MITO

À guisa de introdução eu gostaria de relatar uma história, curta mas verdadeira. Em 1924, pondo de lado modestamente seus conhecimentos de filologia e história modernas, um jovem amigo meu foi para Jerusalém, desejoso de estabelecer contato com o grupo de cabalistas que aí tem levado adiante, durante os últimos duzentos anos, a tradição esotérica dos judeus orientais. Por fim encontrou um cabalista que lhe disse: "Estou disposto a ensinar-lhe Cabala. Porém há uma condição, e duvido que você possa satisfazê-la. A condição, como alguns de meus leitores talvez não tenham adivinhado, foi de que o meu amigo não fizesse pergunta alguma. Um corpo de pensamento que não seja construído por meio de perguntas e respostas — eis realmente um estranho fenômeno entre judeus, os questionadores mais apaixonados do mundo, famosos por responder a uma pergunta com outra pergunta. Temos aqui, talvez, a primeira referência oblíqua ao caráter especial, preservado mesmo em suas formas mais recentes, desse pensamento que expõe mas cessou de inquirir, um pensamento que possivelmente, como Schelling o exprimiu, pode ser denominado de "filosofia narrativa". Para o grande filósofo da mitologia, seja lícito lembrar, uma tal filosofia narrativa era um ideal.

I.

A fim de aclarar o problema, em que pese uma discussão de Cabala e Mito, será conveniente considerar o ponto de vista tradicional, compartilhado em gerações recentes tanto por judeus como por não-judeus, referente à função do judaísmo na história das religiões. Uma tal aproximação ao problema contribuirá para elucidar o paradoxo específico que torna o modo de pensar dos cabalistas judeus tão atraente, mas ao mesmo tempo também tão perturbador para o observador atento.

O impulso religioso original inerente ao judaísmo, que encontrou sua expressão válida no monoteísmo ético dos Profetas de Israel e sua formulação conceitual na filosofia judaica da religião durante a Idade Média, sempre se caracterizou como uma reação contra a mitologia. Em oposição à unidade panteísta, no mito, de Deus, cosmo e homem, e em oposição aos mitos da natureza das religiões do Oriente Próximo, o judaísmo visava a uma separação radical desses três domínios; e, acima de tudo, considerou fundamentalmente intransponível o abismo entre o Criador e Sua criatura. O culto judaico implicava renúncia, ou mesmo rejeição polêmica, das imagens e símbolos nos quais o mundo mítico encontra expressão. O judaísmo empenhou-se em desbravar uma área, a da revelação monoteísta, da qual a mitologia ficaria excluída. Aqueles vestígios de mito que foram aqui ou acolá preservados, viram-se despojados da sua força simbólica primitiva, sendo tomados num sentido puramente metafórico. Não há necessidade, aqui, de esmiuçar um assunto que tem sido amplamente discutido por estudiosos da literatura bíblica, por teólogos e antropólogos. Em todo caso, a tendência da tradição clássica judaica, de liquidar o mito como força espiritual central, não é diminuída por tais vestígios quase míticos, transformados em metáforas.

Esta tendência foi muito acentuada pela maneira de pensar racionalista do judaísmo rabínico medieval; sua evolução ininterrupta, de Saádia a Maimônides, gerou um problema intimamente ligado ao assunto que aqui nos concerne. Os filósofos e teólogos estavam preocupados, antes e acima de tudo, com a *pureza* do conceito de Deus, e estavam determinados a despi-lo de todos os elementos míticos e antropomórficos. Mas esta determinação de defender o Deus transcendente contra toda mistura com o mito, de reinterpretar despreocupadamente as passagens antropomórficas do texto bíblico e de verter as formas populares de expressão religiosa em termos de uma teologia purificada, esta determinação tendia a esvaziar o conceito de Deus. Pois quanto mais o receio de macular a sublimidade de Deus com imagens mundanas se torna uma preocupação predominante, menos é o que se pode dizer de Deus. O preço a pagar pela pureza de Deus é a perda de Sua realidade viva. Pois o Deus vivo jamais poderá ser subsumido a um conceito puro. O que faz Dele um Deus vivo na mente de um crente é exatamente o que O envolve em alguma parte do mundo humano e o que torna possível ao homem vê-Lo, face a face, num grande símbolo religioso. Reformulado em termos racionais, tudo isto desaparece. Preservar a pureza do conceito de Deus, sem prejuízo de Sua realidade viva — eis a infinda tarefa da teologia.

A história do judaísmo, numa extensão maior talvez do que a de qualquer outra religião, é a história da tensão entre estes dois fatores — pureza e realidade viva —, uma tensão que tem sido aumentada naturalmente pelo caráter especial do monoteísmo judaico. Porque no judaísmo tudo dependia de preservar e explanar a unidade pura desse Deus, de salvaguardar a idéia de Deus contra todas as mesclas com elementos pluralistas. Mas preservar ao mesmo tempo a realidade viva de Deus — isto requeria um equilíbrio perfeito entre os dois fatores, e este equilíbrio sempre foi precário. Quanto mais os filósofos e teólogos se empenhavam em formular uma unidade que nega e elimina todos os símbolos, tanto maior se tornava o perigo de um contra-ataque em favor do Deus *vivo,* que, como todas as forças vivas, fala através de símbolos. Homens de intenso sentimento religioso eram inevitavelmente atraídos à vida plena, rica, do Criador, contrastando com o vazio, por mais sublime, de uma fórmula teológica pura, lógica, impecável. E é este contra-ataque, esta "reação", que infundiu tanta tensão dramática à história do judaísmo nos últimos dois mil anos. Pois a esta luz devem ser entendidos não só a religião popular que corresponde à necessidade inquebrantável de expressão do judeu simples, como também os grandes impulsos do misticismo judeu. E com isto chegamos ao problema especial da Cabala.

As tendências místicas altamente ramificadas do judaísmo evoluíram e deixaram seu registro histórico na tradição esotérica da Cabala. A Cabala não foi, como ainda às vezes se supõe, um sistema unificado de pensamento místico e especificamente teosófico. Não existe algo que possamos chamar de *"a* doutrina dos cabalistas". Na realidade, o que encontramos são motivações amplamente diversificadas e por vezes contraditórias, cristalizadas em sistemas, ou quase sistemas, muito diferentes. Alimentado por correntes subterrâneas, provavelmente oriundas do Oriente, o cabalismo surgiu primeiro naquelas partes do Sul da França onde, entre os não-judeus, o movimento catarista, ou neomaniqueísta, se encontrava em seu apogeu. No século XIII, na Espanha, alcançou rapidamente pleno desenvolvimento, culminando no pseudo-epigráfico *Zohar* de Rabi Moisés de Leon, o qual se converteu, para os cabalistas, numa espécie de Bíblia e durante séculos desfrutou de posição inquestionada como texto sagrado e autorizado. Na Palestina do século XVI, o cabalismo conheceu um segundo florescimento, em cujo transcurso se tornou uma corrente histórica central e espiritual dentro do judaísmo; pois o cabalismo forneceu uma resposta à questão do significado do exílio, uma questão que ganhava nova premência em face da catástrofe da expulsão dos judeus da Espanha, em 1492. Ardendo de fervor messiânico no século XVII, o cabalismo se transformou numa força explosiva dentro do grande movimento messiânico em torno de Sabatai Tzvi, que, mesmo em meio ao seu colapso, provocou uma heresia mística, uma Cabala herética, cujos impulsos e prolongamentos, paradoxalmente, exerceram um papel significativo — longamente omitido e que começa a evidenciar-se para nós apenas agora — no surgimento do judaísmo moderno.

II.

Por volta de 1180 aparecia no Sul da França o primeiro documento cabalista, o *Livro Bahir,* seguramente um dos livros mais surpreendentes, para não dizer incríveis, de toda literatura hebraica da Idade Média. Ninguém sabe dizer ao certo de onde veio. Trata-se de uma coletânea, canhestramente escrita e pobremente organizada, de ditos teosóficos em forma de comentários bíblicos, em sua maior parte atribuídos a autoridades imaginárias que supostamente viveram durante a época talmúdica. É um livro bem pequeno, consistindo em apenas trinta a quarenta páginas que, no entanto, são testemunho de uma força nova dentro do judaísmo. É esta força nova que nos preocupará aqui. Pode-se mostrar melhor o abismo que separa o mundo religioso deste texto da tradição rabínica em cujo meio apareceu, por uma breve citação de uma carta circular de um rabino do Sul da França, Meir ben Simão de Narbona, que na primeira metade do século XIII exprimiu sua indignação com o caráter blasfêmico do *Bahir*. Este homem piedoso, da velha escola, escreveu a respeito dos cabalistas — e tentarei reproduzir sua prosa vigorosa de maneira tão fiel quanto possível.

109

Gabam-se eles, em discursos e afirmações mentirosas, de terem encontrado confirmação e encorajamento (para suas idéias) em países habitados por eruditos e conhecedores da Torá. Mas proteja-nos Deus de incl.narmo-nos ante palavras tão heréticas, a respeito das quais seria melhor guardar silêncio em Israel. E ouvimos que já foi escrito um livro para eles, chamam-no de *Bahir*, isto é, luminoso, mas luz nenhuma se irradia através dele. Esse livro chegou ao nosso conhecimento, e soubemos que eles atribuem sua autoria ao Rabi Nehunia ben Hakaná (um célebre talmudista dos primeiros tempos). Deus nos livre! Pura invencionice. Aquele santo nada tinha que ver com isto e não deve ser incluído entre os perversos. A linguagem do livro, bem como todo seu conteúdo, mostra que seu autor é um homem sem percepção de linguagem e estilo.

O que foi que provocou tanto a indignação deste devoto leitor? Foi o reaparecimento, em meio ao judaísmo medievo, de uma exposição francamente mística, apresentada, além do mais, sem a menor desculpa por sua audácia, como se fosse a coisa mais natural do mundo. Algumas passagens do referido livro darão ao leitor uma idéia do gênero dessa "teologia". Numa passagem a respeito da criação dos anjos, lemos [1]:

E todos admitem que não foram criados até o segundo dia, para que ninguém possa dizer: Miguel estendeu (o universo) ao sul da abóbada, Gabriel ao norte, e o Santo — louvado seja Ele — tomou as medidas no centro; antes (como está escrito em Isa., 44:24): "Eu sou o Senhor, que faço todas as coisas; que estendi sozinho os céus; que espalhei a terra eu sozinho (*me iti*) — quem estaria comigo" (*mi iti*), diz o texto.

Até aí o texto é amplamente tomado de um velho livro judaico, um *midrasch* a respeito do Gênesis. Porém a continuação no *Bahir* (§ 14) é nova e inesperada:

Fui eu quem plantou esta "árvore", para que o mundo inteiro possa nela deliciar-se, e com ela abarquei o Todo e chamei-o de "Todo"; pois dela depende o Todo, e o Todo emana dela, todas as coisas necessitam dela, olham para ela, e anelam por ela, e dela partem todas as almas. Eu estava sozinho quando a fiz, e anjo algum

1. Cito o livro de acordo com a paragrafação da minha tradução alemã, Leipzig, 1923. A própria tradução foi corrigida em alguns lugares

110

pode elevar-se acima dela e dizer: Eu estava aqui antes de ti; pois quando estendi minha terra, quando plantei e enraizei esta árvore e quando fiz com que eles se deliciassem um com o outro e (eu mesmo) me deliciei com eles — quem é que poderia ter estado comigo, a quem pudesse ter confiado este segredo?

Esta árvore de Deus, que é a árvore do mundo e ao mesmo tempo a árvore das almas, é mencionada em outros fragmentos do *Bahir*. Em algumas passagens, porém, ela não é representada como algo plantado por Deus, mas como a estrutura mítica das forças criadoras de Deus:

E o que é (esta) "árvore" da qual se falou? Ele lhe disse: Todos os poderes de Deus estão (dispostos) em camadas e são como uma árvore: tal como a árvore produz seus frutos por meio da água, assim Deus aumenta os poderes da "árvore". E o que é a água de Deus? É *hochmá* (sabedoria), e isto (quer dizer: o fruto da árvore) é a alma dos homens piedosos que voam da "origem" ao "grande canal", e ela ascende e adere à árvore. E por força do que ela floresce? Pela força de Israel: quando eles (os filhos de Israel) são bons e devotos, a *Schehiná* reside no meio deles, e pelas suas obras residem no seio de Deus, e Ele os deixa serem férteis e multiplicarem-se (§ 85).

Nenhuma das noções que ocorrem nesta passagem é explicada no livro; todas são consideradas como evidentes por si. Não há explicação do que significam a "árvore", a "origem" ou o "grande canal". Numa outra passagem (§ 67), lemos que "Israel sagrado" ocupa a copa e o coração da árvore. O simbolismo da árvore do mundo, e de Deus, percorre o livro inteiro, mas nenhuma tentativa é feita para relacioná-lo aos conceitos tradicionais da teologia judaica e a suas doutrinas dos atributos divinos.

Consideremos ainda certas afirmações acerca do mal, destinadas a despertar indignação. A respeito de Satã, lemos num fragmento (§ 109):

Ensina-se que há em Deus um princípio chamado "Mal", e ele se encontra ao norte de Deus, pois está escrito (Jer., 1:14): "Do norte irromperá o mal sobre todos os habitantes da terra, vale dizer, todo mal que sobrevém aos habitantes da terra irrompe do norte. E que princípio é este? É a forma da mão (uma das sete

111

formas sagradas que representam Deus como o homem original), e tem muitos mensageiros, e todos são chamados de "Mal", "Mal"... E são eles que arremessam o mundo para a culpa, pois o *tohu* fica no norte, e *tohu* significa exatamente o mal que confunde os homens até que eles pequem, e é a origem de todos os maus impulsos do homem.

Não menos surpreendente do que esta asseveração de que o mal é um princípio, ou qualidade, dentro de Deus mesmo, é a exegese seguinte (§ 26):

Rabi Amora sentava e ensinava: Qual é o sentido do versículo (Salmos, 87:2): "O Senhor ama as portas de Sião mais do que todas as moradas de Jacó"? As "portas de Sião" — eis as "portas do mundo"; porquanto porta significa uma abertura, como está escrito (Salmos, 118:19): "Abri-me as portas da justiça". Assim, pois, Deus diz: Eu amo as portas de Sião quando elas estão abertas. Por quê? Porque elas estão ao lado do mal; mas se Israel age com retidão aos olhos de Deus e merece que (as portas) sejam abertas, Ele o ama mais do que "todas as moradas de Jacó", onde sempre há paz.

Isto pelo menos está certo: a última coisa que poderíamos esperar encontrar numa obra de devoção judaica é a noção de que as "portas de Sião", pelas quais, na mente judaica, a energia criadora de Israel é comunicada e nas quais ela se concentra, estivessem "ao lado" do Mal. As opiniões fundamentais da teosofia cabalística são expostas numa forma que amiúde é paradoxal, habitualmente ininteligível para nós e sempre surpreendente. É um texto difícil cheio de teses enigmáticas, muitas das quais são "explicadas" por meio de símiles e parábolas que confundem mais do que clarificam, e que por vezes exprimem mais radicalmente ainda do que as próprias teses a natureza mítica das idéias que são antes simplesmente lançadas neste livro do que propriamente desenvolvidas. Mas vou parar aqui; pois não é meu propósito embarcar numa análise do rico conteúdo mítico do *Bahir*. Eu o fiz em meu livro *A Origem da Cabala*. As poucas citações aqui reproduzidas podem servir para mostrar que no *Bahir* já não lidamos mais com vestígios míticos empregados poética ou alegoricamente, mas com o reaparecimento de uma camada de mito dentro do próprio judaísmo.

112

Quão enormemente o *Bahir* difere de toda literatura judaica anterior que trata de cosmogonia e cosmologia, demonstra-o um livro que apareceu apenas cinqüenta anos antes, no Sul da França ou no Norte da Espanha. Tenho em mente o volumoso comentário sobre o *Livro da Criação,* da autoria de Iehudá ben Barzilai, o monumento mais precoce do pensamento especulativo judaico. Não só os cabalistas, mas também muitos dos filósofos racionalistas da Idade Média citaram-no como uma autoridade; estritamente falando, não se trata de um trabalho cabalístico, mas não há dúvida de que forneceu ao misticismo judaico vários dos seus conceitos e idéias básicas. Muitas das velhas passagens sobre cosmologia estão carregadas de conteúdo mítico. Em seu comentário, Iehudá ben Barzilai discute estas passagens minuciosamente [2]. Mas ainda que esteja obviamente entregue a especulações esotéricas, toda sua ênfase cai na alegoria. Por trás dos mitos encontra ele as idéias filosóficas de sua época, especialmente as de Saádia. Tanto mais surpreendente é o reaparecimento, duas gerações mais tarde, de uma tradição muito diferente no *Bahir.*

Pois os cabalistas já não estavam mais preocupados com a expressão alegórica de uma cosmologia que poderia ter sido comunicada por meios diferentes. Suas criações foram símbolos no sentido mais estrito. Encaravam o mundo do judaísmo como uma transparência simbólica, através da qual seria possível discernir o segredo do cosmo. Desde o início, a Cabala caracterizou-se por uma revivescência do mito; muitos observadores, especialmente, é desnecessário frisá-lo, entre os oponentes do cabalismo, ficaram impressionados com as implicações míticas de suas imagens e símbolos. Num livro com o título promissor de *Heidentum und Kabbala* ("Paganismo e Cabala") (1893), denotando abundância de material de fonte mas pouca lucidez, Salomão Rubin, um racionalista judeu do século passado, vai ao ponto de denunciar os cabalistas como politeístas.

O reaparecimento do mito na Cabala pode ser considerado mais claramente a partir de dois diferen-

---

2. *Commentar zum Sepher Ietsira,* ed. S. J. Halberstamm, Berlim, 1885.

113

tes pontos de vista, que são exatamente os dois pólos do pensamento religioso judaico: a idéia de Deus e a idéia da Lei. Pois é evidente que a transformação mística de uma religião se enceta nos pontos mais essenciais para o conteúdo desta religião, preservando destarte seu caráter como um fenômeno histórico específico dentro de uma religião concreta.

Falei do problema oriundo do caráter radical do monoteísmo judaico e do perigo de que o conceito do Deus único deixe de ser um reflexo significativo daquilo que é revelado na plenitude da intimidade do homem, e se torna uma abstração meramente formal. Mas, para o cabalista, a unidade de Deus manifesta-se desde o início como uma unidade viva, dinâmica, rica de conteúdo. O que para os teólogos judeus eram meros atributos de Deus, constituem para o cabalista potencialidades, hipóstases, estádios num processo vital intradivino, e não é à toa que as imagens que ele emprega para descrever Deus são primeira e principalmente imagens relativas ao organismo. A árvore originalmente plantada por Deus torna-se imagem de Deus. É através desta árvore que as energias de Deus afluem ao processo da Criação. Terei oportunidade, mais adiante, de discutir alguns dos mais marcantes motivos míticos envolvidos neste simbolismo da assim chamada árvore das dez *sefirót*.

Igualmente pronunciada e significativa para a história do judaísmo foi a restauração do caráter mítico da Torá. Pois o que, no judaísmo rabínico, separava a Lei do mito? A resposta é clara: a dissociação da Lei de eventos cósmicos. No judaísmo rabínico, a Lei é só em parte, se o é, alicerçada na memória de acontecimentos históricos — mas não é mais considerada em nenhum sentido como a representação, no culto, de um evento mítico. O êxodo do Egito, que desempenha papel tão importante na Torá, deixara de ser um evento mítico para a consciência judaica. E nada melhor, talvez, do que uma pequena anedota talmúdica, freqüentemente citada na literatura rabínica, para caracterizar esta separação entre uma Lei subsistente por si e suas raízes emocionais. Um pagão foi procurar um afamado rabi

114

do século 1 A.D., pedindo que lhe explicasse as regulamentações concernentes à novilha vermelha, um dos rituais mais obscuros da Torá. O rabi deu-lhe uma resposta um tanto vaga, esquivando-se claramente do problema. Depois que o pagão foi embora, os discípulos do rabi observaram ao mestre: o senhor se desembaraçou dele com uma folha de grama, mas a nós o que é que o senhor tem a dizer? E o rabi respondeu apenas: *hok hakakti, gezerá gazarti*, Eu (Deus) ordenei uma lei, Eu decretei uma ordenação [3]. Esta resposta a uma questão que, em conexão a uma ou outra ordenação estava destinada a surgir sempre de novo, é típica, e revela um profundo rompimento com todo mito. Que a filosofia especulativa se preocupe com as razões para as leis; para a mente rabínica, a pergunta era irrelevante ou, quando muito, assumia certo significado em perspectivas escatológicas. E este divórcio da Lei em relação a suas raízes emocionais é uma das grandes e fundamentais, mas também perigosas e ambivalentes, conquistas da *Halahá* do judaísmo rabínico normativo.

Mas deparamos aqui com um novo paradoxo: os cabalistas viviam neste mundo da Lei, da *Halahá*, e eram apaixonadamente devotados, mas a Lei desmitizada transformou-se em suas mãos no veículo de uma nova consciência mítica que muitas vezes dá a impressão de ser tão antiga quanto as montanhas. Pois a indagação sobre as razões dos mandamentos não podia ser declinada.

O sentimento religioso rebelava-se contra a resposta racionalista, nomeadamente a doutrina de Maimônides acerca do significado pedagógico e polêmico dos mandamentos. E na Cabala, acompanhada que é de uma consciência da dignidade e autoridade absolutas da Lei, a Torá é transformada num *Corpus mysticum*.

Temos assim, no âmago da Cabala, o mito do Deus único como uma conjunção de todas as forças primordiais da existência, e o mito da Torá como um símbolo infinito, onde todas as imagens e todos os

3. *Pesikta,* ed. S. Buber, 40b.

nomes apontam para um processo no qual Deus comunica a Si mesmo.

III.

Este reaparecimento do mito na Cabala suscita vários problemas intimamente relacionados, que convém discutir ao menos sucintamente.

O primeiro ponto a ser mencionado neste contexto é o conflito entre pensamento conceitual e pensamento simbólico, que dá à literatura e história da Cabala o seu caráter específico. Desde seus documentos literários mais antigos, exprimiu-se a Cabala essencialmente por meio de imagens muitas vezes de conteúdo nitidamente mítico. Isto é tão verdade em relação ao *Bahir*, quanto aos escritos dos gnósticos do século XIII de Castela, ao *Zohar* e à obra de Isaac Lúria de Safed. Mas também, e quase sempre de maneira concomitante, encontramos uma tendência para a justificação especulativa e a interpretação conceitual desses símbolos. Os símbolos, evidentemente, são o fenômeno primordial e dominante. Pois eles não podem ser plena e fielmente expressos nos termos dos conceitos com que muitas vezes tentam desesperadamente substituí-los os cabalistas especulativos e filosóficos. Conceitos tais como a *Schehiná*, o *tzimtzum*, a quebradura dos vasos, para mencionar apenas alguns exemplos que a seguir serão discutidos ao menos brevemente, podem ser entendidos verdadeiramente apenas como símbolos. O pensamento discursivo dos cabalistas é uma espécie de processo assintótico: as formulações conceituais são uma tentativa de proporcionar uma interpretação filosófica aproximada de imagens simbólicas inesgotáveis, de interpretar estas imagens como abreviações de séries conceituais. A falha óbvia de tais tentativas mostra que imagens e símbolos não são nada disso. E mostra também algo mais. Os cabalistas criaram imagens e símbolos; talvez tenham reavivado uma herança bem antiga. Mas raramente tiveram coragem de comprometer-se sem reservas com as imagens que se imprimiram tão nitidamente em suas mentes. Em geral procuravam um compromisso: quanto mais audaciosa a imagem, tanto

116

mais certos podemos estar de que o autor, ao empregá-la, adicionará uma emenda restritiva ou apologética como "se é permitido falar desta maneira..." ou algo semelhante. Mas não devemos esquecer que não são sempre os mesmos cabalistas os que criam as imagens míticas e os que, timidamente, restringem sua importância ou tentam explicá-las como atrevidas abreviações de seqüências de pensamento mais ou menos inofensivas, embora por vezes de grande alcance. Os grandes documentos clássicos da Cabala, o *Bahir,* o *Zohar,* e os livros luriânicos, apresentam pouca restrição à produção e uso de imagem que, de um ponto de vista teológico, são questionáveis, quando não definitivamente escandalosas. Não exercem restrições; inclusive seria mais correto mesmo dizer que se deliciam com as imagens, levando-as tão longe quanto possível. Outros cabalistas importantes, nos quais o impulso puramente místico é mais forte, evitam às vezes concepões míticas e tentam transformar em símbolos místicos os conceitos filosóficos da tradição platônica — o que é o caso especialmente de Azriel de Gerona, Abraão Abulafia de Saragoça e Moisés Cordovero da escola de Safed. A tensão entre gnose e platonismo, que apesar de sua afinidade nunca deixou de existir, foi assim reiterada, pode-se dizer, bem no coração do judaísmo.

Isto, no entanto, leva-nos a um outro ponto. As imagens com que os cabalistas descrevem o mundo secreto e a vida oculta da Divindade são judaicas por natureza ou brotam de uma herança mais antiga? A situação, aqui, é altamente complexa. Alguns dos símbolos denotam uma afinidade definitiva com materiais mais antigos, mas é difícil dizer ao certo a quanto foi de fato o empréstimo. Pois, entre o mundo do mito e as imagens cabalistas, discernimos a ponte do gnosticismo, cujas relações com a Cabala, tanto metafísicas como históricas, representam um problema sério. Não posso, aqui, argüir o problema da filiação histórica da Cabala e suas possíveis ligações com tradições gnósticas; em outra parte tratei extensamente do assunto [4]. Seja suficiente dizer que estou convencido

4. No meu livro *Reschit ha-Cabala,* Jerusalém, Tel Aviv, 1948, do qual brevemente será publicada uma tradução inglesa.

117

da éxistência de fios de ligação, por mais tênues que sejam, entre a tradição gnóstica e as tradições cabalísticas mais antigas. Por outro lado, pode-se aduzir certos argumentos que respondam pela presença de motivos gnósticos dentro do cabalismo não tanto através de um contato histórico mas pelo paralelismo na evolução psicológica e estrutural, mais plausível nos séculos XII e XIII do que uma influência histórica direta. Pois mesmo os hereges cataristas estavam relativamente livres dos elementos gnósticos do maniqueísmo e muito pouco familiarizados com eles. À luz de prolongadas pesquisas sobre o assunto, sinto-me justificado em afirmar que, à parte certos aspectos básicos cuja importância não pretendo minimizar, a gnose desenvolveu-se independentemente da Cabala, a partir de dentro de si mesma. Não há necessidade de optar entre uma explicação histórica e outra psicológica sobre a origem da Cabala; ambos os elementos desempenharam sua parte. Exatamente aqueles sistemas cabalísticos cujo caráter é mais gnóstico, por exemplo o do *Zohar* e o de Isaac Lúria, podem ser plenamente explicados como desenvolvimentos vindos de dentro de si mesmos, sobre alicerces judaicos.

Esta observação, contudo, nos embrenha mais ainda no problema da Cabala; pois o próprio gnosticismo, ou, ao menos, certos dos seus impulsos básicos, constituiu uma revolta, em parte talvez de origem judaica, contra um judaísmo antimítico, uma erupção tardia de forças subterrâneas tanto mais carregadas de mito quanto se apresentavam revestidas do manto da filosofia. No século II da nossa era, o judaísmo rabínico clássico baniu esta forma de heresia, aparentemente em caráter definitivo; mas este ponto de vista gnóstico do mundo não só reemergiu da Cabala, como uma interpretação teosófica do monoteísmo judaico — e isto no apogeu do racionalismo judaico medieval — como conseguiu firmar-se no centro do judaísmo como seu mistério mais secreto. No *Zohar* e em Isaac Lúria, símbolos gnósticos e quase gnósticos constituíram-se para cabalistas piedosos ortodoxos na expressão mais profunda de sua fé judaica. Em seu primeiro e crucial impulso, foi a Cabala uma reação mítica dentro de uma área que

118

o pensamento monoteísta, a duras penas, desembaraçava do mito. Ou, em outras palavras, as vidas e as ações dos cabalistas representavam uma revolta contra um mundo que, conscientemente, eles nunca se cansavam de afirmar. E isto, por certo, produziu ambigüidades profundamente engastadas [5].

O mundo de onde os cabalistas surgiram, o estrito monoteísmo da Lei, da *Halahá*, o judaísmo antigo no qual sabiam estar enraizados, não podia aceitar prontamente esta erupção de mito em seu próprio âmago. Mundos míticos estranhos operam nas grandes imagens arquetípicas dos cabalistas, ainda que hajam brotado das profundezas de um sentimento religioso judaico autêntico e produtivo. Sem esta contribuição mítica, os impulsos dos cabalistas não teriam tomado forma, certamente não a forma que conhecemos, e é isto que lhes dá seu caráter ambíguo e aparentemente contraditório. A gnose, uma das últimas grandes manifestações no pensamento religioso, concebido, ao menos em parte, como uma reação contra os conquistadores judeus do mito, propiciou sua linguagem aos místicos judaicos. A importância deste paradoxo não pode ser enfatizada em excesso. Uma vez mais teve a linguagem dos gnósticos que ser transformada; pois a intenção por trás destas antigas imagens míticas, que os gnósticos legaram aos autores do *Bahir* e de toda a Cabala, foi, em última instância, de destruir uma lei que havia rompido a ordem mítica. A vingança do mito contra seus conquistadores é perfeitamente evidente em amplas partes da Cabala, e esta é a origem das inúmeras contradições internas em seus símbolos. À semelhança de certos sistemas gnósticos anteriores, a especulação cabalística também deriva uma nota peculiar de seus esforços para construir e descrever um mundo mítico por meio de um pensamento que excluía o mito. Aí, no domínio do misticismo e da experiência mística, um novo mundo de mito emergiu das contemplações teosóficas da vida secreta de Deus, considerada como sendo a realidade religiosa central. Talvez não exista exemplo mais significativo desta dialética do que a religião de

5. Aproveito, aqui, algumas formulações de *Major Trends*, pp. 34-5.

119

Jacob Boehme, cuja afinidade com o mundo dos cabalistas já foi notada por seus primeiros adversários, porém, por estranho que pareça, tem sido esquecida pelos autores mais recentes a respeito de Boehme.

O ressurgimento de conceitos míticos no pensamento de místicos judeus proporcionou, desde o início, um elo com certos impulsos da crença popular, impulsos básicos oriundos do receio do homem comum em face da vida e da morte, para os quais a filosofia judaica não oferecia resposta satisfatória. A filosofia judaica pagou um preço elevado por seu desdém pelos níveis primitivos da vida humana. Ignorou os terrores de que os mitos são feitos, como se negasse a existência do problema. Nada distingue tão nitidamente filósofos de cabalistas como sua atitude diante do problema do mal e do demoníaco. Os filósofos judeus, de um modo geral, menosprezavam-no como um pseudoproblema, ao passo que, para os cabalistas, ele se converteu num dos motivos que mais lhes instigaram o pensamento. Sua sensibilidade para com a realidade do mal e o horror do demoníaco, fatos dos quais não se esquivaram, como os filósofos, mas que tentaram enfrentar, relacionou seus afãs, num ponto central, com a crença popular e com todos aqueles aspectos da vida judaica em que esses receios encontravam expressão. Ao contrário dos alegoristas filosóficos, que procuravam pôr idéias metafísicas dentro do ritual, os cabalistas, de fato, em suas interpretações dos velhos ritos, amiúde reconstituíam seu significado original, ou, pelo menos, o significado que possuíam na mente do povo comum. A demonização da vida foi, seguramente, um fator dos mais eficientes, ainda que dos mais perigosos, para a evolução da Cabala, mas isto, de novo, demonstra sua afinidade com a preocupação religiosa das massas judias. Assim é menos paradoxal do que à primeira vista possa parecer que um grupo de místicos em grande parte aristocrático tenha desfrutado de tão grande influência entre o povo comum. Seria difícil encontrar muitos rituais e costumes religiosos que devessem sua existência ou desenvolvimento a idéias filosóficas. Mas o número de ritos que devem sua origem, ou pelo menos a forma concreta na qual conse-

120

guiram impor-se, à Cabala, é imenso. As idéias dos cabalistas indubitavelmente perderam muito do seu brilho ao descerem das alturas da especulação teosófica às profundezas do pensamento e ação populares. Muitas vezes elas se tornaram rudes em sua encarnação concreta. Os perigos com que mito e magia ameaçam a mente religiosa são exemplificados na história do judaísmo pelo desenvolvimento da Cabala, e quem quer que se ocupe seriamente do pensamento dos grandes cabalistas ver-se-á dilacerado entre sentimentos de admiração e de repulsa.

IV.

O caráter mítico da "teologia" cabalística encontra sua demonstração mais clara na doutrina das dez *sefirót*, as potências e modos de atuação do Deus vivo [6]. A doutrina cabalística da unidade dinâmica de Deus, tal como figura nos cabalistas espanhóis, descreve um processo teogônico no qual Deus emerge do Seu ocultamento e ser inefável, para surgir diante de nós como o Criador. As fases deste processo podem ser seguidas através de uma abundância infinita de imagens e símbolos, cada qual relacionado com um determinado aspecto de Deus. Mas estas imagens nas quais Deus se manifesta nada são exceto a imagem primordial de todo o ser. O que constitui a estrutura mítica especial do complexo de símbolos cabalísticos, é a restrição dos aspectos infinitamente numerosos sob os quais Deus pode ser conhecido em dez categorias fundamentais, ou como quer que queiramos chamar a concepção que serve de base à noção das *sefirót*. No *Livro da Criação*, onde o termo se origina, ele significa os dez números arquetípicos (de *safar* = contar), considerados como os poderes fundamentais de toda existência, embora nesta obra antiga cada *sefirá* ainda não esteja correlacionada a um vasto número de símbolos que a relacionam com outras imagens arquetípicas a fim de formar uma estrutura especial. Este passo foi dado pela primeira vez no *Bahir* e na teoso-

---

6. Vale talvez mencionar que o primeiro autor, ao que eu saiba, a chamar a Cabala de "teologia mítica dos judeus" foi o teólogo protestante J. B. Carpzow, o qual usou esta expressão na pág. 39 do seu *Introductio in Theologiam Judaicum*, 1687, reproduzido ao começo da sua edição de *Pugio Fidei*, de Raimundus Martini.

121

fia medieval da Cabala, reavivando exegeses gnósticas relativas ao mundo dos eões e indo muito além delas.

A totalidade destas potências, unidas no *dekas* primordial, forma o mundo das *sefirót,* da unidade divina em desdobramento, que abarca os arquétipos de toda existência. Este mundo, e nunca é demais enfatizá-lo, é um mundo de existência divina, mas transborda sem interrupção ou novo início para dentro dos mundos secretos e visíveis da Criação, a totalidade dos quais recapitula e reflete em suas estruturas a estrutura intradivina. Do ponto de vista cabalístico, este processo, que se exterioriza na Criação, não é outra coisa senão o aspecto exotérico de um processo que está ocorrendo dentro de Deus mesmo e cujos diversos estágios, pelos modos particulares em que combinam os motivos aqui em obra, determinam a forma mítica peculiar desta doutrina das *sefirót.* Num novo plano de experiência e contemplação místicas, as estruturas míticas reaparecem não mais nas pessoas dos velhos deuses, mas concentradas de uma maneira nova e freqüentemente única neste mundo único — ou o mundo visto como um — da árvore das *sefirót.* Uma análise de todas as imagens míticas, tanto velhas quanto novas, tão superabundantes neste simbolismo cabalístico, é uma das tarefas mais fascinantes com que se defronta o estudioso da Cabala. Pois este simbolismo é de importância central nos escritos dos primeiros cabalistas, especialmente os do período espanhol. E, neste sentido, poucos livros são mais fascinantes para o estudioso da herança vetusta representada nos símbolos místicos do que as homilias gnósticas do *Zohar* ou a grandiosa tentativa de um desenvolvimento sistemático deste simbolismo, corporificada nas *Portas de Luz* (Schaaré Orá), da autoria de Joseph Gicatila.

Dois ou três exemplos demonstrarão que estamos de fato lidando com um ressurgimento do mito tão impiedosamente "liquidado" pela teologia judaica.

A maneira paradoxal pela qual a Cabala se desfez da idéia de uma *creatio ex nihilo,* devolvendo-a ao domínio do mito, parece-me típica do processo todo com que aqui estamos lidando. Foi por meio desta

122

concepção de uma criação a partir do nada em contraposição à da conquista do caos pelo Deus-Criador que a assim chamada teologia racional do rabinismo posterior, indo mais longe ainda do que a posição bíblica a respeito da Criação, tentou romper definitivamente com todos os vestígios de mito. A substituição do caos pelo nada parecia proporcionar uma garantia para a liberdade do Deus-Criador oposta a toda determinação mítica pelo destino. Sua Criação deixa, assim, de ser uma luta e uma crise para tornar-se um livre ato de amor. Nada disso é conservado na Cabala, à exceção da própria fórmula nua, que é proclamada com a maior paixão e exibida como um estandarte. Mas seu significado foi invertido. Como se pode deduzir de minhas observações anteriores acerca do significado das *sefirót* e da árvore das *sefirót,* não há lugar neste mundo para o *nihil* da concepção teológica. Emergindo do Seu ocultamento, Deus aparece nas Suas potências, no tronco e nos ramos da "árvore" teogônica e cosmogônica, estendendo sua energia a esferas cada vez mais amplas. As mudanças são contínuas em todo lugar. Se existisse uma brecha, um nada, no começo do começo, isto só poderia estar na própria essência de Deus. E esta é exatamente a conclusão a que chegaram os místicos judeus, ainda que conservassem a velha fórmula. O caos que fora eliminado da teologia da "criação a partir do nada" reapareceu sob uma nova forma. Este nada sempre estivera presente em Deus, não estava fora Dele, nem fora suscitado por Ele. É este abismo dentro de Deus, coexistindo com Sua infinita plenitude, que foi transposto na Criação, e a doutrina cabalística do Deus que habita "nas profundezas do nada", corrente desde o século XIII, exprime este sentimento numa imagem que é tanto mais notável quanto foi desenvolvida a partir de um conceito tão abstrato. Podemos falar de um mal-entendido produtivo, por meio do qual imagens míticas foram redescobertas no âmago mesmo de conceitos filosóficos. Característico de um tal mal-entendido é a interpretação, que aparece pela primeira vez em Azriel de Gerona, da *steresis* aristotélica como o nada místico que, após a formas e a matéria, é o terceiro princípio de todo existente.

A bem dizer, este nada, que é um ser transcendente situado dentro de Deus mesmo, nem sempre é mencionado nominalmente nos escritos cabalísticos. Tomemos como exemplo as primeiras linhas de uma passagem famosa em que o *Zohar* descreve o começo da Criação dentro de Deus mesmo:

No início, quando a vontade do Rei começou a ter efeito, Ele imprimiu signos na esfera celeste. Uma flama escura brotou do fundo do recesso mais escondido, do mistério do Infinito, qual uma névoa formando-se no informe, encerrado no anel daquela esfera, nem branca nem preta, nem vermelha nem verde, de cor nenhuma. Só quando a flama começou a assumir tamanho e dimensão foi que produziu cores radiantes. Pois do centro mais íntimo da flama brotou uma fonte, da qual emanaram cores que se alastraram sobre tudo o que estava embaixo, oculto no misterioso ocultamento do Infinito. A nascente irrompeu e, no entanto, não irrompeu através do éter (da esfera). Não era possível reconhecê-la de modo algum, até que um ponto escondido, sublime, raiou sob o impacto do irrompimento final. Nada para além desse ponto é cognoscível, e é por isso que se chama *reschit*, começo, a primeira daquelas palavras criadoras por meio das quais o universo foi criado (I, 15a).

Em parte alguma deste mito cosmogônico, que é prolongado extensamente, há outra menção a um nada. Ele é substituído, sob um aspecto inteiramente diverso, pela aura de luz, que envolve o *en-sof,* o infinito, sem-começo, incriado. Quando o *Zohar* fala expressamente de semelhante nada, como o faz em outras passagens, este é sempre tomado como o modo de ser mais íntimo de Deus, que se torna criativo na emanação das *sefirót*. O "nada" é ele próprio a primeira e mais elevada das *sefirót*. É a "raiz de todas as raízes", da qual a árvore sorve alimento. Não caberia supor que esta raiz resultou de um livre ato de Criação. Um tal ato de Criação foi introduzido pelos cabalistas posteriores, especialmente Moisés de Cordovero, e, sob outra forma, por Isaac Lúria.

O ponto primordial, mencionado na passagem acima, foi considerado como sendo a segunda *sefirá* ou primeiro afastamento do divino nada implícito na

124

imagem do ponto. É a semente do mundo, a suprema potência formativa e paternal-masculina, que é semeada no ventre primordial da "mãe sublime", que é ao mesmo tempo o produto e a contraparte do ponto original. Fertilizada neste ventre, a semente do mundo emana através do ventre as outras sete potências que os cabalistas interpretam como arquétipos de toda Criação, mas também como os sete "primeiros dias" do primeiro capítulo de Gênesis, ou, em outras palavras, como os estádios originais de desenvolvimento intradivino. A natureza especial de cada uma dessas sete potências é descrita por meio de imagens tiradas tanto da natureza elemental como da vida humana.

Estes símbolos são enormemente ricos em implicações míticas. Mas em lugar algum, creio eu, é o conteúdo mítico mais evidente do que no simbolismo que identifica o Deus das *sefirót* com o homem em sua forma mais pura, *Adam Kadmon,* o Homem Primordial. Aqui, o Deus que pode ser apreendido pelo homem é ele próprio o Primeiro Homem. O grande nome de Deus em Seu desdobramento criador é Adão, como afirmaram os cabalistas com base em uma *guematria,* ou equação numérica (isopsefismo), que é realmente assombrosa[7]. O *Bahir* falara das "sete sagradas formas de Deus", cada uma correspondendo a uma parte do corpo humano. Daí foi preciso apenas um pequeno passo para chegar ao *Adam Kadmon,* uma concepção da qual o ponto de vista antropomórfico e mítico acerca de Deus jamais deixou de extrair nova justificação e novo alimento. O pensamento esotérico do *Zohar* — como o livro repetidamente assinala — preocupa-se inteiramente com o mundo primordial do homem, enquanto criatura e enquanto incriado *Adam Kadmon.* Pois o mundo secreto da Divindade manifesta no símbolo do homem é ambas as coisas ao mesmo tempo: é o mundo do homem "interior", mas também é o domínio que se abre somente para a contemplação do crente e que o *Zohar* denomina de "segredo da fé", *raza de-mehemanuta.*

7. *Iod he vav he* (as quatro letras do nome de Deus) têm o valor numérico, dentro do alfabeto hebraico, correspondente a 45, que é a palavra Adão.

125

A natureza mítica destas concepções é o mais claramente exemplificada pela distinção entre as potências de Deus, masculinas e femininas, geradoras e recebedoras. Este elemento mítico repete-se com intensidade crescente em vários pares de *sefirót* e encontra sua expressão mais poderosa no simbolismo das últimas duas. A nona *sefirá, iesod,* é a potência masculina, descrita com simbolismo claramente fálico, o "fundamento" de toda vida, que garante e consuma o *hieros gamos,* a sagrada união das forças masculina e feminina.

Esta noção de potências femininas em Deus, que atingem sua expressão mais plena na décima e última *sefirá,* representa obviamente uma primitivização do mito, fato que parece totalmente incongruente com o pensamento judaico. Por conseguinte, parece necessário dizer algumas poucas palavras a respeito desta idéia, isto é, a respeito da concepção cabalística da *Schehiná,* que representa um afastamento radical da velha concepção rabínica. Limitar-me-ei, aqui, a abordar alguns motivos centrais que são essenciais para uma compreensão desta idéia básica, mas não se deve esquecer que, motivos inteiramente diferentes, que não podemos discutir a esta altura, também estão associados a ela na literatura cabalística.

Na literatura talmúdica, e no judaísmo rabínico não-cabalístico, a *Schehiná* — literalmente in-habitação, isto é, de Deus no mundo — tem o sentido simplesmente de Deus mesmo, em Sua onipresença e atividade, dentro do mundo e especialmente dentro de Israel. A presença de Deus, que na Bíblia é chamada de Seu "rosto", é no tratamento rabínico Sua *Schehiná.* Em lugar algum, na literatura mais antiga, faz-se distinção entre Deus mesmo e Sua *Schehiná;* a *Schehiná* não é uma hipóstase especial, distinta de Deus como um todo. Isto é muito diferente no uso cabalístico, a começar pelo *Bahir,* que já contém o essencial das idéias cabalísticas sobre o assunto. Aqui, a *Schehiná* torna-se um aspecto de Deus, um elemento feminino quase independente, dentro Dele. Uma tal independência, como vimos acima, é compreendida num sentido na terceira *sefirá,* que é a mãe superior,

126

ou *Schehiná* superior, mas também, estranhamente, a potência demiúrgica. Das sete potências que dela emanam, as primeiras seis são simbolizadas como partes do corpo do Homem Primordial, e condensadas no "fundamento" fálico, que, assaz estranhamente, é a representação simbólica do Justo (*Tzadik*), como o Deus que mantém os poderes de geração dentro de seus legítimos limites. Deus é o Justo, na medida em que Ele provê todos os serem animados da energia vital que os prende à lei que lhes é própria. Destarte, o homem que conserva suas forças geradoras dentro de seus justos limites e medidas, e daí, por extensão, o homem que dá a cada coisa o que lhe é devido, que põe cada coisa em seu lugar apropriado, é o Homem Justo a quem os cabalistas vinculam o versículo dos Provérbios (10:25): "O justo é o fundamento do mundo".

A décima *sefirá*, entretanto, já não representa mais uma parte humana especial, mas, como complemento do princípio universalmente humano e masculino, representa o feminino, visto simultaneamente como mãe, esposa e filha, ainda que manifestado de diferentes maneiras nesses diferentes aspectos. A descoberta de um elemento feminino em Deus, que os cabalistas tentaram justificar por meio de exegese gnóstica, representa evidentemente um dos passos mais significativos dados por eles. Muitas vezes vista com a maior apreensão por judeus estritamente rabínicos, não-cabalísticos, e muitas vezes distorcida em algo inofensivo por embaraçados apologistas cabalísticos, esta concepção mítica do princípio feminino da *Schehiná*, como um guia providencial da Criação, alcançou enorme popularidade entre as massas do povo judeu, mostrando com isso que os cabalistas haviam desvendado aí um dos impulsos religiosos primordiais ainda latentes no judaísmo.

Duas outras representações simbólicas, entre muitas, são de particular importância para a compreensão da *Schehiná* cabalística: sua identificação, de um lado, com a mística *Ecclesia* de Israel, e, do outro, com a alma (*neschamá*). Ambas as idéias aparecem no *Bahir*. Encontramos no Talmud e no Midrasch o conceito da "Comunidade de Israel" (do qual se deriva o conceito cristão da *Ecclesia*), mas apenas no sentido de uma personificação de Israel, real e histórico, e como tal definitivamente diferenciado de Deus. Desde tempos imemoriais, a interpretação alegórica do Cântico dos Cânticos, que via neste uma referência ao relacionamento entre Deus e a *Ecclesia* Judaica, desfrutou de aceitação generalizada no judaísmo; mas nada havia nesta interpretação que sugerisse a elevação da *Ecclesia* ao grau de uma potência divina ou hipóstase. Em lugar algum identifica a literatura talmúdica a *Schehiná* com a *Ecclesia*. Na Cabala, contudo, é precisamente esta identificação que introduz o simbolismo do feminino na esfera do divino. Por meio desta identificação, tudo o que se diz nas interpretações talmúdicas do Cântico dos Cânticos sobre a Comunidade de Israel como filha e noiva foi transferido para a *Schehiná*. É impossível, creio, dizer qual foi o fator primário: a revivescência pelos primeiros cabalistas da idéia do elemento feminino em Deus, ou a identificação exegética dos conceitos anteriormente distintos de *Ecclesia* e de *Schehiná*, esta metamorfose especificamente judaica por meio da qual tanta substância gnóstica ingressou na tradição judaica. Não posso, aqui, distinguir entre o processo psicológico e o histórico, cuja unidade peculiar constituiu o passo decisivo dado pela teosofia cabalística. Porém, como vimos, existe ainda um terceiro elemento: o simbolismo da *Schehiná* como alma, no *Bahir* e no *Zohar*. A esfera da *Schehiná* como morada da alma — esta é uma concepção completamente nova. A residência mais elevada da alma, em sistemas judaicos anteriores, era situada dentro ou debaixo do trono de Deus. A noção de que a alma tinha sua origem no precinto feminino dentro de Deus mesmo foi de grande alcance para a psicologia da Cabala. Mas se nos incumbe avaliar plenamente o caráter mítico da *Schehiná*, devemos examinar mais duas concepções que são inseparáveis dela: sua ambivalência e seu exílio.

Tanto em seu aspecto de mulher como no de alma tem a *Schehiná* um aspecto terrível. Na medida em que todas as *sefirót* precedentes estão nela abarcadas e só podem exercer uma influência para baixo por seu intermédio, as forças da misericórdia e do juízo rigoroso são alternadamente preponderantes na *Schehiná* que, por sua vez, é puramente receptiva e "não possui nada de próprio". Mas a força do juízo rigoroso, em Deus, é a origem de todo mal como realidade metafísica, vale dizer, o mal é produzido pela hipertrofia desta força. Mas há no mundo situações nas quais a *Schehiná* é dominada pelas forças do juízo rigoroso, algumas das quais brotaram da *sefirá* do juízo, tornaram-se independentes e invadiram a *Schehiná* vindas de fora. Como diz o *Zohar*: "Por vezes a *Schehiná* prova o outro lado, amargo, e sua face então escurece". Não é nenhum acidente que um antiqüíssimo simbolismo lunar viesse à tona neste contexto. Sob este aspecto, a *Schehiná* é a "Árvore da Morte", demoniacamente secionada da "Árvore da Vida". Ainda que na maioria dos demais contextos ela seja a mãe misericordiosa de Israel, nesta fase ela se torna o veículo do poder de punição e juízo rigoroso. Mas cumpre aqui acentuar que estes aspectos quase demoníacos da *Schehiná* como "mãe inferior" não aparecem ainda na "mãe superior", a terceira *sefirá*, que, na verdade, é um demiurgo (*iotzer bereschit*), mas num sentido positivo, isento da conotação pejorativa vinculada ao termo nos velhos sistemas gnósticos. Motivos estranhos e contraditórios entrelaçam-se para formar um conjunto único neste simbolismo da terceira *sefirá*, que em sua qualidade de mãe primordial de tudo o que existe é particularmente "carregada" de mito. Sua estrutura é extremamente complexa e não posso, aqui, entrar em maiores detalhes.

Contudo, esta concepção da "ambivalência", das fases alternantes da *Schehiná*, relaciona-se com a de seu exílio (*galut*). O exílio da *Schehiná* remonta ao Talmud. "Em cada exílio a que os filhos de Israel foram, a *Schehiná* estava junto com eles" [8]. No Talmud isto significa unicamente que a presença de Deus sempre acompanhou Israel nos seus exílios. Na Cabala, porém, isto é tomado no sentido de que *uma*

8. Meguilá, 29a.

parcela de Deus mesmo é exilada de Deus. Estas duas idéias, a da *Ecclesia* de Israel, no Midrasch, e a do exílio da alma da sua morada original — uma concepção encontrada em muitas religiões e não só entre os gnósticos —, acabaram amalgamadas no mito cabalístico do exílio da *Schehiná.* Este exílio é às vezes apresentado como o banimento da rainha, ou da filha do rei, pelo esposo ou pelo pai. Às vezes a *Schehiná* é representada como dominada pelos poderes demoníacos do "outro lado", que irrompem em seu reino, a subjugam e a tornam subserviente a eles nas atividades do juízo rigoroso.

Na Cabala primitiva, em sua maior parte, o exílio não é descrito como tendo sua origem já ao próprio começo da Criação. Este desenvolvimento só se deu na Cabala de Safed, no século XVI. O exílio da *Schehiná,* ou, em outras palavras, a separação, em Deus, dos princípios masculino e feminino, é costumeiramente atribuído à ação destrutiva e à influência mágica do pecado humano. O pecado de Adão repete-se perpetuamente em cada outro pecado. Em vez de penetrar, em sua contemplação, a vasta unidade e totalidade das *sefirót,* Adão, ao se defrontar com a opção, escolheu o rumo mais fácil, o de contemplar apenas a última *sefirá* (já que ela parecia representar todo o mais), à parte das outras *sefirót,* confundindo-a com a totalidade da Divindade. Em vez de preservar a unidade das ações de Deus em todos os mundos, permeados ainda da vida secreta da Divindade e governados por ela, em vez de consolidar esta unidade pelas suas próprias ações, ele a destruiu. Desde então passou a existir, algures, lá no fundo, uma ruptura entre o superior e o inferior, entre o masculino e o feminino. Esta ruptura é descrita em vários símbolos. Ela é a separação entre a Árvore da Vida e a Árvore do Conhecimento, entre a vida e a morte; ela é o arrancamento da fruta tirada da árvore a que deveria estar presa, é a espremedura dos sucos e do poder de julgamento do fruto sagrado da *Schehiná.* No contexto do simbolismo da *Schehiná,* estas imagens estão todas sujeitas a interpretações profundas. Mas a ruptura encontra expressão também em símbolos cósmicos, como a diminuição da Lua, degradada ao *status* de um receptor de luz, sem luz. Para o sentimento religioso dos cabalistas primitivos, o exílio da *Schehiná* foi um símbolo da nossa própria culpa, e nossa atuação religiosa deve ter por alvo terminar este exílio ou ao menos trabalhar neste sentido. A reunião entre Deus e Sua *Schehiná* constitui o significado da Redenção. Nesse estado, visto outra vez em termos puramente místicos, o masculino e o feminino são devolvidos à sua unidade original, e na união ininterrupta dos dois as forças de geração voltarão a fluir desimpedidamente através de todos os mundos. Os cabalistas sustentavam que todo ato religioso deveria ser acompanhado da fórmula: isto é feito "em prol da reunião de Deus com Sua *Schehiná*". E de fato, por influência cabalística, foi esta fórmula empregada em todos os textos e livros litúrgicos do judaísmo posterior, até o século XIX, quando judeus racionalistas, horrorizados com uma concepção que não mais entendiam, eliminaram-na dos livros de reza destinados ao uso de judeus de mente ocidentalizada. Concluindo minha discussão deste ponto, gostaria simplesmente de mencionar o fato de que representações simbólicas deste mito da *Schehiná* e seu exílio, tão importante para a história da Cabala, foram encontradas em inúmeros ritos antigos e em um número ainda maior de ritos novos. Do começo ao fim, o ritual dos cabalistas é colorido por esta idéia profundamente mítica. Teremos ainda o que dizer a seu respeito no próximo capítulo.

V.

No que até aqui foi exposto, discutimos alguns símbolos cabalísticos que, assim me parece, ilustram excelentemente o problema de Cabala e mito. Mas nos sistemas dos cabalistas primitivos, e particularmente no sistema do *Zohar,* deparamo-nos não apenas com a revivescência de motivos míticos isolados, mas também com uma densa textura de idéias míticas a constituir amiúde mitos plenamente desenvolvidos. Muitos dentre os cabalistas, como vimos, ocuparam-se da reinterpretação especulativa e teológica de tal pensamento mítico. Mas, por mais interessante que seja tal reinterpretação, do ponto de vista da história de idéias, ela não pode cegar-nos quanto à substância psíquica subjacente aos mitos. Estou quase inclinado a pensar que, em muitos casos, a reformulação especulativa de mitos foi inteiramente secundária, mesmo na mente dos que a ela se dedicaram, e serviu de mero disfarce exotérico para o conteúdo mítico que se lhes afigurava um mistério sagrado.

À parte o *Zohar,* o mito é exemplificado da forma mais impressionante e magnificente no sistema mais importante da Cabala posterior, o sistema de Isaac Lúria (1534-72) de Safed, e mais adiante nos *theologoumena* heréticos dos sabataístas, cujo messianismo cabalístico foi em parte inspirado por Lúria. Tanto a Cabala ortodoxa de Lúria quanto a Cabala de Natã de Gaza (1644-80), profeta e teólogo de Sabatai Tzvi, o messias cabalístico, proporcionam exemplos extraordinariamente completos de formações gnósticas de mito dentro ou nos limites do judaísmo rabínico. A primeira é uma forma estritamente ortodoxa de semelhante gnose, e a outra é um desvio herético, antinomístico. Ambas as formas de mito cabalístico estão intimamente ligadas à experiência histórica do povo judeu, e isto sem dúvida explica em grande parte o fascínio que ambas, mas sobretudo a Cabala luriânica, exerceram indubitavelmente sobre amplas parcelas do povo judeu, nomeadamente aquelas que foram preparadas com aguda sensibilidade religiosa para desempenhar um papel preponderante no desenvolvimento religioso. Não posso aprofundar-me aqui na mitologia herética dos sabataístas; mas gostaria de descrever, pelo menos em linhas amplas, a estrutura do mito luriânico como um exemplo sem paralelo dos contextos com que aqui nos ocupamos. Pode parecer presunçoso pretender fazer tal sumário de um corpo de pensamento que em sua forma literária canônica preenche vários tomos alentados [9], particularmente em vista de que grande parte deste pensamento só pode ser penetrado na prática da meditação mística e, pelo que eu saiba, desafia qualquer formulação teórica. Mesmo assim, a estrutura básica, o mito fun-

9. Cf. as fontes citadas no capítulo sobre Lúria, em *Major Trends,* pp. 411-15.

132

damental de Lúria, é tão surpreendentemente clara que mesmo uma breve análise poderá ser proveitosa.

De um ponto de vista histórico, o mito de Lúria constitui uma resposta à expulsão dos judeus da Espanha, um evento que mais do que qualquer outro da história judaica, até a catástrofe ocorrida em nossos dias, deu premência à pergunta: qual a razão do exílio dos judeus e qual é a sua vocação neste mundo? Esta questão, a do sentido da experiência histórica dos judeus no exílio, é tratada por Lúria de maneira ainda mais profunda e mais fundamental do que no *Zohar;* ela está realmente no âmago das novas concepções que constituem a essência do sistema luriânico.

O novo mito de Lúria concentra-se em três símbolos, o *tzimtzum,* a autolimitação de Deus, a *schevirá,* a quebradura dos vasos, e o *tikun,* a correção e a emenda harmoniosa do defeito que surgiu no mundo através da *schevirá.*

O *tzimtzum* não aparece no *Zohar.* A idéia origina-se em outros tratados antigos, mas adquiriu sua verdadeira significação apenas com Lúria. É um conceito assombroso. O *tzimtzum* introduz o drama cósmico. Mas este drama já não é mais, como em sistemas anteriores, uma emanação ou projeção na qual Deus sai de Si mesmo, comunica-Se ou revela-Se. Pelo contrário, é um recolhimento para dentro de Si mesmo. Em vez de voltar-se para fora, Ele contrai Sua essência, que se torna mais e mais oculta. Sem o *tzimtzum* não existiria processo cósmico, pois é o recolhimento de Deus, para dentro de Si mesmo, que primeiro cria um espaço primordial, pneumático — a que os cabalistas chamam de *tehiru* — e possibilita a existência de algo diferente que não seja Deus e Sua essência pura. Os cabalistas não o dizem expressamente, mas é implícito em seu simbolismo que este recolhimento da essência divina para dentro de si mesmo é um exílio primordial, um autobanimento. No *tzimtzum,* os poderes do julgamento, que na essência de Deus estavam unidos em infinita harmonia com as "raízes" de todas as outras potências, acham-se reu-

133

nidos e concentrados num único ponto, ou seja, o espaço primordial, ou *pleroma,* do qual Deus Se recolhe. Mas as forças do julgamento rigoroso, em última análise, incluem o mal. Assim, todo o processo subseqüente, no qual os poderes do julgamento são eliminados, "derretidos" e retirados de Deus, é uma purificação gradativa do organismo divino dos elementos do mal. Esta doutrina, que definitivamente conflita com outros temas do próprio sistema de Lúria e é mais do que questionável do ponto de vista teológico, é consistentemente atenuada ou desconsiderada na maioria das exposições do sistema luriano. Em a *Árvore da Vida,* a grande obra de Haim Vital, um discípulo de Lúria, o *tzimtzum* torna-se uma crise em Deus mesmo, não necessária ou fundamental, mas um livre ato de amor que, no entanto, de maneira bastante paradoxal, desencadeia primeiro as forças do julgamento rigoroso.

No espaço primordial, ou *pleroma,* as "raízes do juízo", descarregadas no *tzimtzum,* estão misturadas com o resíduo da luz infinita de Deus, que dele se retirou. A natureza das formas que passam a existir dentro do *pleroma* é determinada pela cooperação e pelo conflito entre estes dois elementos e pelas atuações de um terceiro elemento, um raio da essência de Deus, que subseqüentemente irrompe e retorna ao espaço primordial. Para Lúria, os acontecimentos que ocorrem no *pleroma* são intradivinos. São estas manifestações do infinito, no *pleroma,* que, para Lúria, constituem o Deus uno e vivo. Ele tenta descrever a gênese destas manifestações. Pois a parte de Deus que não entrou no processo do *tzimtzum* e nos estágios seguintes, Sua essência infinita, que permanece oculta, é freqüentemente de pouca importância para o homem aqui embaixo. O conflito entre o caráter pessoal de Deus, mesmo antes do *tzimtzum,* e Sua verdadeira essência impessoal, que adquire personalidade somente no processo começado no *tzimtzum,* permanece sem solução na forma clássica do mito luriano.

No *pleroma* surgem os arquétipos de toda existência, as formas, determinadas pela estrutura das

134

sefirót, de *Adam Kadmon,* do Deus criador que toma parte na Criação. Mas a coexistência precária dos diferentes tipos de luz divina produz nova crise. Tudo o que vem à existência depois que o raio de luz do *en-sof* foi enviado para dentro do *pleroma* é afetado pelo duplo movimento do *tzimtzum* perpetuamente renovado e da emanação a fluir para fora. Toda fase do ser baseia-se nesta tensão. Dos ouvidos, da boca e do nariz do Homem Primordial irrompem luzes que produzem configurações profundamente escondidas, fases de existência e mundos íntimos situados além da penetração da mente humana, mesmo na meditação. Mas o plano central da Criação origina-se nas luzes que brilham em estranha refração aos olhos de *Adam Kadmon.* Pois os vasos, eles mesmos consistindo de misturas inferiores de luz, designados para receber dos seus olhos esta luz potente das *sefirót* e, assim, servir de recipientes e instrumentos da Criação, despedaçaram-se sob o seu impacto. Esta é a crise decisiva de toda existência divina e criada, a "quebradura dos vasos", que Lúria identifica com a imagem zohariana da "morte dos reis primordiais". Pois o *Zohar* interpreta a relação dos reis de Edom, em Gênesis, 36, que reinaram e morreram "antes que houvesse reis em Israel", como uma alusão à preexistência de mundos de juízo rigoroso destruídos pelo excesso deste elemento em seu interior. Em Lúria, a morte dos reis devido à falta de harmonia entre os elementos masculino e feminino, descrita no *Zohar,* é transformada na "quebradura dos vasos", portanto numa crise dos poderes do julgamento, cujas partes mais inassimiláveis são projetadas para baixo neste cataclismo e condenadas a levar uma vida própria como forças demoníacas. Duzentas e oitenta e oito centelhas do fogo do "julgamento", as mais duras e mais pesadas, caem, misturando-se aos fragmentos dos vasos quebrados. Pois, em seguida à crise, nada permanece como dantes. Todas as luzes dos olhos de *Adam Kadmon* retornam para o alto, ressaltando a partir dos vasos, ou irrompem para baixo. Lúria descreve com minúcias as leis que governam este acontecimento. Nada permanece em seu devido lugar. Tudo está em algum outro lugar. Mas um ser que não está em seu lugar apropriado se encontra no exílio. Assim, desde aquele ato primordial, todo ser tem sido um ser em exílio, com necessidade de ser conduzido de volta e redimido. A quebradura dos vasos prossegue em todos os estádios subseqüentes de emanação e Criação; tudo está de alguma forma quebrado, tudo tem algum defeito, tudo está inacabado.

Mas qual foi a razão para este rompimento em Deus? Era fatal que a pergunta surgisse na Cabala luriânica, ainda que jamais se chegasse a uma solução definitiva. A resposta esotérica, que coloca o assunto como uma purificação de Deus mesmo, uma crise necessária cujo propósito foi erradicar o mal de Deus, reflete indubitavelmente a opinião do próprio Lúria, mas, como vimos, raramente foi exposta de um modo aberto — sendo uma exceção Iossef ibn Tabul, o segundo mais importante discípulo de Lúria. Outros se contentam com a velha e respeitável alusão à lei do organismo, à imagem da semente que germina e morre a fim de transformar-se em trigo. As forças do julgamento são comparadas a sementes de cereal, que são semeadas no campo da *tehiru* e brotam na Criação, mas somente na metamorfose é que passam pela quebradura dos vasos e pela morte dos reis primordiais.

Assim, a crise original, que no pensamento gnóstico é fundamental para a compreensão do drama e do segredo do cosmo, torna-se um elemento na experiência do exílio. Como experiência que afeta a Deus mesmo, ou pelo menos na manifestação de Sua essência, o exílio assume as enormes dimensões que obviamente adquirira para os judeus daquelas gerações. Foi a própria audácia deste paradoxo gnóstico — o exílio como um elemento em Deus mesmo — que foi responsável em grande parte pela enorme influência destas idéias entre os judeus. Ante o foro da teologia racionalista, uma tal idéia não tinha muito a dizer em seu próprio favor. Mas, para a experiência humana dos judeus, foi o mais poderoso e sedutoramente apropriado dos símbolos.

Destarte, os vasos das *sefirót,* destinados a receber o mundo emanado de *Adam Kadmon,* estão quebrados. A fim de remendar esta fenda, ou restaurar o edifício que parece capaz de assumir uma forma definitiva e harmoniosa, agora que foram eliminadas as forças demonizadas do julgamento puro, luzes construtivas, saneadoras, emanaram da testa de *Adam Kadmon*. Sua influência inaugura o terceiro estádio do processo simbólico que os cabalistas chamaram de *tikun*, restauração. Para Lúria, este processo tem lugar parcialmente em Deus, mas parcialmente no homem, como coroação de todos os seres criados. É um processo complicado, pois, embora as forças do mal tenham sido banidas no rompimento dos vasos, não foram totalmente suprimidas. O processo de eliminação deve prosseguir, pois as configurações das *sefirót* que agora se erguem ainda contêm vestígios do puro poder do julgamento e eles devem ser extirpados ou transformados em poderes construtivos de amor e misericórdia. No mundo de *tikun*, o Homem Primordial é reconstruído em cinco figuras ou configurações que Lúria chama de *partzufim*, "faces" de Deus ou de *Adam Kadmon*. Estas cinco faces são *arich*, "Longo-sofrer"; o Pai; a Mãe; o *zeir anpin*, "Impaciente"; e seu complemento feminino, a *Schehiná*, que por sua vez é manifestada em duas configurações, Raquel e Lea. Tudo quanto o *Zohar* tinha a dizer a respeito da *conjunctio* do masculino e feminino em Deus é agora exposto com infinita precisão e transferido para a formação dos últimos dois *partzufim* e a relação entre eles. De um modo geral, *zeir* corresponde ao Deus da revelação no judaísmo tradicional. É o princípio masculino que, pela quebradura dos vasos, se afastou de sua unidade original com o feminino e deve agora ser restaurado em um novo plano e sob novos aspectos. A gnose luriânica ocupa-se principalmente com a inter-relação de todas estas figuras, sua influência e reflexo sobre tudo o que acontece embaixo, nos mundos da Criação, Formação e "Fazimento", que vêm à existência debaixo da esfera da *Schehiná*, o último estádio do "mundo da emanação". Tudo quanto acontece no mundo dos *partzufim* repete-se com intensidade aumentada em todos os mundos inferiores. Estes mundos formam-se no fluido ininterrupto de luzes que cada vez se tornam mais fracas — Lúria parece ter sido de opinião de que a décima *sefirá* de cada mundo, isto é, a *Schehiná,* funciona simultaneamente como um espelho e como um filtro, que joga de volta a substância das luzes a verter-se sobre ele, deixando passar ou transmitindo apenas seu resíduo ou reflexo. Mas, no presente estado de coisas, o mundo do Fazimento está misturado com o mundo das forças demoníacas, ou "cascas", *klipot,* o que explica o caráter cruamente material de sua manifestação física. Em essência — e temos aqui uma pura concepção neoplatônica — o mundo da natureza é puramente espiritual. Só o rompimento dos vasos, momento em que tudo caiu fora de lugar, fez com que se mesclasse ao mundo demoníaco. Separá-los uma vez mais, é, assim, um dos alvos principais de todo esforço para o *tikun.*

As fases cruciais desta missão foram confiadas ao homem. Pois, embora boa parte do processo de restituição já tenha sido realizada em Deus mesmo pela constituição dos *partzufim,* ainda falta completá-lo, em conformidade com o plano da Criação, pelo último reflexo de *Adam Kadmon,* que faz seu aparecimento na forma inferior de "Fazimento" (*asia*) como Adão, o primeiro homem do Gênesis. Pois Adão constituía por natureza uma figura puramente espiritual, uma "grande alma", cujo corpo mesmo era uma substância espiritual, um corpo etéreo, ou corpo de luz. As potências superiores continuavam a fluir para dentro dele, conquanto refratadas e ofuscadas em sua descida. Ele era, assim, um microcosmo a refletir a vida de todos os mundos. E incumbia-lhe, por meio do poder concentrado de sua meditação e ação espiritual, remover de si mesmo todas as "centelhas caídas" que ainda estavam em exílio, e pô-las em seu devido lugar. Houvesse Adão cumprido esta tarefa, o processo cósmico seria completado no primeiro Sábado, e a *Schehiná* teria sido redim'da do exílio, de sua separação do masculino, do *zeir.* Mas Adão malogrou. Seu malogro é descrito com o auxílio de vários símbolos, tal como a consumação prematura da união entre o masculino e o feminino, ou, no simbolismo dos cabalistas primitivos, o pisamento das plantas novas no Paraíso e o arrancamento dos frutos da árvore.

A queda de Adão corresponde, no plano antropológico, à quebradura dos vasos no plano teosófico. Tudo é lançado numa confusão maior do que antes e só então é que adquire significado pleno a mistura do mundo paradisíaco da natureza com o mundo material do mal. A redenção completa estava ao alcance de Adão — tanto mais drástica é, pois, sua queda nas profundezas da natureza material, demonizada. No simbolismo do banimento de Adão do Paraíso, a história humana começa, assim, com o exílio. De novo as centelhas da *Schehiná* encontram-se por toda parte, espalhadas entre todas as esferas de existência metafísica e física. Mas isto não é tudo. A "grande alma" de Adão, na qual estava concentrada toda substância da alma de toda a humanidade, também se fragmentou. O primeiro homem, com sua vasta estrutura cósmica, encolhe-se para suas dimensões atuais. As centelhas da alma de Adão e as centelhas da *Schehiná* dispersam-se, caem e entram em exílio, onde serão dominadas pelas "cascas", as *klipot*. O mundo da natureza e da existência humana é o cenário do exílio da alma. Cada pecado repete parcialmente o evento primordial, assim como cada boa ação contribui para o retorno das almas banidas. Lúria vale-se da história bíblica como ilustração deste processo. Tudo o que acontece reflete a observância ou não-observância da lei secreta do *tikun*. Em cada fase, a história bíblica oferece uma oportunidade para a redenção, mas no momento decisivo o homem sempre deixa de aproveitá-la. No apogeu dos seus esforços, o êxodo do Egito e a Revelação do Monte Sinai, o homem cai novamente por sua adoração do bezerro de ouro. Mas a função essencial da Lei, tanto as leis dadas a Noé, que obrigam toda a humanidade, como a Torá, imposta especialmente a Israel, é servir de instrumento ao *tikun*. Todo homem que age de conformidade com a Lei faz retornar uma das centelhas perdidas da *Schehiná* e de sua própria alma. Ele ajuda a restaurar a prístina perfeição de seu corpo espiritual. Vista desta perspectiva, a existência e o destino de Israel, com toda sua terrível realidade, com todo seu complicado drama de sempre renovada vocação e sempre renovada culpa, são fundamentalmente um símbolo do verdadeiro estado de toda existência, inclusive — embora isto raramente fosse dito sem reservas — existência divina. Justamente porque a existência real de Israel é tão completamente uma experiência do exílio, ela é, ao mesmo tempo, uma existência simbólica e transparente. Assim, no seu aspecto mítico, o exílio de Israel deixa de ser apenas um castigo por erros cometidos ou uma prova de fé. Torna-se algo maior e mais profundo, uma missão simbólica. No decurso do seu exílio, Israel deve ir a toda parte, a cada um dos cantos do mundo, pois em todo lugar há uma centelha de *Schehiná* à espera de ser descoberta, apanhada e restaurada por um ato religioso. Assim, assaz surpreendentemente, ainda significativamente ancorada no centro de uma gnose profundamente judaica, emerge a idéia do exílio como uma missão. O cabalismo, ao desintegrar-se, irá legar esta idéia ao judaísmo racionalista dos séculos XIX e XX. Ela já havia perdido seu sentido mais profundo, porém, mesmo assim, continuava a preservar um vestígio de sua enorme ressonância.

Mas o exílio do corpo na história externa encontra seu paralelo no exílio da alma em suas migrações de encarnação em encarnação, de uma forma de existência a outra. A doutrina da metempsicose como o exílio da alma adquiriu popularidade sem precedentes entre as massas judias das gerações subseqüentes ao período luriânico.

Ao submeter-se à orientação da Lei, Israel labuta no sentido da restauração de todas as coisas. Mas concretizar o *tikun* e o correspondente estado do cosmo é precisamente o alvo da redenção. Na redenção, tudo restituído ao seu lugar pela magia secreta dos atos humanos, as coisas são libertas de sua mistura e, conseqüentemente, no domínio tanto do homem como no da natureza, de sua servidão às forças demoníacas que, uma vez a luz seja delas removida, são reduzidas a uma passividade letal. Em certo sentido, o *tikun* não é tanto uma restauração da Criação — planejada mas nunca totalmente concretizada — quanto a sua primeira realização plena.

Assim, basicamente, todo homem, e sobretudo todo judeu, participa do *tikun*. Isto nos capacita a

140

entender porque o Messias, no mito cabalístico, se torna um mero símbolo, um penhor da redenção messiânica de todas as coisas do seu exílio. Pois o que traz a Redenção não é um ato do Messias na qualidade de executor do *tikun,* de uma pessoa encarregada da função específica da redenção, mas sim a ação que você comete e eu também. Assim, apesar de todos os reveses, a história da humanidade no seu exílio é vista como um progresso constante rumo ao alvo messiânico. A Redenção não é mais encarada como uma catástrofe em meio à qual a própria história chega ao seu fim, porém como a conseqüência lógica de um processo do qual todos nós participamos. Para Lúria, a vinda do Messias não significa mais do que uma assinatura aposta a um documento que nós mesmos escrevemos; ele meramente confirma a inauguração de uma condição não por ele mesmo produzida.

A Cabala luriânica é, assim, o grande "mito de exílio e redenção". E é precisamente este laço de união com a experiência do povo judeu que lhe deu sua enorme influência sobre as gerações subseqüentes de judeus.

Chegamos ao término desta breve exposição. Vimos como os judeus enquadraram sua experiência histórica dentro de sua cosmogonia. O mito cabalístico teve "sentido" porque brotou de uma relação plenamente consciente com uma realidade que, vivida simbolicamente mesmo em seus horrores, foi capaz de projetar poderosos símbolos da vida judaica como um exemplo extremo de vida humana pura e simples. Não mais conseguimos perceber, melhor seria dizer "viver", os símbolos da Cabala sem um grande esforço, senão nenhum. Enfrentamos os velhos problemas de um novo modo. Mas se os símbolos brotam de uma realidade prenhe de sentimento e iluminada pela luz incolor da intuição, e se, como foi afirmado[10], todo o tempo *realizado* é mítico, então podemos declarar com segurança: que oportunidade maior jamais teve o povo judeu do que no horror do revés, na luta e vitória destes últimos anos, no recolhimento utópico em sua própria história, para realizar plenamente o encontro com seu próprio gênio, sua verdadeira e "perfeita natureza"?

10. Gerardus van der Leeuw, *Eranos-Jahrbuch,* XVII, 1949, pp. 27-8.

4. TRADIÇÃO E CRIAÇÃO NOVA NO RITUAL DOS CABALISTAS

I.

É da própria natureza do misticismo como fenômeno específico dentro dos sistemas históricos da religião que duas tendências conflitantes convirjam nele. Uma vez que o misticismo histórico não paira suspenso no espaço, mas é uma visão mística de uma realidade específica; uma vez que submete a uma interpretação nova, mística, o conteúdo positivo de fenômenos concretos como o judaísmo, o cristianismo, ou o Islã, sem desejar entrar em conflito com a realidade e as tradições vivas destas religiões, os movimentos místicos defrontam-se com uma contradição característica. Por um lado, a nova concepção de Deus, e com bastante freqüência também do mundo, reveste-se da atitude deliberadamente conservadora de homens que estão longe de pretender infringir a tradição, quiçá derrubá-la, mas gostariam, antes, de reforçá-la com o auxílio de sua nova concepção. Todavia, de outro lado, a despeito desta pia atitude face à tradição, o elemento de inovação presente nos impulsos aí operantes reflete-se com bastante freqüência numa transformação audaciosa, senão sacrílega, dos conteúdos religiosos tradicionais. Esta tensão entre tendências conservadoras e inovadoras, ou mesmo revolucionárias, corre através da história inteira do misticismo. Onde ela se torna consciente, tinge com seu colorido o comportamento pessoal dos grandes místicos. Mas, mesmo quando com plena lucidez adotam uma atitude conservadora para com sua tradição, sempre palmilham a trilha íngreme e estreita que bordeja a heresia.

Esta observação de caráter geral aplica-se plenamente ao movimento cabalístico no judaísmo. À exceção das formas messiânicas e heréticas do sabataísmo nos séculos XVII e XVIII, seus sistemas foram concebidos sempre como ideologias conservadoras dentro da estrutura do judaísmo rabínico. No entanto, quase todos estes sistemas são tão revolucionários em suas implicações, que seu caráter conservador foi repetidamente posto em dúvida. Na Cabala, além disso, e talvez também em muitos movimentos análogos de outras religiões, uma tensão adicional aparece dentro das novas forças progressistas. A tendência mística que modifica o aspecto da tradição histórica ao mesmo tempo que se esforça por mantê-la inalterada, que expande os limites da experiência religiosa ao mesmo tempo que tenta consolidá-la, esta tendência é de caráter ambivalente; de um lado, ela se empenha em seguir adiante, enquanto que, do outro, procurando descobrir novas camadas de experiência religiosa, desenterra antiqüíssimos elementos arcaicos. O rejuvenescimento da religião encontra sua expressão repetidamente num retorno a imagens e símbolos antigos, ainda que estes sejam

144

"espiritualizados" e transformados em construções especulativas. Não foram, seguramente, as interpretações espiritualizadas, especulativas, que tiveram ininfluência mais duradoura. Se me é permitido usar uma imagem um tanto audaciosa: o velho Deus que a gnose cabalística opôs ao Deus dos filósofos mostra-se, quando experimentado em toda Sua riqueza viva, um Deus ainda mais antigo e arcaico.

Tratei nos capítulos precedentes do problema do reaparecimento do mito numa religião monoteísta. Meu propósito agora, num modo de falar, é examinar as implicações práticas deste fenômeno central. Pois a verdade é que as concepções cabalísticas que exerceram influência sobre o ritual foram exclusivamente aquelas em que houve contato renovado com uma camada mítica, quer disfarçada em alegorias, quer diretamente comunicada em símbolos. As interpretações especulativas, por mais sublimes, que na Cabala aparecem freqüentemente entrelaçadas com imagens míticas, não produziram ritos novos, e é interessante notar que muitos dentre aqueles cabalistas que envidaram esforços conscientes para excluir imagens míticas de seu pensamento mostraram-se extremamente reservados diante de ritos novos, tais como os que foram gerados com pródiga abundância em Safed. Semelhantes escrúpulos, porém, não impediram que a Cabala alcançasse sua maior popularidade justamente por proporcionar novos ritos, e no que segue tomaremos conhecimento de vários exemplos marcantes desta ligação íntima entre o ritual e o mito dos cabalistas.

Mas estou me precipitando. Antes de podermos entrar no problema específico do ritual entre os cabalistas, faremos bem em considerar de um modo geral a questão do ritual judaico, especialmente em sua forma rabínica clássica. Foi possível, numa religião em geral conhecida como uma forma clássica e radical de ritualismo, desenvolver novos ritos e revestir os velhos de um novo significado? Esta pergunta leva-nos ao problema especial do ritual no judaísmo rabínico, que talvez possa ser formulado da seguinte maneira: temos aqui, de um lado, uma maneira de viver inteiramente

145

baseada no cumprimento de um ritual, uma tendência de absorver a própria vida num fluxo contínuo de ritual, e não apenas de extrair de seu curso atos rituais em momentos especiais, climáticos e decisivos. Mas, de outro lado, neste judaísmo, o cumprimento de ações rituais sagradas apresenta-se amplamente divorciado do substrato que sempre tem sido a mãe do ritual, isto é, dos mitos cuja representação é feita no mimo e no drama do ritual.

Os ritos judaicos desenvolvidos no Talmud continuam revelando ligação íntima com a vida do homem dentro da natureza. O primeiro dos seis tratados da Mischná, a primeira codificação de lei e ritual religiosos judaicos, relaciona-se quase inteiramente com a vida de uma população em grande parte agrária. É uma tentativa de desenvolver e organizar as prescrições da Torá de modo aplicável a uma vida agrária (regulamentações sobre o colher e respigar; sobre as primícias e o ano sabático; sobre a semeadura de plantas pertencentes ao mesmo gênero mas de espécies diferentes, o que é considerado uma mistura indesejável; etc.). Mas na Diáspora, durante a Baixa Idade Média, este contato com a terra foi gradativamente perdido. Os ritos nele baseados tornaram-se obsoletos, porque as respectivas ordenações da Torá eram tidas como "dependentes da Terra", isto é, aplicáveis na Palestina mas sem validade em outra parte. O ritual dos judeus na Diáspora tomou, pois, sua característica forma paradoxal, sendo o ano natural substituído pela história. De uma parte, deparamos com uma hipertrofia do ritual, que passa a invadir tudo, um estado de coisas que encontra sua expressão mais clara numa passagem do Talmud: A *Ecclesia* de Israel fala a Deus: "Senhor do mundo, mais preceitos do que Vós impusestes sobre mim, impus eu mesmo sobre mim, e cumpri-os!" [1] Do outro lado, este mesmo ritual tem suas raízes e seus laços com o mundo natural cortados. Um rito natural é transformado num rito histórico que não reflete mais o ciclo do ano natural, mas o substitui por reminiscências históricas que se convertem na principal

1. Erubin, 21b.

146

base do ano litúrgico. O passado primordial de Israel é recapitulado no ritual das festas, que doravante têm suas raízes emocionais antes na história do que na vida e morte da natureza.

Na Bíblia, as recordações históricas que formam a base das três grandes festas de peregrinação ainda possuem ligação com as colheitas sazonais. Mas vestígios dos mais tênues apenas, desta relação, permanecem vivos para os judeus no exílio. Além disso, a história primordial aí coletada já não se apresentava mais considerada aos celebrantes como uma história mítica, representada numa outra dimensão do tempo, mas como a história real do povo judeu. Assim, este ritual saturado de história não era acompanhado de nenhuma ação mágica. Os ritos da rememoração não produzem *efeito*, não criam laços imediatos entre o judeu e seu ambiente natural, e o que eles "conjuram", sem o menor gesto de conjuração, é a memória, a comunhão das gerações, e a identificação do pio com a experiência das gerações fundadoras que receberam a Revelação. O ritual do judaísmo rabínico não faz acontecer nada e não *transforma* nada. Ainda que não totalmente destituída de sentimento, a recordação carece de paixão da conjuração, e de fato há algo de estranhamente sóbrio e seco em torno dos ritos de rememoração com os quais o judeu traz à mente sua singular identidade histórica. Assim, faltam a este ritualismo por excelência do judaísmo rabínico precisamente os elementos estáticos e orgiásticos que sempre estão presentes em algum lugar nos rituais míticos. A parte mais surpreendente em tudo isso é que um ritual que rejeitou tão consciente e enfaticamente todas as implicações cósmicas tenha sido capaz de impor-se durante gerações com força não diminuída e tenha mesmo continuado a desenvolver-se. Uma penetrante fenomenologia do judaísmo rabínico seria necessária para determinar a natureza das forças de recordação que tornaram tudo isso possível, e para decidir se outros fatores secretos não contribuíram, no fim de contas, para esta vitalidade. Para os nossos propósitos, agora, é suficiente termos descrito a situação. É preciso ter em mente também que todos os

147

ritos dedicados, no judaísmo tradicional, não à re-memoração, à memória histórica, mas à *santificação* do homem perante Deus, encontram-se também complétamente dissociados da solenidade da ação no plano mítico. Eles apelam para algo no homem e propõem-se a reprimir algo que, para um observador histórico, se afigura como coisa muito parecida ao mito. Mas em parte alguma a literatura judaica da Idade Média desnuda o caráter mítico desses ritos — exceto entre os cabalistas.

II.

Em nenhum dos seus sistemas deixaram os cabalistas de dar ênfase à inter-relação de todos os mundos e níveis de existência. Tudo está ligado a tudo o mais, e esta interpenetração de todas as coisas é governada por leis exatas embora imensuráveis. Nada fica sem profundezas infinitas, e de todo lugar esta profundeza infinita pode ser contemplada.

As duas imagens empregadas nas ontologias cabalísticas — a cadeia infinita, com seus elos interligados, e as camadas concêntricas da noz — parecem contradizer uma à outra. Mas para o cabalista não havia contradição entre a realidade do mundo espiritual e suas conexões com o mundo natural, que é o que estas imagens pretendem sugerir — ambos os símbolos são utilizados pelo autor do *Zohar*[2]. Na cadeia da existência, tudo está magicamente contido em tudo o mais. É neste sentido que devemos entender a afirmação freqüentemente feita por cabalistas posteriores (por exemplo, Cordovero), declarando que a ascensão do homem a mundos superiores e às fronteiras do nada não importa em nenhum movimento de sua parte, pois "onde você está, aí estão todos os mundos". Assim, o mundo da divindade, que todos os cabalistas concebem como o mundo dinâmico das *sefirót*, contendo a unidade infinita da existência divina, não só em sua essência oculta mas também no seu desdobramento criativo, não deve ser interpretado como sendo um mundo de pura transcendência.

2. Moisés de Leon, *Sefer ha-Rimon*, MS Museu Britânico, Add. Or. 26.920, Fol. 47b, e *Zohar*, I, 19b.

148

Freqüentemente é isto também, mas os cabalistas estão interessados sobretudo em demonstrar como o mundo das *sefirót* se relaciona com o mundo fora de Deus. Toda existência no reino inferior da natureza, bem como nos mundos superiores dos anjos e das formas puras, do "Trono" de Deus, possui algo dentro de si, como que um índice sefirótico, que o liga a um dos aspectos criadores do ser divino, ou, em outras palavras, com uma *sefirá*, ou uma configuração de *sefirót*. É a transcendência que ilumina a natureza criada e o relacionamento simbólico entre os dois que dá seu sentido ao mundo dos cabalistas. "O que está em cima, está embaixo, e o que está dentro, está fora." Mas a fórmula define apenas um aspecto, um aspecto essencial, é verdade, do mundo cabalístico. O aspecto simbólico deve ser completado com o aspecto mágico, pois no modo de ver cabalístico tudo não só *está dentro* de tudo o mais, mas também *age sobre* tudo o mais. Os dois aspectos da Cabala são essenciais para a atitude desta em face do ritual. Pois é a pergunta — quais são as dimensões da atuação humana, a que profundidade penetra ela, que domínio da existência representa? — que proporcionou à concepção cabalística do ritual seu significado e sua influência sobre a história religiosa dos judeus. Ação sagrada, a observância da lei, mas também de qualquer usança piedosa, é relacionada a um mundo e tem efeito num mundo que reconhecemos como sendo mítico.

Neste contexto eu gostaria de citar algumas passagens dos cabalistas primitivos, que formularam a idéia com a maior clareza. Estas passagens tratam em sua maior parte do sentido dos mandamentos (*mitzvót*) da Torá, entre os quais é preciso incluir o ritual contido ou desenvolvido a partir deles. Isaac, o Cego, um dos cabalistas provençais mais antigos (c. 1200), escreve [3]: "Ainda que Vosso mandamento pareça, a princípio, finito, ele se expande *ad infinitum,* e, embora todas as coisas perecíveis sejam finitas, o homem jamais deve considerar o sentido do Vosso mandamento como sendo finito". Assim, ainda que

3. No seu comentário, ainda não impresso, ao *Livro Ietzirá*, I, 16.

149

o cumprimento de um determinado rito concreto possa parecer um ato finito, abre ele uma visão do infinito, e Azriel de Gerona, um dos discípulos de Isaac, o Cego, tirando as conseqüências lógicas desta concepção, atribuiu aos mandamentos de Deus um elemento de existência divina [4], uma crença que, em grande parte através do *Zohar*, foi adotada pela Cabala toda. A ação de um homem a executar um rito é a corporificação finita de algo que está presente em substancialidade mística no pleroma das *sefirót*. Menahem Recanati, que por volta do século XIII escreveu um trabalho amplamente divulgado acerca da interpretação cabalística dos mandamentos, diz em sua introdução:

À base do mundo inferior entendemos o segredo da lei de acordo com a qual o mundo superior é governado, bem como as coisas que foram chamadas de as dez *sefirót*, cujo "fim está em seu começo, da mesma forma que a chama fica ligada ao carvão" [5] ... e quando essas dez *sefirót* foram tornadas manifestas, algo correspondente a esta forma suprema fez-se visível em cada criatura, assim como está escrito (Jó, 8:9): "Nossos dias sobre a terra são uma sombra" — vale dizer: nossos dias são uma mera sombra da transcendência dos "dias primordiais" — e toda existência criada, o homem terreno e todas as criaturas deste mundo, existe em conformidade com o arquétipo (*dugma*) das dez *sefirót* [6].

Na linguagem dos cabalistas, este mundo dos arquétipos é freqüentemente chamado *merkabá*, a carruagem de Deus, e Recanati prossegue dizendo que cada pormenor no ritual da Torá é ligado com uma parte específica da *merkabá*. Estas "partes", afirma ele, formam um organismo misterioso. "Todo mandamento tem um princípio elevado e um fundamento secreto, que não podem ser derivados de nenhum outro mandamento exceto este específico, que só ele contém estes mistérios; mas, assim como Deus é uno, do mesmo modo todos os mandamentos em conjunto formam *um* poder" — o da vida divina infinita.

4. "Os mandamentos propriamente são *kabod*", isto é, em essência, um componente do pleroma divino; cf. o comentário de Azriel às Agadot do Talmud, ed. Tishby, 1943, p. 39.

5. Citação do primeiro capítulo do *Livro Ietzirá*.

6. Recanati. *Taamé ha-Mitzvót*, Basiléia, 1581, 3a.

150

A Torá sendo a totalidade destes mandamentos é enraizada nesse mundo divino, o pleroma das *sefirót*. "Deus", assim diz Recanati, "não é, portanto, algo transcendendo a Torá, a Torá não está fora de Deus e Ele não está fora da Torá, e é por isso que os sábios da Cabala justificadamente diziam que o Santíssimo, louvado seja Ele, é Ele mesmo a Torá." Estas palavras de Recanati significam que o ritual envolve Deus na atuação humana, que deriva sua dignidade mística desse relacionamento com o mundo dinâmico das *sefirót*. Mas esta dignidade mística, que Recanati atribui ao ritual, é ao mesmo tempo mítica. Pois a ação ritual aqui é ligada ao domínio da ação divina, e o acontecer intradivino — a vida, ricamente diversificada, da unidade divina — alcança sua expressão simbólica no ritual. Aqui, porém, encontramos o segundo aspecto do mundo cabalístico, que eu denominei de mágico. Pois a ação ritual não só *representa*, mas também *traz à tona* esta vida divina manifestada em símbolos concretos. É uma dualidade fundamental que sempre caracterizou a atitude cabalística face ao ritual. Aqueles que levam a cabo a *mitzvá* sempre fazem duas coisas. *Representam* num símbolo concreto sua essência transcendente, por meio da qual ela radica no inefável e dele participa. Mas ao mesmo tempo transmitem a esta essência transcendente (a que os cabalistas posteriores chamam de "raiz superior" da ação ritual) um influxo de energia. Recanati vai ao ponto de dizer que tal influxo de energia, ainda que provocado através de atuação humana, brota do "nada da idéia divina" (isto é, a fonte das *sefirót* superiores dentro do *Nihil* divino). E seria difícil encontrar melhor ilustração da íntima relação entre misticismo e mito no pensamento cabalístico do que as palavras com as quais Recanati conclui sua argüição. Aqueles que cumprem o ritual, declara ele, "emprestam como que estabilidade a uma parte de Deus Mesmo, se for permitido falar desta forma". Os dois restritivos, o "como que" e o "se for permitido falar desta forma", juntos numa só sentença, cujo caráter audaciosamente mítico eles não diminuem, desvendam plenamente o dilema com que se confrontam os cabalistas empenhados em transformar o judaísmo numa religião de mistério. Um número infinito de expressões similares pode ser encontrado no mesmo autor [7] e em muitos outros cabalistas.

Desta forma conseguiu a Cabala em sua função conservadora adotar quase inalterados os ritos do judaísmo medieval, tanto os reconhecidos em princípio como os realmente praticados. O laço com uma camada infinitamente fértil, da qual se nutrem os sentimentos, foi restaurado, ainda que ao preço de um paradoxo teológico. O princípio, repetidamente acentuado no *Zohar*, de que todo "acontecer superior" — um termo com implicações de grande alcance, como vimos — requeria um "estímulo" de um "acontecer inferior" mostra claramente em que extensão o ritual passou mais uma vez a ser considerado uma ação de significado cósmico.

Aqui, a bem dizer, duas linhas diferentes de desenvolvimento podem ser distinguidas. Num caso, os velhos ritos, santificados pela tradição, foram interpretados de acordo com as concepções novas (ou, se se quiser, de longa data); noutro, novos ritos foram elaborados, e estes ritos, brotando, precisamente, do elemento mítico no pensamento cabalístico, emprestou-lhe uma expressão nova, que refletia diretamente o sentimento cabalístico e não requeria reinterpretações ou exegeses.

O ritual existente não foi alterado. Foi adotado mais ou menos intato. Os cabalistas justificaram-no nesta forma como um elo entre o homem e suas origens metafísicas. Destarte, o ritual tradicional foi transformado, por meio de um instrumento místico, que opera numa área cósmica e penetra mundo sobre mundo até atingir as profundezas da Divindade — os

---

7. Há uma formulação muito parecida no comentário à Torá, de Recanati, dizendo: "Tanto em suas partes quanto em sua estrutura, a forma humana é inteiramente modelada segundo a forma do homem divino. Mas já que os membros humanos são formados de acordo com os propósitos da criação (i.é., obedecendo à ordem cósmica), deveriam ser uma réplica e um trono para os membros celestiais, e nestes ele deveria aumentar a força e a emanação do primordial *nihil* (*afisat ha-aiin*); do contrário (em caso de abuso), o resultado será exatamente o oposto ao desejado. E este é o sentido secreto do versículo" (Lev., 24-20): "assim como ele causou um defeito num homem (i.é., na sua forma sublime, primordial), assim será feito nele de novo".

cabalistas encontraram tal instrumento no que foi chamado de *kavaná,* isto é, "intenção", a intenção ou meditação mística que acompanha o ato ritual. O rito em si, afirma uma fonte luriânica, é o corpo, e a *kavaná* mística é a sua alma, "e, se alguém pratica o ato sagrado sem a correta intenção, isto é como um corpo sem alma" [8]. A *kavaná* individualiza o preciso aspecto da Divindade a que cada passo concreto prescrito pelo ritual se aplica, e a soma dos passos que perfazem um determinado rito circunscreve o seu movimento simbólico. Assim, no *medium* da meditação, uma ação exterior é transformada no movimento místico da vontade humana, que se empenha para adaptar-se à vontade divina. Tanto na teoria como na técnica de sua prática, a *kavaná* constituía portanto um instrumento místico, no pleno sentido da palavra, por meio do qual todo ato ritual se convertia num rito-mistério cumprido pelo iniciado. Estes rituais, como por exemplo toda a liturgia das orações, que eram elaboradas com grandes minúcias, incluíam amiúde um conjunto completo de instruções a governar a ascensão da *kavaná,* desde os domínios mais baixos aos mais elevados. Estes complicados rituais nem sempre se restringem à concentração nas várias *sefirót* e suas respectivas obras; em seu aceno, que de alguma forma sugere a jornada da alma para o céu, a *kavaná* deve passar também pelos reinos intermediários existentes entre o mundo sensual e as *sefirót.* Estes domínios "superiores", cujo caráter varia de uma cosmologia cabalística para outra, também são áreas de atuação humana em sua dimensão mítica. Os cabalistas nem sempre distinguiram de maneira muito precisa estas áreas de atuação humana dos domínios "superiores" da Divindade mesma, embora os tratados especializados sobre a *kavaná* mostrem uma percepção nítida dos modos muito diferentes de ser representados em cada um desses mundos e estádios.

Altamente característico, neste contexto, é uma passagem importante do *Zohar* [9], a introdução a uma

8. *Schulchan Aruch do Rabi Isaac Lúria,* 1681, 31d.

9. *Zohar,* II, 215b.

interpretação minuciosa da oração matinal. As quatro fases da prece comunal são aqui descritas como quatro funções sucessivas. Cada uma destas funções é designada como um *tikun*, expressão que em hebraico significa ao mesmo tempo um aperfeiçoamento, um melhoramento e uma correção, como em outros contextos pode significar simplesmente uma instituição ou um arranjo. O que então, de acordo com o *Zohar*, é aperfeiçoado ou reparado nestas quatro fases da oração? Primeiro, o próprio homem, que purifica e aperfeiçoa a si próprio no ato sagrado; segundo, o mundo natural da Criação, que, se fosse dotado de fala, juntar-se-ia aos homens em hinos de louvor; terceiro, o mundo "superior" das ordens angélicas; e quarto, o *tikun* da prece, que não é senão o próprio "Nome Sagrado", o nome de Deus, em que está englobado o mundo sefirótico. Assim, quem reza eleva-se das profundezas às alturas do mundo da Divindade e, em cada um dos mundos, realiza algo através de suas palavras de louvor e veneração. Ele não só reconhece a grandeza da Criação e do Criador; também traz ordem à Criação, e realiza algo que é necessário para sua perfeita unidade e que sem este ato permaneceria latente.

A unidade entre o em cima e o embaixo, cuja consecução o *Zohar* sempre de novo estabelece como sendo o propósito do ritual, deve conseqüentemente ser entendida sob vários aspectos. A criação de unidade é uma ação mística dentro das profundezas da Divindade porque, como explicamos mais acima, ela estimula a força criadora; mas ao mesmo tempo é uma ação mítica em todos os sentidos, porque une céu e terra, as alturas e as profundezas do cosmo. E, finalmente, o ritual não só cria unidade como também, e isto cada vez mais, à medida que a história da Cabala avança, restitui unidade, já que a unidade original, como o explicam especialmente o *Zohar* e a Cabala primitiva, não foi só abalada pelo homem mas de fato destruída. De acordo com a Cabala de Lúria, é verdade, a brecha não se originou com o homem, mas era inerente à estrutura da existência divina (e, portanto, num grau imensuravelmente maior, à estrutura dos seres criados); mas isto teve pouco efeito sobre o aspecto do ritual que ora nos preocupa. O essencial é que, desta perspectiva, o ritual sempre tem uma implicação escatológica. Pois um *tikun,* que é considerado uma restauração de unidade a partir da multiplicidade, está necessariamente relacionado de alguma forma com a redenção. A Cabala de Safed exprimiu com incomparável força esta tensão escatológica na vida dos judeus.

Mas, mesmo se não levarmos em conta a escatologia, podemos afirmar que, na mente dos primeiros cabalistas, a função primária do ritual era estabebelecer uma conexão entre o homem como microcosmo e o grande mundo, ou "Grande Homem", vale dizer, *Adam Kadmon.* Indubitavelmente, a idéia do microcosmo, sobretudo em suas implicações com a conduta humana, desempenhou um papel enorme nas concepções dos cabalistas. Muito antes da Cabala, exploravam os talmudistas a idéia de uma correspondência entre os mandamentos da Torá e a estrutura humana. No Talmud, os 248 mandamentos positivos correspondem aos 248 membros do corpo humano, e as 365 proibições correspondem aos 365 dias do ano (ou aos 365 vasos sangüíneos do corpo humano). Assim, cada membro do corpo humano foi feito para cumprir um dos mandamentos, e cada dia do ano, para santificar o homem através de sua auto-restrição ao reino do permissível. Os cabalistas assenhorearam- -se desta concepção e desenvolveram-na. Os Dez Mandamentos tornaram-se para eles as raízes de uma estrutura mística expressa nos 613 preceitos da Torá; mas esta estrutura é idêntica à da figura mística formada pelas dez *sefirót* no corpo do *Adam Kadmon.* Assim, as ações humanas restauram a estrutura de *Adam Kadmon,* que é ao mesmo tempo a estrutura mística de Deus tal como Ele Se revela a Si mesmo. Assim como a idéia do microcosmo significou que o homem atua sobre o mundo com magia direta porque o mundo se acha inteiramente contido e refletido no homem, da mesma forma a concepção cabalística implica a idéia de um nexo mágico que, por mais sublimado e espiritualizado, é efetivado magicamente pelo ritual. Os antigos gnósticos judeus do segundo ou terceiro século haviam falado, para horror dos fi-

155

lósofos medievais, de um "corpo da Divindade" (*schiur komá*), cujas partes, chegavam eles a pretender, eram até capazes de medir [10]. Os cabalistas adotaram esta concepção e identificaram-na com o *Adam Kadmon*. Os livros cabalísticos de ritual repetidamente acentuaram a conexão entre os mandamentos e este corpo da Divindade [11].

Por fim, gostaria de mencionar mais outra perspectiva que é da máxima importância para a atitude cabalística face ao ritual. Em aditamento ao seu aspecto positivo, o *tikun*, a restauração da boa ordem, a verdadeira unidade das coisas, possui um aspecto negativo correspondente, que na Cabala luriânica é chamado *berur*. *Berur* (literalmente "seleção") é a eliminação dos fatores negativos que perturbam a justa ordem, isto é, a eliminação das forças do demoníaco e satânico, do "outro lado" (*sitra ahra*) como os cabalistas o expressavam. Particularmente a teoria luriânica do ritual implica que a Torá vise a uma progressiva repressão e eliminação do "outro lado", que se acha presentemente misturado com todas as coisas, ameaçando-as de destruí-las por dentro. Esta eliminação é o propósito de muitos ritos, e é interessante notar que possuímos, da autoria de Iossef Karo de Safed, a maior autoridade rabínica do século XVI, não só o que foi por muito tempo a codificação mais autorizada da legislação religiosa judaica, como ainda um diário cabalístico visionário, no qual o espírito personificado da *Mischná*, falando de dentro do autor, faz revelações a respeito dos segredos da Torá [12]. E uma dessas revelações é que o propósito de todas as ordenações e ritos da Torá visa a eliminar as "cascas" que se mesclam ao sagrado [13]. E tudo isto pela boca do autor do *Schulchan Aruch*.

O outro lado, evidentemente, não pode ser inteiramente derrotado, salvo numa perspectiva escato-

10. Sobre estas concepções, cf. meu *Major Trends*, pp. 63-7, e *Jewish Gnosticism*, pp. 36-42.

11. Existem livros especializados que desenvolvem os mandamentos da Torá como membros do *schiur komá*.

12. R. Zwi Werblowsky, *Joseph Karo, Lawyer and Mystic*, Oxford, 1962.

13. Iossef Karo, *Maguid Mescharim*, Vilna, 1879, 34d, obra em que o ritual bode expiatório, observado no Dia da Expiação, é interpretado detalhadamente como uma progressiva separação entre os dois lados, entre o "sagrado" e o "impuro".

lógica, e no mundo, tal como é, uma tal derrota total nem seria desejável. Isto explica por que uma obra tão antiga como o *Zohar,* ao interpretar alguns dos ritos mais obscuros da Torá, declara que o "outro lado" tem um lugar legítimo nesses ritos, os quais servem para manter o "outro lado" dentro dos seus devidos limites, mas não para destruí-lo, pois isto só será possível na Era Messiânica. É neste sentido que o *Zohar* interpreta o ritual do bode expiatório que no Dia da Expiação é enviado ao deserto (Lev., 16), bem como o sacrifício expiatório de um cabrito por ocasião da lua nova (Núm., 28:15), a oferenda de uma ave pelo leproso (Lev., 14) e os ritos concernentes à novilha vermelha (Núm., 19), bem como certos ritos introduzidos apenas pelo judaísmo rabínico posterior. Obviamente, a luta entre Deus e as forças demoníacas, que Ele mesmo desencadeou, abre caminho a concepções radicalmente míticas sobre o ritual. A considerável voga desfrutada, especialmente na década de trinta, neste século, pelo livro de Oskar Goldberg, *Die Wirklichkeit der Hebräer, Einleitung in das System des Pentateuch* ("A Realidade dos Hebreus, uma Introdução ao Sistema do Pentateuco") [14], mostra que fascínio ainda (ou mais uma vez) exercem as interpretações do ritual, retratando concepções cabalísticas e deliciando-se, acima de tudo, com os seus aspectos demoníacos. Embora Goldberg, cujas noções de *Cabalá* são ingênuas e um tanto grotescas, ataque-a consistentemente ao desenvolver suas próprias idéias a respeito da Torá e de seu ritual, e embora substitua a velha terminologia cabalística por um jargão biológico-político, a verdade é que aquilo que ele apresenta como sendo o sentido literal exato dos capítulos da Torá, com os quais se ocupa, é na realidade uma interpretação essencialmente cabalística.

III.

A atitude da Cabala para com o ritual é governada por certas concepções fundamentais que se repetem em inúmeras variações. Em sua função repre-

---

14. Berlim, 1925. Erich Unger, *in Wirklichkeit, Mythos, Erkenntnis,* Munique, 1930, tentou uma justificação filosófica das metafísicas cabalísticas de Goldberg.

sentativa e excitadora espera-se do ritual, antes de mais nada, que consiga o seguinte:

1. Harmonia entre os poderes rígidos do juízo e os poderes fluidos da misericórdia.
2. As bodas sagradas, ou *conjunctio,* do masculino e feminino.
3. Redenção da *Schehiná* do seu enleio com o "outro lado".
4. Defesa contra as forças do "outro lado", ou domínio sobre elas.

Sempre de novo encontramos estes conceitos enfatizando diferentes elementos na doutrina das *sefirót,* ora separada, ora combinadamente. O soar do *Schofar* no Ano Novo, por exemplo, é explicitamente associado ao primeiro e ao quarto dos propósitos acima. Os rituais das grandes festas, e particularmente do Sábado, dizem respeito às bodas sagradas. Um só ritual amiúde representa o mundo sefirótico inteiro em todos seus aspectos. Mas esta interpretação dos ritos, não só como símbolos de mistérios, mas também como veículos das potências divinas, envolve um perigo presente em todo corpo de misticismo a empregar formas tradicionais. A abundância de formas rituais ameaça sufocar o espírito, por mais que o espírito tente utilizá-las para os seus propósitos e transfigurá-las com a sua contemplação. Esta contradição é inseparável do desenvolvimento de todos esses rituais místicos, como os adversários do misticismo raramente deixaram de apontar.

Até onde os cabalistas foram, já no século XIII, para transformar em ritual sagrado todas as ações e expressões humanas, evidencia-se por dois exemplos que representam pólos opostos. Obviamente, o *Schema Israel,* a formulação contida no Deuteronômio, 6:4, que desempenha um papel central na maioria das liturgias e que no judaísmo rabínico serve para expressar a quintessência da fé monoteísta, exerceu uma fascinação especial sobre os cabalistas. "Ouve, ó Israel, o Senhor, nosso Deus, o Senhor é um" — sem dúvida, mas de que gênero é esta unidade? Uma unidade distanciada de qualquer conhecimento humano ou uma unidade que se revela na movimentação viva da emanação divina? Desde o começo, envidaram os cabalistas todos os esforços para provar que esta formulação, tão sobejamente importante na liturgia, não se refere a outra coisa senão ao processo no qual as dez *sefirót* são manifestadas como a unidade viva e efetiva de Deus. Isto eles tentaram demonstrar por especulações acerca das três palavras *IHWH, Elohenu, IHWH*, e acerca das letras de *ehad*, a palavra hebraica para "um". Conforme os manuais mesmo das escolas mais antigas da Cabala, a meditação mística, que procura penetrar as palavras de acordo com seu sentido cabalístico, percorre o mundo inteiro das *sefirót*, "de baixo para cima e de cima para baixo"[15]. Nenhum aspecto isolado deste mundo, por importante que seja, mas o mundo inteiro diz-se aí estar concentrado nesta fórmula. Três séculos mais tarde, o pensamento cabalístico havia aumentado tanto em complexidade que o profeta sabataísta Heschel Tzoref (1633-1700), um ourives de Vilna, conseguiu dedicar mais de 3.000 páginas aos mistérios teosóficos e escatológicos deste único versículo.

Temos aqui uma visão mística de uma fórmula sagrada, que até hoje conservou seu caráter sagrado para todos os judeus religiosos. Um assunto inteiramente diferente é a transformação de atos essencialmente profanos em atos rituais. Talvez o comer e o ter relações sexuais possam ser considerados como atos que apenas bordejam essa categoria, pois no pensamento mítico, senão no judaísmo rabínico, eles estão intimamente ligados à esfera do sagrado. Assim, mal nos surpreenderá a importância que a Cabala luriânica e, em sua esteira, o hassidismo (que, neste sentido, esteve longe de ser tão original quanto às vezes se pretende) atribuíam ao caráter sacro dessas atividades (particularmente a do comer). Um exemplo altamente característico, parece-me, é a seguinte observação a respeito do patriarca Enoque, também citada por Martin Buber[16], ainda que se possa sa-

15. Isaac, o Cego, citado por Meir ibn Sahula, *in Beur*, ao comentário à Torá de Nachmânides, Varsóvia, 1875, 32d; *Zohar*, I, 233a, e II, 216b.

16. Cf. Martin Buber, *The Origin and Meaning of Hassidism*, Nova York, 1960, p. 126. Estranhamente, Buber tira deste relato uma conclusão diametralmente oposta à das fontes onde ele é citado

lientar que o relato não se originou no hassidismo polonês do século XVIII mas em meio ao hassidismo alemão do século XIII [17]. O patriarca Enoque, que conforme uma velha tradição foi arrebatado da terra, por Deus, e transformado no anjo Metatron, foi supostamente sapateiro de profissão. A cada ponto de sua sovela, não só unia o couro à sola, mas todas as coisas superiores às inferiores. Em outras palavras, acompanhava seu trabalho a cada passo com meditações que atraíam o fluido de emanação do superior para o inferior (transformando, assim, uma ação profana numa ação ritual), até que ele mesmo foi transfigurado, do Enoque terrestre no Metraton transcendente, que fora o objeto de suas meditações. Esta tendência para a transformação sacra do puramente profano forma o pólo oposto nas concepções cabalísticas da ação humana como ação cósmica. É interessante notaı que uma lenda muito similar encontra-se num texto tântrico tibetano, os "Contos dos Oitenta e Quatro Mágicos" [18]. Nestes contos, um outro mítico Jacob Boehme, o *guru* Camara (o que significa sapateiro), recebe instruções de um iogue a respeito da couro, da sovela, da linha e do sapato considerado um "fruto criado por si". Por doze anos ele medita dia e noite sobre sua profissão, até atingir a iluminação perfeita, quando é levado ao alto.

Em conformidade com os princípios gerais aqui expostos, empenharam-se os cabalistas, desde o início, em *ancorar o ritual do judaísmo rabínico no mito, por meio de práticas místicas*. As primeiras tentativas concentravam-se principalmente na liturgia e em tudo o que lhe dissesse respeito. Os ritos extáticos, com os quais os antigos místicos judaicos da *merkabá*, do período talmúdico, efetuavam a ascensão da alma até Deus, foram substituídos, através da *kavaná*, pelo ritual da oração, o que logo veio revelar perigos e abismos insuspeitos para o adorador ingênuo. No

---

17. A fonte utilizada no que segue é comprovadamente a mais antiga. Foi transmitida ao cabalista Isaac de Aco (1300) por seu mestre Iudá ha-Darschan Aschquenazi (*Meirat Enayim*, MS Leiden, Warner 93, Fol. 158a). Moisés Cordovero tomou-a de Isaac de Aco (sem indicar a proveniência) e deu-lhe ampla divulgação.

18. Traduzidos por A. Gruenwedel, *in Bässler-Archiv*, V, 1916, p. 159.

exercício luriânico de *kavaná,* a conclusão da prece matinal, momento em que originalmente o devoto se atirava ao chão, envolvia um perigo mortal. Pois uma vez que o devoto tenha subido às supremas alturas e saiba que está cingido pelo nome divino, que acabou de "unificar", espera-se que ele se lance no abismo do "outro lado" a fim de buscar, qual um mergulhador, centelhas do sacro, ali exiladas. "Mas só um *tzadik* perfeito é capaz de realizar esta meditação, porquanto tão-somente ele é digno de descer e fazer uma seleção entre as *klipót,* os reinos do 'outro lado', ainda que contra a vontade delas. Se alguém mais encaminha a sua alma para baixo, em meio às *klipót,* pode acontecer que não consiga elevar as outras almas caídas, ou mesmo salvar a sua própria alma, que permanecerá retida nesses domínios [19]."

Os ritos das festas e do Sábado também foram submetidos a uma transformação similar. Os cabalistas primitivos eram especialmente dados à especulação acerca dos assim chamados *hukim,* ritos obscuros mencionados na Torá. Sem dúvida, estes ritos, para os quais não podemos encontrar explicação racional, tiveram uma origem mítica, e foi à esfera mítica que os cabalistas tornaram a relacioná-los. Eles não se sentiam menos atraídos, também, pelos preceitos aplicáveis somente à Palestina, os quais, por esta razão, não mais podiam ser praticados de maneira concreta (p. ex., os referentes a certas oferendas durante o ano do jubileu). O culto sacrificial, a bem dizer, era considerado expressamente como um rito físico, concreto, que, projetado exteriormente, representa exatamente o mesmo que a prece no *medium* da palavra pura. De acordo com esta doutrina, a oração não é outra coisa senão um sacrifício no qual um homem faz a oferenda de si mesmo [20].

As tentativas — como as que encontramos no *Zohar* e em várias outras obras do século XIV —

19. H. Vital, *Schaar ha-Kavanot,* Jerusalém, 1873, 47a. Esta prática radical foi desenvolvida a partir de uma passagem no *Zohar* (III, 120b), onde se afirma que, nesse momento de supremo êxtase, o *Tzadik* "rende-se à Árvore da Morte", e deve estar preparado para morrer.

20. Cf. meu artigo "Der Begriff der Kawaana in der alten Kabbalah", *Monatschrift fuer Geschichte und Wissenschaft des Judentums,* LXXVIII, 1934, pp. 517-18.

para provar que o ritual inteiro do judaísmo foi originalmente de natureza cabalística tiveram durante longo tempo influência apenas limitada. A situação mudou no decorrer do século XVI, quando a Cabala de Safed encetou a marcha triunfal destinada a convertê-la numa forma dominante no judaísmo. Argüi suas principais idéias no capítulo anterior. As conseqüências tiradas dessas idéias foram eminentemente práticas. A nova Cabala, messianista, empenhou-se em atingir as massas populares. Mas nisso ela foi auxiliada menos pelas obscuras explicações gnósticas dos velhos ritos, que eram observados pelo povo, independentemente de como as interpretava, do que pela propagação de novos ritos que encontravam compreensão imediata, porquanto expressavam aqueles aspectos míticos da Cabala que maior atração exerciam sobre a mente popular. Os cabalistas de Safed tomaram algumas de suas idéias do *Zohar*, e certos ritos, com os quais seu autor apenas havia sonhado e projetado para trás, num passado remoto e arcaico, começaram a ser observados por milhares de pessoas. Muitos desses novos ritos recomendados pelo *Zohar*, que os atribuiu a Simão ben Iohai e o círculo dele, foram praticados pela primeira vez em Safed. Associações piedosas eram fundadas para propagar semelhantes ritos, primeiro na Palestina e depois na Itália e Polônia; seus membros muitas vezes se concentravam em um único rito, executando-o com a máxima exatidão e perseverança.

Sob a influência principalmente da Cabala luriânica, vieram à luz obras em que se combinavam o velho e o novo ideal. O *Schulchan Aruch* de Iossef Karo, uma codificação do ritual rabínico com poucas referências às idéias cabalísticas, foi seguido no século XVII pelo *Schulchan Aruch de Isaac Lúria* [21] e por muitas obras semelhantes, altamente informativas para o estudioso do ritual. Não sem lógica, à *Árvore da Vida*, em que Haim Vital expusera o mito luriânico, seguiram-se os *Frutos da Árvore da Vida*, em que o mesmo mito era aplicado ao ritual cabalís-

---

21. Edição revisada de uma seleção feita por Jacob Zemach, de Damasco, em 1637, dos trechos da obra de Haim Vital que tratam do ritual.

tico. Mas o relato mais significativo da vida de um piedoso praticante do ritual cabalístico aparece no volumoso *Hemdát Iamim,* "O Ornamento dos Dias", uma das obras mais extraordinárias e controvertidas de toda a literatura cabalística[22]. O velho aqui se mistura ao novo, e as inconfundíveis simpatias do autor anônimo pelas aspirações messiânicas de Sabatai Tzvi são amalgamadas ao ascetismo místico da escola luriânica com o qual formam um todo orgânico. Não surpreende, pois, que esta exposição do ritual cabalístico, magnífica e em parte até deliciosamente escrita, tivesse causado profunda impressão entre os judeus do Oriente, em cujo meio foi redigida, e que sua influência haja sobrevivido até o começo de nosso século. O que o *Hemdát Iamim* significou para a *vida* dos judeus de conformidade com a Cabala, um outro livro da Cabala luriânica procurou descrever com respeito à *morte.* Refiro-me ao *Maabar Iabok,* "O Cruzamento do Rio Iabok" (isto é, a passagem da vida para a morte), da autoria do cabalista italiano Aaron Berakhia Modena (c. 1620). Uma comparação entre duas obras como estas e os relatos sobre vida e morte dos judeus, escritos antes do aparecimento da Cabala, demonstram quão efetiva e duradouramente o novo movimento modificara a face do judaísmo em todos os seus aspectos, tanto teóricos como práticos.

IV.

Muitos entre os ritos cabalísticos eram, nem é preciso dizer, de caráter estritamente esotérico, podendo ser cumpridos tão-somente por grupos de iniciados. Alguns eram bem antigos, remontando aos místicos que foram os precursores dos cabalistas do século XIII. Encontramos na literatura mais antiga descrições de ritos que apresentam o caráter de iniciações especiais. Largamente teúrgicos em sua natureza, não eram eles acompanhados, como o eram os ritos cabalísticos que a seguir passaremos a discutir, de manifestação passível de atrair o público leigo ou por ele ser entendida.

22. Este livro, impresso seis vezes entre 1731 e 1763, foi escrito em Jerusalém, em fins do século XVII, ou, como sugerem recentes investigações feitas por Tishby, em princípios do século XVIII.

163

Um rito de iniciação, no seu sentido mais estrito, trata da transmissão do nome de Deus, do mestre para o discípulo. Uma tradição oral muito mais antiga, concernente à proferição de tais nomes, continuava evidentemente viva ainda na Alemanha e França do século XII. Eleazar de Worms (c. 1200) descreve esta iniciação da seguinte maneira [23]:

O nome é transmitido só aos reservados — esta palavra também pode ser traduzida por "iniciados" — que não são propensos à ira, que são humildes e tementes a Deus, e observam os mandamentos do seu Criador. E é transmitido somente em cima de água. Antes que o mestre o ensine ao seu discípulo, devem ambos mergulhar e banhar-se em quarenta medidas de água corrente, depois vestir-se de branco e jejuar no dia da instrução. Então ambos devem ficar de pé, até os tornozelos dentro da água, e devem recitar uma prece que termine com as palavras: "A voz de Deus está sobre as águas! Louvado sejas Tu, ó Senhor, que revelaste os Teus segredos aos que Te temem, Ele que conhece os mistérios". Depois ambos devem voltar os olhos em direção à água e recitar versículos dos Salmos, louvando a Deus sobre as águas.

Desta vez o mestre evidentemente transmite aquele dentre os nomes secretos de Deus que ao adepto é permitido ouvir, após o que eles retornam juntos à sinagoga ou à escola, onde recitam uma oração de graças por sobre um vasilhame cheio de água.

Um ritual teúrgico que chegou até nós, da mesma escola, fornece instruções para "envergar o Nome" — um procedimento puramente mágico. Possuímos numerosos manuscritos de um "Livro do Envergamento e do Feitio do Manto da Retidão" [24], nos quais a antiga concepção judaica de que nomes podem ser "envergados" [25] é tomada muito concretamente [26]. Se-

23. O texto não foi impresso. Utilizei o MS Warner 24, Leiden, no qual aparece, a título de introdução ao *Sefer ha-Schen* (Fol. 237) de Eleazar, Bahia ben Ascher parece a ele se referir quando, em 1291, em seu comentário à Torá (ed. Veneza, 1544, 417c) diz a respeito do Levítico. 16:30: "É uma tradição dos místicos transmitir o nome de Deus somente sobre a água".

24. *Sefer ha-Malbusch ve-Tikun meil ha-Tzedaká*, p. ex., MS Museu Britânico, Margoliouth, 752, Fol. 92-3.

25. Cf a obra apócrifa *Odes de Salomão*, 39:7, que mostra as práticas judaicas de Paulo (em Rom., 13:14, e Gal., 3:27); cf. também G. Quispel, *Gnosis als Weltreligion*, Zurique, 1951, pp. 55-6.

26. Um paralelo ao rito batismal de certas seitas gnósticas, onde o batizado se "cinge" do nome místico de Jesus; cf. Quispel, *in Eranos-Jahrbuch*, XXI, 1952, p. 126.

leciona-se um pedaço de pergaminho de pura pele de veado. Faz-se dele um manto sem mangas, cortado à moda do *efod* do sumo sacerdote, cobrindo os ombros e o peito até o umbigo e caindo pelos lados até os quadris, bem como um chapéu ligado ao manto. Inscreve-se, a seguir, os nomes secretos de Deus sobre este traje mágico. Depois o adepto deve jejuar por sete dias, não tocar em nada que seja impuro, não comer nada de origem animal, nem ovos nem peixe, mas só ervilhas, feijão e similares. Ao final dos sete dias, deve dirigir-se para onde houver água, de noite, e exclamar o Nome — evidentemente o nome escrito sobre o traje — sobre as águas. Se perceber uma forma esverdeada no ar em cima da água, este será um sinal de que ainda há algo impuro dentro do adepto e os mesmos preparativos devem ser repetidos por outros sete dias, acompanhados de esmolas e atos de caridade. "E reze para seu Criador a fim de não ser envergonhado de novo. E se puder ver a forma sobre a água em vermelho brilhante, então saiba que está intimamente puro e apto a envergar o Nome. Então entre na água até a cintura e envergue o venerável e terrível Nome dentro da água." Este ritual supostamente reveste o adepto de força irresistível. Ele é aconselhado, ao "envergar o Nome", a invocar os anjos a ele associados. Estes aparecem diante dele, mas tudo o que consegue ver é uma névoa fugaz de fumaça. O significado mágico da água como sendo o único meio apropriado para uma tal iniciação — uma concepção amplamente difundida entre não-judeus, p. ex., o batismo — não consta da literatura talmúdica ou de quaisquer outras tradições judaicas [27]. Duvido que esta iniciação dentro da água tenha sido praticada depois do século XIV.

Parece-me que as instruções mais antigas para a feitura de um *golem* devem ser consideradas um ritual teúrgico, no qual o adepto se torna cônscio de possuir uma certa força criadora. Instruções desta ordem aparecem nos escritos do mesmo cabalista a cuja autoria devemos a preservação dos ritos acima mencionados. O problema do *golem* é extremamente com-

---

27. Cf. M. Ninck, *Die Bedeutung des Wassers im Kult und Leben der Alten*, 1921.

plicado e tratei-o separadamente no Cap. 5. No presente contexto, gostaria apenas de mencionar que estas especificações para a produção de um *golem* não são tanto um elemento lendário quanto uma descrição de um ritual exato, cujo propósito é o de induzir uma *visão* bem definida, isto é, uma visão da animação criadora do *golem*. Foi a partir deste rito, descrito em fontes autênticas, que a fantasia popular desenvolveu a respectiva lenda.

Voltemos agora nossa atenção para aqueles ritos cabalísticos desenvolvidos à base de concepções mais antigas, observados durante séculos por largas porções do povo judeu e, em alguns casos, praticados ainda hoje em dia. Talvez fosse melhor começar com alguns ritos baseados nas bodas secretas, uma idéia que exerce um papel central no *Zohar* e entre todos os cabalistas subseqüentes. O que ocorria neste *hieros gamos* (*zivugá kadischá*, na definição do *Zohar*) era antes de mais nada a união entre as duas *sefirót, ti-feret* e *malkhut,* os aspectos masculino e feminino de Deus, o rei e sua consorte, que não é outra coisa senão a *Schehiná* e a mística *Ecclesia* de Israel. A ampla gama de significados contidos no símbolo da *Schehiná* permitiu que as massas populares identificassem estas bodas sagradas com as bodas entre Deus e Israel, o que, para os cabalistas, representavam meramente o aspecto externo de um processo que se desenrola dentro da interioridade secreta de Deus mesmo.

Neste sentido, nenhum feriado poderia ser interpretado mais apropriadamente como uma festa de casamento sagrado do que a Festa das Semanas, ao décimo-quinto dia depois da Páscoa judaica. Este feriado, comemorando a Revelação do Monte Sinai, que de acordo com a Torá teve lugar cinqüenta dias após o êxodo do Egito, é a celebração da Aliança entre Deus e Israel. Da aliança às bodas foi apenas um curto passo para os cabalistas. O *Zohar* conta [28] que Simão ben Iohai e seus associados atribuíam um significado místico especial à véspera deste feriado. Pois,

28. *Zohar*, I, 8a, e III, 98a. Existe um paralelo a estas passagens nas obras em hebraico, de Moisés de Leon; cf. *Sod Hag Schavuot*, MS Schocken, Kabb., 14, Fol. 87a.

166

nessa noite da véspera, a noiva apronta-se para as núpcias com o noivo, e julgava-se apropriado que todos os "que pertencem ao palácio da noiva" (i.é., os místicos e os estudiosos da Torá) lhe fizessem companhia e participassem, por meio de um ritual festivo, dos preparativos para o seu casamento. E são os místicos que vestem a *Schehiná* com seus adornos apropriados e com os quais, na manhã seguinte, ela tomará seu lugar debaixo do dossel nupcial. Os ornamentos nupciais completos, conforme os talmudistas haviam deduzido de Isaías, 3, consistiam em vinte e quatro itens. Mas, de acordo com o *Zohar,* estes vinte e quatro itens são os vinte e quatro livros da Bíblia. Conseqüentemente, quem quer que nesta noite recite seleções de todos os vinte e quatro livros, acrescentando interpretações místicas de seus segredos, adorna a noiva de modo devido e regozija-se com ela durante a noite toda. É nesta noite que o adepto se torna "padrinho da *Schehiná",* e quando, na manhã seguinte, o noivo indaga a respeito dos que enfeitaram tão esplendidamente a noiva, ela aponta para o adepto e chama-o à sua presença.

Em começos do século XVI, tomou forma um ritual fixo baseado nesta passagem do *Zohar.* A noite inteira antes das bodas místicas era passada em vigília, canções eram entoadas, e uma seleção especial de todos os livros da Bíblia era recitada, bem como de todos os tratados da *Mischná* e de partes do *Zohar* referentes ao feriado da Festa das Semanas. Este rito se tornou extremamente popular, sendo amplamente observado até hoje. De fato, a idéia do casamento foi levada a ponto de, na manhã seguinte, ao ser levantada a Torá, na Sinagoga, e antes da leitura dos Dez Mandamentos, certos cabalistas adotarem o costume de recitar um contrato formal contendo as cláusulas de casamento entre o "Deus, o Noivo" e a "Virgem, Israel" [29]. Israel Najara, o poeta do círculo de Safed, redigiu um contrato de matrimônio poético, provavelmente o primeiro do gênero — uma lírica paráfrase mística da certidão de casamento exigida

---

29. Presenciei leituras semelhantes nos últimos anos, em sinagogas sefarditas de Jerusalém.

167

pela lei judaica [30]. Este e outros "documentos" similares, proclamando a consumação das bodas sagradas, alcançaram grande popularidade. Temos aqui uma mistura de alegoria e simbolismo dos mais puros, pois, enquanto que o relato do casamento entre Israel e Deus, no dia da Revelação, é, no fim das contas, apenas uma alegoria, embora profundamente significativa, a idéia do casamento da *Schehiná* com seu Senhor é um símbolo a exprimir algo que transcende todas as imagens.

Mas é o ritual do Sábado, e especialmente da véspera do Sábado, que sofreu a transformação mais notável em conexão com a idéia das bodas sagradas. Certamente não seria exagero chamar o Sábado *o* dia da Cabala. No Sábado, a luz do mundo superior irrompe dentro do mundo profano em que o homem vive durante os seis dias da semana. A luz do Sábado dura a semana toda, ficando gradativamente mais fraca, até ser revezada no meio da semana pela luz ascendente do Sábado seguinte. É o dia no qual um *pneuma* especial, a "alma do Sábado", entra no crente, capacitando-o a participar devidamente deste dia, que desfruta mais do que qualquer outro dos segredos do mundo pneumático. Citavam os talmudistas três passagens diferentes do Talmud, que foram reunidas e apresentadas a uma luz nova através desta concepção do Sábado como um casamento secreto. A primeira delas conta-nos que, à véspera do Sábado, certos rabis costumavam enrolar-se em seus mantos e clamar em voz alta: "Vinde, caminhemos de encontro à noiva Schabat". Outros clamavam: "Vinde, ó Noiva, Vinde, ó Noiva". A segunda passagem relata que na noite de sexta-feira, Rabi Simão ben Iohai e seu filho viram um ancião correr apressadamente no escuro, carregando dois fardos de mirto. Perguntaram-lhe o que estava fazendo com aqueles fardos. Ele respondeu: "Honrarei o Sábado com eles" [31]. A terceira passagem conta que alguns eruditos da Torá costumavam ter relações maritais justamente na noite de sexta-feira para sábado (Ketubót, 62b). Estes relatos divergentes são interpretados, nos livros cabalísticos de

30. Najara, *Zemirot Israel*, Veneza, 1599, 114a ss.
31. Cf. Moritz Zobel, *Der Sabbath*, Berlim, 1936, p. 59, 64.

ritual, como indícios de que o Sábado é realmente uma festa de casamento. A união mundana entre homem e mulher, a que se refere a terceira passagem, foi tomada como referência simbólica às bodas celestiais [32]. Estes temas foram combinados com o simbolismo místico identificando Noiva, Sábado e *Schehiná*. Ainda uma outra noção mística, que desempenhou um papel no ritual do Sábado, foi a do "campo de macieiras sagradas" [33], como a *Schehiná* freqüentemente é chamada no *Zohar*. Nesta metáfora, o "campo" corresponde ao princípio feminino do cosmo, ao mesmo tempo que a macieira define a *Schehiná* como a expressão de todas as outras *sefirót*, ou pomares sagrados, que afluem para dentro dela e exercem sua influência através dela. Durante a noite que precede o Sábado, o Rei reúne-se à Noiva-Schabat; o campo sagrado é fertilizado, e a união sacra produz as almas dos justos.

À base destes conceitos, minuciosamente expostos no *Zohar*, os cabalistas de Safed, a partir do século XVI, elaboraram um ritual solene e altamente impressionante que não é mencionado nas fontes anteriores. Seu tema dominante são as bodas místicas. Uma estranha atmosfera crepuscular proporcionava a possibilidade de uma identificação quase total da *Schehiná*, não só com a Rainha do Sábado, mas igualmente com toda dona-de-casa judaica a comemorar o Sábado. Foi o que deu a este rito sua enorme popularidade. Até os dias de hoje, o ritual do Sábado é permeado de lembranças do velho ritual cabalístico, e algumas das suas feições foram preservadas intatas.

Tentarei descrever este ritual em sua forma original e significativa [34]. Durante a tarde de sexta-feira,

32. Este simbolismo contradiz o pensamento de Simão ben Iohai, no Midrasch primitivo, onde ele chamou o Sábado e a comunidade de Israel de noivo e noiva, e interpretou a santificação do Sábado nos Dez Mandamentos como um casamento consumado através da "santificação" da Noiva-Schabat.

33. Baseado na expressão talmúdica (Taanit, 29a) — "qual um pomar de macieiras" —, que no Talmud, no entanto, caracteriza apenas um aroma especialmente agradável.

34. Utilizarei, a seguir, principalmente as descrições do ritual dadas no *Shulchan Aruch de Isaac Lúria*, e no *Hemdat Iamim*. Vol. I. Não há lugar, aqui, para análises da evolução das várias partes do ritual, análises que lamentavelmente faltam na literatura judaica.

algum tempo antes do início do Sábado, os cabalistas de Safed e de Jerusalém, costumeiramente vestidos de branco — de modo algum de preto ou de vermelho, o que teria evocado os poderes do julgamento rigoroso e da limitação —, saíam da cidade, dirigindo-se a um campo aberto, que o advento da Schehiná transformava no "pomar sagrado das macieiras". Eles "iam de encontro à noiva". No curso da procissão, as pessoas entoavam hinos especiais à noiva e salmos de alegre expectativa (como o Salmo 29 ou os Salmos 95- -9). O mais famoso desses hinos foi composto por Salomão Alkabez, um membro do grupo de Moisés Cordovero, em Safed, e que começa:

Ide, meu querido, ao encontro da Noiva,
Recebamos a presença do Sábado.

Neste hino, que continua sendo cantado nas sinagogas, o simbolismo místico é explicitamente combinado com as esperanças messiânicas sobre a redenção da Schehiná do seu exílio. Quando a efetiva procissão ao campo foi abandonada, a congregação passou a "encontrar a noiva" no pátio da sinagoga, e quando também este costume caiu em desuso tornou-se hábito, como ainda hoje o é, voltar-se para oeste, ao último verso do hino, e inclinar-se ante a Noiva que se aproxima. Conta-se que Lúria, postado em cima de um morro nas cercanias de Safed, contemplou, numa visão, as multidões de almas-Schabat vindo com a Noiva-Schabat. Numerosas fontes relatam também que os salmos de Sábado eram cantados de olhos fechados, pois, como os cabalistas explicavam, no Zohar a Schehiná é descrita como "a bela virgem que não tem olhos", ou seja, que perdeu seus olhos de tanto chorar no exílio [35]. Na tarde de sexta-feira, o Cântico dos Cânticos, tradicionalmente identificado com o laço de união indissolúvel entre o "Santíssimo, bendito seja Ele, e a Ecclesia de Israel", mas tomado aqui também como um epitalâmio para a Schehiná, era igualmente entoado. Somente após o encontro-com-a-Noiva eram proferidas as tradicionais preces do Sábado.

35. No Zohar, II, 95a, esta virgem é a Torá — cf. capítulo 2, pág. 69 e s. acima — e o significado literal da metáfora alude a uma virgem "sobre a qual olho nenhum recai" (que ninguém pode ver).

36. Schabat, 119a.

Depois das orações, o ritual místico era retomado no lar. De acordo com Isaac Lúria, constituía ato altamente recomendável e "rico em significado místico" o devoto beijar a mão da própria mãe ao entrar em casa. A seguir, a família caminhava solenemente em redor da mesa, de onde tomavam em silêncio os dois maços de mirto destinados ao Noivo e à Noiva, e entoavam uma saudação aos anjos do Sábado, isto é, os dois anjos que, de acordo com o Talmud[36], acompanham cada homem à sua casa no início do Sábado. Os quatro versos do hino aos anjos, "Que a paz esteja convosco, ó anjos da paz", são seguidos pela recitação do trigésimo primeiro capítulo do Livro dos Provérbios, que parece cantar os louvores da nobre dona-de-casa e suas atividades, mas que os cabalistas interpretavam, de linha em linha, como um hino à *Schehiná*. Por estranho que seja, foi através da reinterpretação mística dos cabalistas que este louvor à dona-de-casa judaica encontrou seu caminho para o ritual sabático. Sentados, todos os convivas devem cantar, em voz melodiosa, este "hino à matrona". A seguir, antes de iniciar a refeição, como prescreve o *Zohar,* o dono da casa "explicitamente pronuncia o mistério do repasto", isto é, introduz o ato sagrado com palavras que descrevem seu significado secreto e ao mesmo tempo conjuram a *Schehiná* a participar da refeição em companhia do seu Noivo ("O de Face Pequena", ou melhor, o "Impaciente") e do "Ancião Sagrado". Esta solene invocação aramaica reza:

> Preparai a refeição da fé perfeita
> Para alegrar o coração do Rei sagrado,
> Preparai a refeição do Rei.
> Esta é a refeição do campo das maçãs sagradas,
> E o Impaciente e o Ancião Sagrado —
> Atentai, eles vêm participar da refeição com ela.

O que acontece neste ato sagrado encontra-se descrito no grande hino de Isaac Lúria, uma das poucas obras autênticas que chegaram até nós, do punho do maior entre os cabalistas de Safed. Lúria escreveu hinos deste gênero para cada um dos repastos sabáticos. Na solene roupagem de seu aramaico zohariano, sugerem o gesto grandiloqüente de um mágico a conjurar um maravilhoso préstito para ser visto por todos. Gostaria de citar aqui o hino para o repasto da noite de sexta-feira.

Eu canto em hinos
para entrar pelos portões
do campo das maçãs,
das sagradas maçãs.

Uma mesa nova
pomos para ela,
um belo candelabro
derrama sua luz sobre nós.

Entre a direita e a esquerda
a Noiva se aproxima
em jóias sagradas
e vestes festivas.

Seu esposo abraça-a
em seus fundamentos [37],
dá-lhe satisfação,
espreme sua força.

Tormentos e gritos
são passados.
Há rostos novos agora
e almas e espíritos.

Ele lhe dá alegria
em redobrada medida.
Luzes brilham
e rios de bênção.

Padrinhos, avançai
e preparai a noiva,
provisões de muitas espécies
e todos os tipos de peixe [38].

A fim de gerar almas
e espíritos novos
nos trinta e dois caminhos
e três ramos [39].

[37]. A nona *sefirá, iesód*, "o fundamento", relaciona-se com os órgãos sexuais masculinos e femininos.

[38]. O peixe é um símbolo da fertilidade. O costume, amplamente disseminado, de comer peixe às sextas-feiras, prende-se ao costume de consumar casamentos nas noites de sexta-feira.

[39]. As almas provêm da "Sapiência", através de trinta e dois caminhos. Os três ramos são a graça, o julgamento e o amor pacificador, os três "pilares" do mundo das *sefirót* no qual se originam as almas. As setenta coroas da noiva, na próxima linha, são menciodas no *Zohar*, II, 205a.

Ela tem setenta coroas
mas acima dela o Rei,
para que todos sejam coroados
no Santo dos Santos.

Todos os mundos são formados
e selados dentro dela,
mas todos brilham
do "Ancião dos Dias".

Em direção ao sul coloco
o candelabro místico,
Faço lugar ao norte
para a mesa com os pães.

Com vinho nos cálices
e fardos de mirto
para fortificar os Noivos
pois eles estão fracos.

Nós lhes trançamos coroas
de palavras preciosas
para a coroação dos setenta
em cinqüenta portais.

Deixai a *Schehiná* ser envolvida
por seis filões sabáticos
ligados por todos os lados
com o Santuário Celestial.

Enfraquecidas e banidas
as forças impuras,
os demônios ameaçadores
agora estão em grilhões.

Aos olhos dos cabalistas, este hino constituía uma classe à parte. Contrariamente a outras canções de mesa para a véspera do Sábado, que podiam ser cantadas ou não, à vontade de cada um, este era parte indispensável do ritual. Neste hino de Lúria, não se injetava significado novo numa velha prece, por meio da exegese mística ou *kavaná;* melhor seria dizer que uma concepção esotérica cria sua própria forma e linguagem litúrgicas. O ponto culminante do hino, o agrilhoamento dos demônios no Sábado, quando eles deveriam fugir "ao fundo do grande abismo", ocorre também nos hinos de Lúria para as duas outras refeições. O último cântico, entoado ao crepúsculo com que termina o dia do Sábado, enfatiza fortemente o exorcismo dos "cães insolentes", os poderes do outro lado — de fato, não é mera descrição de um exorcismo, *é* um exorcismo:

Os cães insolentes devem ficar de fora e não podem entrar,
Eu convoco, à noite, o "Ancião dos Dias", até que eles
[sejam dispersos,
Até que a vontade dele destrua as "cascas". /
Ele os atira de volta aos seus abismos, eles devem escon-
[der-se no fundo das suas cavernas.
E tudo isto agora, ao entardecer, na festa do *zeir anpin* [40].

Não me aprofundarei nos demais ritos sabáticos dos cabalistas. Mas ainda há um ponto que eu gostaria de mencionar neste contexto. Da mesma forma como a "recepção da Noiva" marca o início do dia sagrado antes mesmo do começo real do Sábado, assim atribuíram alguns cabalistas grande importância a um quarto repasto sabático (mui rapidamente mencionado no Talmud como costume de um único indivíduo) que ocorre após a *havdalá,* a reza da separação entre o Sábado e o dia útil, estendendo-se noite a dentro. Esta refeição (em que, entre alguns cabalistas, nenhuma comida era ingerida) escolta a Noiva para fora do nosso domínio, assim como o ritual acima descrito acompanha a sua entrada. Certos cabalistas concediam a maior importância a esta refeição mítica de "acompanhamento da Rainha". Enquanto que os três primeiros repastos sabáticos oficiais eram associados aos patriarcas Abraão, Isaac e Jacó, esta era identificada com Davi, o ungido do Senhor, o Messias. Mas, de acordo com o *Zohar,* esses antepassados são "os pés do trono divino" ou a *merkabá.* Não surpreende pois que Natan de Gaza, o profeta e porta-voz do messias cabalístico Sabatai Tzvi, prolongasse esta quarta refeição até a meia-noite. "Costumava ele dizer: Este é o repasto do Rei Messias, e fazia disso um grande princípio" [41].

---

40. *Zeir anpin* significa, no *Zohar,* o "Impaciente", em oposição a o "Paciente", um dos aspectos de Deus. Em Lúria, a expressão é tomada ao pé da letra, como "O de Rosto Pequeno". Trata-se da Divindade em seu infinito desenvolvimento e crescimento, o Senhor da *Schehiná.*

41. *Iniané Schabetai Tzvi,* ed. A. Freimann, 1913, p. 94. É nesta perspectiva que devemos entender os preceitos da *Hemdat Iamim,* e o significado e importância desse repasto dentro do movimento hassídico.

V.

Ritos cabalísticos de um tipo bem diferente são aqueles em que o exílio da *Schehiná* é dramatizado e deplorado. A nota acentuadamente ascética, bem como a atmosfera apocalíptica, que ingressaram no cabalismo após a expulsão dos judeus da Espanha, refletiram-se nesta espécie de rituais. A experiência histórica do povo judeu fundiu-se indistinguivelmente com a visão mística de um mundo onde o sagrado estava enlaçado em luta desesperada com o satânico. Em toda parte e a qualquer momento, o fato simples e mesmo assim tão infinitamente profundo do exílio proporcionava motivo bastante para lamentação, penitência e ascetismo. Desta experiência viva brotou uma grande riqueza de ritos. Tentarei ilustrar, a seguir, por meio de dois exemplos marcantes, a emergência destes novos ritos que davam expressão concreta ao mito do exílio. Ambos foram amplamente observados durante séculos, e não poucos talmudistas eruditos queixaram-se de que crentes ingênuos, não versados na sabedoria rabínica, dedicavam maior fervor e cuidado ao cumprimento de tais ritos, que falavam diretamente aos seus sentimentos, do que ao dos mandamentos da Torá.

O primeiro destes ritos é a lamentação da meia-noite, *tikun hatzot*. Um talmudista do século III dizia: "A noite é dividida em três vigílias, e em cada vigília senta-se o Santo, louvado seja Ele, e ruge qual um leão: Ai de mim, que destruí minha casa e queimei meu Templo e enviei meus filhos ao exílio entre os gentios" [42]. É de estranhar, porém, que mil anos tenham passado antes que esta passagem fosse espelhada num ritual. Tão-somente no século XI. Hai Gaon, reitor de uma academia talmúdica da Babilônia, declarou que homens piedosos, competindo com Deus, deveriam lamentar a destruição do Templo, em todas as três vigílias da noite [43]. O pai de Hai Gaon, Scherira Gaon, diz ser um costume piedoso levantar-se à

42. Berahot, 3a.

43. A afirmação de Hai possivelmente pode estar relacionada com uma recomendação parecida no *Sefer Eliahu Rabá*, ed. Freimann, p. 96. Mas é preciso ter em mente também que, no entretempo, a vigília noturna, introduzida no século V, tornara-se habitual entre monges cristãos.

meia-noite para entoar hinos e cantos [44]. É de estranhar, mas ele não fala de lamentações. Foi entre os cabalistas de Gerona, aproximadamente por volta do ano 1260 (se, conforme eu presumo, tenha-se originado na Espanha dessa época o texto ao qual devemos nossa informação) [45], que pela primeira vez veio a existir um rito combinando os dois temas. "Os *hassidim* de grau mais elevado levantam à noite para cantar hinos durante cada vigília; em meio à prece e súplica, prostram-se ao solo, deitam chorando no meio do pó, derramam rios de lágrimas, reconhecem suas transgressões e confessam seus pecados."

Relacionada a mitologemas bem diferentes, aparece a vigília da meia-noite em numerosas passagens do *Zohar*, sendo descrita como um exercício cabalístico. À meia-noite, Deus entra no Paraíso para rejubilar-se com os justos. Todas as árvores do Paraíso irrompem em hinos. Um vento levanta-se do norte, uma centelha sai voando da força do norte, o fogo em Deus, que é o fogo do juízo, igniza-se sob as asas do Arcanjo Gabriel (sendo que ele próprio surgiu desta força em Deus) [46]. Seu grito desperta todos os galos à meia-noite. Em outras versões, um vento norte, vindo do Paraíso, leva a centelha à terra diretamente sob a asa de um galo, fazendo com que os galos cantem à meia-noite [47]. É hora, então, de os devotos se levantarem, como outrora o Rei Davi o fazia, para estudar a Torá até a madrugada, ou, conforme

44. Cf. as referências constantes da edição de A. Freimann, das *Responsa* de Maimônides, n. XXV, p. 21

45. O anônimo *Sefer ha-Iaschar*, um livro de exortações morais, atribuído a várias autoridades. A passagem em questão consta do capítulo III, ed. Cracóvia, 1586, 8a.

46. *Midrasch ha-Neélam* a Ruth, em *Zohar Hadasch*, Varsóvia, 1884, 87d, e em *Zohar*, III, 23a, 171b, etc. Existe aqui uma alusão ao nexo etimológico entre Gabriel ("força de Deus"), *guever* ("galo"), e *guevurá* ("poder", expressão que no *Zohar* sempre significa o poder do iulgamento rigoroso). Em III, 172a, afirma-se que o anjo Gabriel anota, durante o dia, os atos dos homens, e os lê à meia-noite quando "canta seu galo" celestial. Se ele não estivesse paralisado por causa dos dedos do pé mal-formados — um motivo que jamais encontrei em outra parte — "nesta hora queimaria o mundo com o fogo dele".

47. I, 10b, 77b; III, 22b. Dr. Zwi Werblowsky informou-me que Abeghian (*Armenischer Volksglaube*, Leipzig, 1898, p. 38) menciona a mesma idéia do canto do galo celestial que, antes dos galos terrestres cantarem, desperta os anjos para o louvor a Deus. Realmente, um paralelo extraordinário, digno de maiores investigações.

outros [48], entoar cânticos à *Schehiná*. Pois, a partir da meia-noite, a força do julgamento rigoroso, que governa o mundo desde o entardecer, é rompida, e por isso é que, na opinião dos cabalistas, os espíritos e demônios ficam impotentes após o primeiro canto do galo [49].

Já no *Zohar*, estes temas são relacionados ao exílio da *Schehiná* [50]. À meia-noite Deus recorda "a corça deitada no pó" [51] e derrama duas lágrimas "que ardem mais do que todos os fogos do mundo" e caem dentro do grande mar [52]. A esta hora Ele irrompe em prantos que sacodem todos os 390 mundos. Daí por que os anjos entoam hinos de louvor por duas horas apenas, durante a vigília média da noite, e depois silenciam. Pois esses anjos são chamados *Avelé Zion*, os que deploram Sião [53] — uma extraordinária transferência do nome de um grupo de ascetas judeus da Baixa Idade Média para uma categoria de anjos. Conforme certas passagens, tudo isso parece acontecer antes que o vento norte se levante no Paraíso. À meia--noite, a *Schehiná*, que está em exílio, entoa cantos e hinos ao seu esposo [53a], e de acordo com outros, desenvolve-se um diálogo, ou mesmo um *hieros gamos*, entre Deus e a *Schehiná* [54].

De todas estas ricas concepções, entretanto, o *Zohar* não elabora um verdadeiro rito de lamentação. Só exige que os místicos observem a vigília e se juntem à multidão de "companheiros da *Schehiná*" por meio do estudo e da meditação acerca dos mistérios

48. III, 302a (*Zohar Hadasch*, 53b).

49. Menahem Recanati (c. 1300) já deu a mesma interpretação correta desta passagem (*Zohar*, III, 284a) em seu comentário à Torá (Veneza, 1545, 179b).

50. Especialmente em duas passagens importantes, *Zohar Hadasch* à Ruth, 87d, e *Zohar*, II, 195b-196b.

51. I, 4a. Cf. também em *Zohar Hadasch*, 47d.

52. III, 172b. O tema das duas lágrimas vem de uma passagem talmúdica, Berahot, 59a.

53. Tudo isso de acordo com *Zohar*, II, 195b.

54-a. *Zohar*, III, 284a.

54. Em *Midrasch ha-Neélam* a Ruth, *Zohar Hadasch*, 87d (o diálogo), e no próprio *Zohar*, II, 250a (a união).

da Torá. Ainda assim não há menção de um ritual de lamentação sobre o exílio. E, embora, entre as gerações subseqüentes ao *Zohar* (1285-90), ouçamos as vezes falar de vigílias piedosas em memória da destruição do Templo [55], não há notícia de um ritual fixo relacionado especialmente com a hora da meia-noite.

Em Safed, o quadro muda. A lembrança de uma observância semi-esquecida combinou-se com as concepções do *Zohar* acerca da meia-noite e a da exilada *Schehiná* para criar um novo rito simbolizando a experiência dos judeus daquela geração. A parte mais estranha em tudo isso é que tais "ritos do exílio" tenham surgido na Palestina e não nos países da Diáspora. Os cabalistas, que de todas as partes do mundo afluíam para Safed em meados do século XVI, com a intenção de fundar uma "comunidade de homens cantos", traziam consigo esta aguda consciência do exílio e deram-lhe uma expressão ritual perfeita no lugar mesmo onde esperavam que se iniciasse o processo da redenção messiânica.

No tocante a Abraham Halevi Berukhim, um dos membros mais ativos deste grupo, lemos que "sempre à meia-noite percorria ele as ruas de Safed, chorando e clamando em voz alta: Levantai, em nome de Deus, pois a *Schehiná* está no exílio, a casa do nosso santuário está queimada e Israel encontra-se em grande aflição. Pranteava sob as janelas dos sábios e não desistia até que eles acordassem do sono" [56]. Acrescente-se que este místico, que junto ao Muro das Lamentações, em Jerusalém, teve uma visão da *Schehiná*, vestida de preto, chorando e lamentando-se, foi considerado por seus companheiros em Safed uma encarnação do Profeta Jeremias ou, ao menos, uma centelha de sua alma. No grupo de Isaac Lúria, esta

---

55. Em Salomão ben Adret, Barcelona (c. 1300), e em Ascher ben Iehiel, Toledo (c. 1320). Uma referência em F. Baer, *Die Juden im christlichen Spanien*, I, Berlim, 1929, p. 474, foi erroneamente interpretado por alguns autores como se uma associação para o cumprimento deste ritual tivesse sido fundada em Saragoça, em 1378.

56. Cartas de Safed, ed. S. Assaf, *Kobetz al Iad*, III, Jerusalem, 1940, p. 122.

178

observância recebeu formas definitivas [57]. O rito luriânico da meia-noite compõe-se de duas partes, o "rito para Raquel", e o "rito para Lea". Pois, conforme esta Cabala, Raquel e Lea são dois aspectos da *Schehiná,* um exilado de Deus, e lamentando-se, e o outro, o da sua perpetuamente repetida reunião com seu Senhor. Conseqüentemente, o *tikun Rachel,* ou "rito de Raquel", foi o verdadeiro rito de lamentação. Ao praticá-lo, os homens "participam do sofrimento da *Schehiná",* pranteando não só as suas próprias aflições, mas aquela aflição que realmente conta, a do exílio da *Schehiná.*

O místico, pois, deve levantar e vestir-se à meia--noite; deve dirigir-se à porta, ficando junto aos umbrais, remover os sapatos e cobrir a cabeça. Chorando, cumpre-lhe então tirar algumas cinzas do forno e colocá-las sobre a testa, no lugar onde de manhã pôs os *tefilín,* os filactérios. A seguir deve inclinar a cabeça e esfregar os olhos no pó do chão, do mesmo modo que a própria *Schehiná,* a "Bela sem olhos", faz, prostrada no pó. Depois, recita uma determinada liturgia, composta do Salmo 137: ("Junto aos rios da Babilônia, ali nos assentamos e choramos"), Salmo 79 ("Ó Deus, os gentios vieram à tua herança; contaminaram teu santo templo"), o último capítulo das Lamentações, e certos lamentos especiais, escritos em Safed e em Jerusalém. Cinco desses cânticos tornaram-se parte quase invariável deste ritual.

A seguir é realizado o "rito para Lea"; a ênfase, aqui, já não recai no exílio mas na promessa de redenção. Salmos messiânicos são recitados e um longo hino, sob a forma de um diálogo entre Deus e a mística comunidade de Israel. Neste hino, escrito por Hayim Kohen de Alepo, um discípulo de Vital, a *Schehiná* queixa-se do seu exílio e Deus retrata em cores radiantes a perspectiva de redenção. A cada verso de *promessa,* a *Schehiná* responde com um verso de lamento. Os cabalistas eram de opinião de que mes-

---

57. A forma clássica deste rito, que mais tarde se disseminou largamente pela Europa, é descrito na obra amiúde reeditada *Schaaré Zion,* de Nathan Hannover, Praga, 1662. Cf. também Iaakov Zemach, *Naguid u-Metzavé,* 1712, 5b (as citações seguintes provêm de ambas as fontes) e *Pri Etz Hauim,* XVII, de Haim Vital.

179

mo o leigo deveria praticar este rito, pois "o tempo da meia-noite à madrugada é um tempo de graça, e um raio desta graça cai sobre ele, mesmo durante o dia". Depois destas duas partes do ritual, recomendava-se mais uma terceira, o "rito para a alma", *tikun ha-nefesch,* no qual o adepto se concentrava na idéia de unificar Deus e a *Schehiná* a cada um dos órgãos de seu corpo, "para que meu corpo se torne uma carruagem para a *Schehiná".*

Após a grande erupção messiânica de 1665-66, transformou-se este rito em matéria de disputa entre os sabataístas e seus adversários. Declaravam os sabataístas, embora com graus variados de radicalismo, que o rito para Raquel se tornara obsoleto agora que a *Schehiná* estava no caminho da volta do exílio. Pôr-se de luto por ela agora, era como pôr-se de luto no dia do Sábado[58]. Por conseguinte, executavam só a segunda parte do ritual, o rito para Lea, expressão das esperanças messiânicas. Certos homens piedosos, que tinham sérias reservas acerca do movimento sabataísta e não podiam aceitar a omissão do lamento, praticavam este rito, conservando-se, porém, de pé ou sentados no lugar costumeiro dentro da casa, em vez de se colocarem junto à porta. Cabalistas ortodoxos continuavam a insistir na meticulosa observância do ritual de lamentação.

Nosso segundo exemplo deste ritual que dramatiza o exílio da *Schehiná* é o ritual do *iom kipur katan,* ou Dia Menor de Expiação, como designavam os cabalistas, o dia anterior à lua nova, que devia ser dedicado ao jejum e à penitência. Este dia especial chegou a ser amplamente comemorado; o nome *iom kipur katan* foi usado pela primeira vez em Safed[59].

---

[58]. Cf. minhas observações a respeito in *Zion,* XIV, 1949, pp. 50, 59-60.

[59]. *Der kleine Versoehnungstag,* Viena, 1911, por Armin Abeles, obra que contém observações valiosas, mas que requer algumas correções. Um dos depoimentos mais antigos de Safed é de Salomão Alkabez, in *Menot ha-Levi,* Veneza, 1585, 9a: "Agora que o Templo está destruído, há homens piedosos que, em substituição à oferenda expiatória no dia da lua nova, praticam o jejum no dia anterior". Isto foi escrito provavelmente por volta de 1750, mas parece que o costume já era conhecido, na Alemanha, em meados do século XV; cf. *Leket Ioscher,* de Iosef ben Moses, ed. Freimann, Berlim, 1903, I, pp. 47 e 116.

De acordo com uma tradição antiga e bem enraizada, o dia mesmo da lua nova, quando a lua renasce, é um dia de júbilo em que é expressamente proibido jejuar; do contrário, os cabalistas sem dúvida teriam escolhido o próprio dia da lua nova como dia de jejum e penitência, dedicado à recordação do evento cósmico do exílio. Pois as principais razões para a escolha deste dia estavam ligadas à lua nova. Mas como foi que a alegria, que originalmente acompanhava o reaparecimento da lua, viu-se transformada em tristeza por seu gradativo minguamento? Na bênção ritual da lua nova, os talmudistas (Sanhedrin 42a) ainda encontravam um paralelo claro entre a renovação da lua e a redenção messiânica: "Ele fala à lua para que seja renovada, uma coroa maravilhosa para aqueles que nasceram do meu ventre e que *um dia voltarão como ela a ser jovens de novo* e a glorificar seu criador". Mas a mudança de ênfase para a diminuição da lua, suas fases cambiantes, remonta a outras concepções. A Torá prescreve para o dia da lua nova a especial oferenda expiatória de um bode — mas não fica claro nesta prescrição qual o pecado a que a oferenda se refere. Numa explicação talmúdica [60] somos informados de que Deus reduziu a lua, cuja luz originalmente havia sido igual à do sol. Em resposta às repetidas queixas da lua, Deus disse: Ofereça uma expiação por Mim, porque eu reduzi o tamanho da lua.

Esta "diminuição da lua" foi interpretada pelos cabalistas como um símbolo do exílio da *Schehiná*. A *Schehiná* mesma é a "santa lua", que caiu do seu grau, foi roubada de sua luz e enviada ao exílio cósmico. Desde então, a exemplo da própria lua, ela brilha apenas com luz refletida. À explicação talmúdica, que se refere somente à designação da lua como a "luz menor" do primeiro capítulo de Gênesis, ligaram os cabalistas seu conhecimento das fases mutantes da lua, que parecia indicar que até a redenção messiânica a lua (bem como a *Schehiná*) recairia sempre de novo em total escuridão e penúria. Só na redenção seria a lua restaurada à sua condição original, e em apoio desta opinião era citado o versículo de Isaías 30:26. Entrementes, para os cabalistas, nenhum

60. Hulin 60b.

evento cósmico parecia mais intimamente ligado ao exílio de todas as coisas, à imperfeição e mácula inerente a todos os seres, do que este minguante periódico da lua.

Encontramos aqui, pois, uma convergência marcante de dois temas que daí por diante dominariam a Cabala: a catástrofre do exílio e a regeneração da luz após o seu total desaparecimento, tomada como uma promessa de que um dia todas as coisas seriam retificadas na redenção. Mas já que, como vimos, o dia da lua nova não podia simplesmente ser despido do seu caráter festivo, Salomão Alkabetz, Moisés Cordovero, e todo seu grupo, seguindo um costume piedoso mais antigo, fizeram do dia que precede a lua nova um dia de jejum, dedicado principalmente à meditação sobre os grandes temas de exílio e redenção. É interessante notar que, ao contrário de muitas conjecturas expressas sobre o assunto, menção nenhuma é feita deste dia nos textos mais antigos e autênticos da Cabala luriânica [61]. Mas Abraham Galante, um discípulo de Cordovero, conta-nos que era (c. 1750) um costume generalizado, em Safed, que homens, mulheres e crianças em idade escolar jejuassem nesse dia, passando-o em orações de penitência, confissões de pecados e flagelação [62]. O nome "Dia Menor de Expiação" é atestado pela primeira vez neste círculo [63]. Não há certeza se escolheram o nome porque no *iom kipur katan* era devida a expiação dos pecados cometidos durante o mês, ou porque admitiam um paralelo entre o bode expiatório, enviado ao deserto como oferenda pecadora, no Iom Kipur, e o bode que era sacrificado, como vimos, no dia da lua nova. A primeira explicação me parece a mais verossímil [64].

61. Não há menção disso nos trabalhos autênticos de Vital, nem do filho dele, Samuel Vital, ou, ainda, Iaakov Zemach.

62. Textos em E. Schechter, *Studies in Judaism*, II, pp. 294 e 300. Cf. também as fontes citadas na nota 59, p. 180.

63. Mencionado pela primeira vez por Elias de Vidas, amigo de Cordovero, que viveu por volta de 1575, em Safed. Cf. seu livro *Reschit Hochmá*, Portão da Santidade, IV. Hizkiyah de Silva afirma em *Pri Hadasch* para o *Orá Hayim* n. 417 (o qual, contudo, foi escrito uns cem anos mais tarde) que o nome fora introduzido pelo próprio Cordovero.

64. Esta é a explicação oferecida por Isaias Horowitz, *in Schné Lukhot ha-Brit*, 1648, 120b: Assim, os dias do mês decorridos são "purificados" à entrada da lua nova. Toda esta longa passagem, que menciona também o "Dia Menor de Expiação", parece-me, pelo estilo, tomada de algum manuscrito de Cordovero.

As liturgias altamente diversificadas que foram compostas para este dia refletem todas uma convergência dos dois temas que discutimos. "Eu sou a lua e tu és o meu sol" — estas palavras de uma prece [65] fornecem o tema que foi variado sempre de novo. E como o desaparecimento total da lua simboliza a suprema escuridão e horror do exílio, certos cabalistas acreditavam ser este o momento ideal para "meditar sobre o segredo messiânico" [66]. O ritual extremamente minucioso para este dia, elaborado no *Hemdat Iamim,* constitui um dos documentos mais característicos da Cabala sabataísta, cujo estrito ascetismo derivava da consciência de que o reino do Messias já havia começado, mas que ele estava engajado em missão trágica nas profundezas mais impuras do exílio. A esperança da redenção, pois, devia ser confirmada precisamente no seu momento de virada mais difícil e paradoxal, isto é, o exílio do próprio redentor [67].

VI.

As duas categorias de rito que acabo de expor relacionam-se em substância. Pois as "bodas sagradas" constituem sempre uma cerimônia na qual a redenção é antecipada e o exílio da *Schehiná* é, ao menos momentaneamente, anulado ou atenuado. Bem diferente é o que sucede com os inúmeros ritos destinados a resistir aos poderes do "outro lado", exorcisando os demônios e as forças destrutivas. Noções e ritos mágicos, que haviam existido muito antes da Cabala, eram aí simplesmente reavivados em formas novas (e com bastante freqüência nem as formas eram novas).

O costume que passarei a descrever é de caráter um tanto extremo, mas acredito que ajudará a ilustrar o processo pelo qual tais ritos "antidemoníacos" — que mais tarde obtiveram aceitação quase universal — foram desenvolvidos entre os cabalistas. Até

---

65. Em Iossef Fiametta, *Or Boker,* Veneza, 1741, 5a.

66. *Hemdat Iamim,* a respeito do dia da lua nova, Vol. II, ed. Veneza, 1763, 12a.

67. Sobre o caráter sabataísta deste ritual, cf. meu artigo na revista trimestral *Behinót.* VIII, Jerusalém, 1955, pp. 15-16.

bem pouco tempo (e ocasionalmente até hoje em dia), enterros judaicos em Jerusalém eram amiúde acompanhados por um estranho acontecimento. Antes de o corpo ser baixado à sepultura, dez homens dançavam em círculo à sua volta, recitando um salmo que na tradição judaica foi considerado em geral como uma defesa contra demônios (Salmo 91), ou então uma outra prece. Depois depositava-se uma pedra sobre o ataúde e o seguinte versículo (Gên., 25:6) era proferido: "Mas aos filhos das concubinas que Abraão tinha, Abraão deu presentes e os mandou embora". Esta estranha dança da morte era repetida sete vezes. O rito, que em tempos modernos é ininteligível para a maioria dos participantes, tem a ver com concepções cabaiísticas acerca da vida sexual e da santidade do sêmen humano. Temos aqui todo um mito, cujo objetivo é distinguir entre o ato da geração e outras práticas sexuais, especialmente o onanismo.

De acordo com a tradição talmúdica, demônios são espíritos feitos durante o crepúsculo da sexta-feira e que, por causa do advento do Sábado, não foram dotados de corpos. Daí, autoridades posteriores tiraram a inferência (inerente, talvez, às fontes talmúdicas) que desde então os demônios têm estado à procura desses corpos, e é por isso que eles se apegam aos homens. Esta noção entrou em combinação com uma outra idéia. Após o assassinato de Abel pelo seu irmão, Adão decidira não ter mais relações com sua mulher. Por causa disso, demônios femininos, *succubi*, procuraram-no e conceberam dele; desta união, na qual as forças geradoras de Adão foram mal usadas e mal dirigidas, origina-se uma variedade de demônios que são chamados *nigei bnei Adam*, "Espíritos do mal que provêm do homem" [68]. Os cabalistas adotaram estes velhos conceitos de geração demoníaca por poluição ou outras práticas, sobretudo onanísticas. Eles são sistematizados no *Zohar*, que desenvolve o mito de que Lilit, a rainha dos demônios, ou os demônios do seu séquito, fazem tudo para levar os homens a atos sexuais dos quais não participa mulher, com o objetivo de produzirem para si corpos do

68. Cf. *Midrasch Tanhuma*, ed. S. Buber, I, pp. 12 e 20, e *Zohar*, II, 231b.

sêmen desperdiçado. Ao que eu saiba, ainda não foi determinado se foram judeus ou cristãos que primeiro elaboraram estas teorias minuciosas a respeito de *succubi* e *incubi*. Hoje, nenhum dos dois parece muito ansioso em reivindicar a autoria. Como nos ensinam certos exorcismos aramaicos, elas eram conhecidas já entre os judeus do século VI. De qualquer modo, estavam bem desenvolvidas quando o *Zohar* as recolheu, em fins do século XIII, e elas desempenham um papel considerável no quadro zohárico das relações do homem com o "outro lado". Para os cabalistas, a união entre homem e mulher, dentro de seus limites sagrados, constituía um mistério venerável, a julgar pelo fato de que a definição cabalística mais clássica e mais amplamente disseminada, de meditação mística, encontra-se num tratado acerca do significado da união sexual no casamento [69], posteriormente atribuído a Moisés Nachmânides. O abuso das forças geradoras do homem era considerado um ato destrutivo, através do qual não o sacro, mas o "outro lado", obtém descendência. Um culto extremo da pureza levou à opinião de que todo ato de impureza, consciente ou inconsciente, gera demônios.

Abraham Saba [70], um cabalista dos começos do século XVI, que do Marrocos viera para a Espanha, foi o primeiro a estabelecer uma estranha conexão entre esta idéia e a morte de um homem. Todos os filhos ilegítimos que um homem gerou com demônios, no decorrer da vida, aparecem depois da sua morte a fim de tomar parte no luto por ele e em seu funeral.

Pois todos esses espíritos que formam seus corpos de uma gota de seu sêmen, consideram-no como pai. E assim, especialmente no dia de seu enterro, deve ele sofrer o castigo; pois enquanto está sendo levado à sepultura, eles enxameiam ao seu redor, que nem abelhas, clamando: "Tu és nosso pai", e lamentam e pranteiam atrás do seu ataúde, porque perderam o seu lar e agora estão sendo atormentados juntamente com os outros demônios que pairam (incorpóreos) no ar [71].

69. Em *Igueret ha-Kodesch*, de Joseph Gicatila (c. 100c).

70. Abraham Saba, *Tzeror ba-Mor*, Veneza, 1576, 6a.

De acordo com outros, os demônios, nesta ocasião, reclamam a herança deles, juntamente com os outros filhos do defunto, e tentam prejudicar os descendentes legítimos. Aqueles que dançam sete vezes em torno do falecido fazem-no a fim de formar um círculo sagrado que impedirá os filhos ilegítimos de se aproximarem do morto, profanando seu corpo ou cometendo algum outro mal. Daí os versículos de Gênesis a respeito dos "filhos das (demoníacas) concubinas", a quem Abraão manda embora para que não façam mal a Isaac, seu filho legítimo. Um rito semelhante, no qual o ataúde é deposto ao chão sete vezes durante o caminho para o cemitério [72], serve ao mesmo propósito. Porém o mais importante é que os cabalistas proibiam estritamente que os filhos, especialmente os varões, acompanhassem o defunto ao lugar de seu último descanso. Ainda em vida, afirmava-se, um homem piedoso deveria proibir a "todos seus filhos", terminantemente, a segui-lo até a sepultura; assim fazendo, ele manterá afastada sua descendência demoníaca ilegítima e, caso um deles, mesmo assim, chegasse até o túmulo, impedi-lo-á de pôr em perigo um dos verdadeiros filhos, gerados em pureza.

Característico, neste contexto, é o seguinte relatório de Johann Jacob Schudt, diretor do Ginásio de Francfort, a respeito dos judeus daquela cidade. Escrevia ele, em 1717 [73]:

Eles acreditam firmemente que, se o sêmen de um homem lhe escapa, ele gera espíritos malévolos, com o auxílio de *mahlat* (um demônio feminino) e de *Lilit* (espíritos), todavia, que morrem ao chegar o devido tempo. Quando um homem morre e seus filhos começam a chorar e lamentar-se, estas *schedim*, ou espíritos do mal, também surgem para, juntamente com os outros filhos, ter sua parte do falecido como pai deles; puxam e empurram o corpo até que ele sinta dor e Deus mesmo, quando vê esta nociva progênie junto ao defunto, é recor-

71. *Hemdat Iamim*, 1763. II. 98b. e Bezalel ben Schelomo de Kobrin, *Korban Schabat*, Dyhernfurth, 1691, 18c. Uma explicação parecida consta em Haim Vital, p. ex., *Schaár ha-Kavanót*, Jerusalém, 1873, Fol. 56b-c.

72. *Maábar Iabok*, Mântua, 1623, 66-7, segunda secção, cap. 29-30.

73. Schudt, *Juedische Merkwuerdigkeiten*, IV, Apêndice, p. 43.

dado dos pecados cometidos pelo morto. Veio ao meu conhecimento que judeus, ainda em vida, ordenam rigorosamente aos filhos a não deixar escapar o menor choro ou lamento até que, no cemitério, o corpo esteja purificado depois de lavado, limpo e com as unhas cortadas, pois se pensa que estes espíritos impuros não têm mais parte no corpo, uma vez que este foi limpo.

Um outro rito digno de nota vincula-se a concepções semelhantes. Especialmente num ano bissexto, os cabalistas jejuavam nas segundas e terças-feiras de certas semanas durante o inverno, com o fito de "corrigir", por meio de preces especiais e atos de penitência, a mácula que um homem causa à sua verdadeira forma devido a poluções noturnas e onanismo. Este rito chama-se *tikun schovavim*. As letras iniciais das porções da Torá lidas na sinagoga nos respectivos sábados formam a palavra *schovavim*, o "malcriado", que obviamente se refere aos "malcriados" filhos do homem [74], cujo retorno à esfera do sagrado este rito julgava favorecer. Possuímos provas de que o referido rito foi praticado no século XV, na Áustria, embora o aspecto sexual não seja explicitamente mencionado [75]. Os cabalistas adotaram o rito e elaboraram-no [76].

Mas Lilit tem um papel não só em práticas sexuais ilegais. Mesmo uniões legítimas entre marido e mulher são por ela ameaçadas, pois também aí tenta infringir o domínio de Eva. Conseqüentemente, deparamos com difundida observância de um rito recomendado pelo *Zohar,* com o propósito de manter Lilit afastada do leito conjugal:

"Na hora em que o marido entra em união com sua mulher, ele deveria voltar seus pensamentos para a santidade do Senhor, e dizer:

Envolto em veludo — estais aqui?
Desfeito, desfeito (seja vosso encanto)!

74. Lúria já usava este termo para designar essas criaturas demoníacas do desejo, cf. *Schaár Ruach ha-Kodesch,* 1912, 23a.

75. Em *Sefer Leket Ioscher,* I, p. 116.

76. Isaias Horowitz, *Schné Luhot ha-Brit,* 1648, 306b, Mordecai Iaffe, *Lebusch ha-Orá* n. 685. Um ritual completo deste gênero e desenvolvido por Moisés Zakuto, em *Tikun Schovavím,* Veneza, 1716, e obras semelhantes, amplamente lidas àquela época.

Não entrai e não sai!
Que não haja nada de vós, nem de vossa parte!
Voltai, voltai, o mar está furioso,
Suas ondas vos chamam [77].
Mas eu me apego à parte sagrada,
Estou envolto na santidade do Rei.

"E então deverá cobrir com um pano a cabeça e a de sua mulher, e a seguir borrifar a cama com água fresca" [78].

É bastante compreensível que ritos deste gênero ocorram principalmente em conexão com a esfera sexual. Eles encarnam os aspectos mais sombrios do ritual cabalístico, refletindo os temores do homem e outras condições emocionais. De origem inequivocamente mítica, devem ser considerados um tanto inferiores em importância e influência em comparação com aqueles outros ritos onde os cabalistas voltavam a atenção não para o "outro lado", mas para o sacro e sua realização na terra.

77. A morada efetiva, de Lilit, é no fundo do mar.

78. *Zohar*, III, 19a.

188

5. A IDÉIA DO GOLEM

I.

Uns quarenta anos atrás, Gustav Meyrink publicou sua novela fantástica, *O Golem*[1]. Valendo-se de uma figura da lenda cabalística e transformando-a de um modo bastante peculiar, Meyrink tentou esboçar uma espécie de quadro simbólico do caminho que leva à redenção. Semelhantes adaptações e transformações da lenda do *Golem* têm sido freqüentes, particularmente na literatura judaica e alemã do século XIX, desde Jacob Grimm, Achim von Armim e E. Th. Hoffmann. Elas atestam o especial fas-

---

1. Traduzido para o inglês por Madge Pemberton, Londres, 1928.

189

cínio exercido por esta figura, na qual tantos autores descobriram um símbolo das lutas e dos conflitos mais próximos de seus corações [2]. A obra de Meyrink, porém, ultrapassa as outras de longe. Em tudo é ela fantástica, beirando o grotesco. Atrás da fachada de um gueto de Praga exótico e futurístico, são expostas idéias de redenção mais indianas do que judaicas. A suposta Cabala que permeia o livro sofre de uma dose excessiva da teosofia confusa de Madame Blavatsky. Contudo, a despeito de toda desordem e turbação, o *Golem* de Meyrink apresenta uma atmosfera inimitável, composta de profundidade inaveriguável, de um raro dom para o charlatanismo místico e uma ânsia sobrepujante de *épater le bourgeois*. Na interpretação de Meyrink, o *golem* é uma espécie de Judeu Errante que a cada trinta e três anos — parece não ter sido acidental que esta fosse a idade de Jesus ao ser crucificado — aparece à janela de um quarto inacessível do gueto de Praga. Este *golem* é, em parte, a alma coletiva do gueto, materializada mas ainda bastante fantasmagórica, e, em parte, o sósia de um herói, um artista, que em suas lutas para redimir-se purifica o *golem* que, evidentemente, é seu próprio eu não-remido. Esta figura literária, que alcançou considerável fama, muito pouco deve à tradição judaica, mesmo em sua forma corrupta e lendária. Quão pouco, será demonstrado por uma análise das principais tradições judaicas concernentes ao *golem*.

À guisa de definir o clima desta investigação, eu gostaria primeiro de apresentar a lenda em sua forma judaica posterior, na vívida descrição feita por Jacob Grimm no romântico *Jornal para Eremitas* [3].

Depois de pronunciar certas preces e observar certos dias de jejum, os judeus poloneses fazem a figura de um homem, de barro ou de lodo, que deve tomar vida ao ser pronunciado sobre ele o miraculso *Schemhamphoras* (o nome de Deus). Ele não pode falar, mas entende razoavelmente bem o que é dito ou ordenado. Chamam-no de *golem* e empregam-no para executar toda espécie de serviços domésticos. Mas jamais deve deixar a casa.

2. Cf. Beate Rosenfeld, que investigou estas interpretações em *Die Golemsage und ihre Verwertung in der deutschen Literatur*, Breslau, 1934.

3. Cf. Rosenfeld, p. 41.

190

Sobre sua fronte está escrita a palavra *emet* (verdade);
a cada dia ele ganha peso e fica um pouco maior e mais
forte do que todos os outros dentro de casa, independentemente do quão pequeno era no começo. De medo dele,
apagam, por isso, a primeira letra, de modo a restar
apenas *met* (ele está morto), depois do que ele cai por
terra e se transforma em barro. Mas, uma vez, o *golem*
feito por certo homem cresceu tanto, e ele desmiolada-
mente deixou que continuasse a crescer por tão longo
tempo, que o homem não conseguia mais alcançar a testa
dele. Aterrorizado, ordenou ao servo que tirasse as botas, calculando que tão logo se curvasse poderia alcançar
a testa do *golem*. Assim aconteceu, e a primeira letra
foi apagada com sucesso, mas o montão de barro caiu
em cima do judeu e o esmagou.

II.

Investigando o *golem* como um homem criado
por artes mágicas, cumpre retroceder a certas idéias
judaicas referentes a Adão, o primeiro homem. Pois,
obviamente, um homem que se dispõe a criar um
golem está competindo de alguma maneira com a criação de Adão por Deus; num tal ato, a força criadora
do homem entra num certo relacionamento, seja de
emulação, seja de antagonismo, com o poder criador
de Deus.

Estranhamente, a conexão etimológica entre
Adam, o homem criado por Deus, e a terra, *adamá*
em hebraico, não é expressamente mencionada na história da Criação, no Gênesis. Além disso, a conexão
lingüística tem sido contestada por especialistas em
estudos semíticos. Não obstante, esta conexão etimológica é bastante enfatizada nos comentários rabínicos e talmúdicos ao Gênesis. Adão é um ser que
foi tirado da terra e a ela retorna, a quem o alento
de Deus conferiu vida e fala. Ele é um homem da
terra mas também — como o formularam os cabalistas posteriores numa etimologia audaciosa, derivada
de um trocadilho habilidoso de Isaías, 14:14 — a
"semelhança do Altíssimo", a saber, quando ele cumpre sua tarefa de livremente escolher o bem [4]. Este
Adão foi feito da matéria da terra, literalmente, de

---

4. Menahem Azariah de Fano, *Azará Maámarót*, Veneza, 1597,
em *Maámar Eim Kol Hai*, II, 33. *Edamé*, em Isa. 14:14 tem as mesmas consoantes que *adamá*.

barro, segundo aponta expressamente o Livro de Jó (33:6), mas do que havia de melhor. Filo observou: "É de admitir-se que Deus tenha desejado criar esta forma humana com o máximo cuidado e por isso não tomou a poeira do primeiro pedaço de terra que lhe veio à mão, mas da terra toda separou o que havia de melhor, as partículas mais finas e mais puras da pura matéria primordial, melhor indicadas para seu propósito" [5]. A Agadá possui uma concepção similar, que expressa em numerosas variações. "Do que há de mais claro na terra Ele o criou, do que há de mais excelente na terra Ele o criou, do que há de mais fino na terra Ele o criou, do (futuro) lugar de adoração divina (em Sion) Ele o criou, do lugar da sua expiação" [6]. Assim como, de acordo com a Torá, uma porção de massa é separada do resto para servir de porção do sacerdote, assim Adão representa a melhor porção tirada da massa da terra, isto é, do centro do mundo, no Monte Sion, do lugar onde mais tarde se ergueria o altar, do qual está escrito: "Um altar de terra farás para mim" (Êx., 20:24) [7]. Este Adão foi tirado do centro e umbigo da terra, mas todos os elementos combinaram-se na sua criação. De toda parte Deus juntou o pó do qual Adão seria feito, e ganharam ampla circulação etimologias que interpretavam a palavra Adão como uma abreviatura de seus elementos, ou dos nomes dos quatro pontos cardiais dos quais ele foi tomado [8].

Na Agadá talmúdica um tema ulterior é acrescentado. Em certa fase de sua criação, Adão é designado como "golem". "Golem" é uma palavra hebraica que ocorre só uma única vez na Bíblia, em Salmos 139:16, salmo este que a tradição judaica põe na boca do próprio Adão. Aqui provavelmente, e sem dúvida nas fontes posteriores, "golem" significa o informe, amorfo. Não há indício a provar que a pala-

5. *De opificio mundi*, 137.

6. De uma fonte anônima, em *Midrasch ha-Gadol* ao Gênesis, ed. S. Margolioth, Jerusalém, 1947, p. 78.

7. *Gênesis Rabá*, XIV, 2, ed. Theodor, p. 126.

8. Cf. Louis Guinzberg, *Legends of the Jews*, V, p. 72; Max Foerster, "Adams Erschaffung und Namengebung", em *Archiv fuer Religionswissenschaft*, XI, 1908, pp. 477-529.

vra significou "embrião", como algumas vezes se pretendeu. Na literatura filosófica da Idade Média ela é usada como uma designação hebraica de matéria, *hylé* informe, e esta significação mais sugestiva surgirá na argüição seguinte. Neste sentido, dizia-se que Adão era "golem" antes que o alento de Deus o tivesse tocado.

Uma passagem talmúdica famosa [9] descreve as primeiras doze horas do primeiro dia de Adão:

> Aba bar Hanina disse: O dia tinha doze horas. Na primeira hora a terra foi amontoada; *na segunda, ela se tornou um golem,* uma massa ainda informe; na terceira, seus membros foram estendidos; *na quarta, a alma foi colocada nele;* na quinta, ficou de pé; na sexta, deu nomes (a todas as coisas vivas); na sétima, Eva lhe foi dada para companheira; na oitava, os dois deitaram-se na cama e quando a deixaram eram em quatro; na nona, a proibição lhe foi comunicada; na décima, ele a transgrediu; na décima-primeira, foi julgado; na décima-segunda, foi expulso e saiu do Paraíso, segundo está escrito em Salmos 49:13: E Adão não fica em glória uma noite.

O importante para nós nesta passagem extraordinária é o que nos conta a respeito da segunda e da quarta horas. Antes que a alma, *neschamá,* fosse lançada nele e antes que falasse para dar nomes às coisas, Adão era uma massa informe. Não menos interessante é o desenvolvimento posterior deste tema num *midrasch* dos séculos II e III. Adão aí é descrito não só como um *golem,* mas como um *golem* de proporções e força cósmicas, a quem, enquanto ainda se achava em condição inanimada e muda, Deus mostrou todas as gerações futuras até o fim dos dias. A justaposição desses dois motivos, entre os quais existe uma óbvia relação de tensão, quando não de contradição, é extremamente peculiar. Mesmo antes que Adão possuísse fala e raciocínio, lhe foi dada uma visão da história da Criação, que desfila diante dele em forma de imagens.

> Rabi Tanhuma disse em nome de Rabi Eleazar (Eleazar ben Azariá): Na hora em que Deus criou o primeiro Adão, Ele o criou como um *golem,* e este foi estendido de

9. Sanhedrin 38b.

uma extremidade do mundo à outra, como está escrito em Salmos (139:16): "Os teus olhos viram o meu *golem*". Rabi Iehudá bar Simão disse: Enquanto Adão ainda estava deitado como *golem* diante Dele que falou e o mundo veio a existir, Ele lhe mostrou todas as gerações e seus sábios, todas as gerações e seus juízes, todas as gerações e seus chefes [10].

Aparentemente, enquanto Adão estava nesta condição, uma força telúrica proveniente da terra da qual ele foi tirado o inundou, e foi esta força que lhe permitiu receber tal visão. Segundo a Agadá, só depois da queda é que o enorme tamanho de Adão, que enchia o universo, foi reduzido a proporções humanas, embora gigantescas ainda. Nesta imagem — um ser terrestre, porém de dimensões cósmicas — são discerníveis duas concepções. Numa, Adão é o imenso ser primordial do mito cosmogônico; noutra, seu tamanho parece indicar, em termos espaciais, que o poder do universo inteiro está concentrado nele.

E de fato, encontramos esta última concepção num dos fragmentos — tão ricos em motivos míticos, arcaicos — que chegaram até nós, do *Midrasch Abkir*, perdido, onde lemos:

Rabi Berakhia disse: Quando Deus quis criar o mundo, Ele iniciou Sua Criação com nada mais senão o homem e fê-lo como um *golem*. Quando se preparou para lançar uma alma dentro dele, disse Ele: se eu descê-lo agora, dir-se-á que ele foi meu companheiro na obra da Criação; portanto, vou deixá-lo como um *golem* (numa condição crua, inacabada), até eu terminar de criar todo o resto. Quando Ele criou todo o demais, os anjos disseram-Lhe: Não faras o homem de quem falaste? Respondeu Ele: Eu fiz de há muito, e só falta lançar dentro a alma. E então Ele lançou a alma dentro dele e o desceu sobre a terra e concentrou nele o mundo inteiro. Com ele, Ele começou, com ele, Ele concluiu, como está escrito (Salmos 139:5): Tu me formastes antes e depois [11].

Surpreende a audácia com que o exegeta agadista se afasta da versão bíblica, para começar a Criação com a feitura material do homem na forma de um

10. *Gênesis Rabá*, XXIV, 2, ed. Theodor, p. 230. *Ibid.*, XIV, 8, p. 132. Nesta última passagem, referente a Gênesis 2:7, lemos, de fato: "Ele o colocou (Adão) como um *golem* estendido da terra ao céu e pôs uma alma nele".

11. *Ialkut Schemoní* à Gên. n. 34.

194

golem no qual está contida a força do universo inteiro, mas que recebe sua alma tão-somente ao fim da Criação. Não apenas a segunda e quarta horas da vida de Adão, como aparece no relato anteriormente citado, mas toda a obra da Criação fica entre o homem em sua condição amorfa e o homem como um ser animado. E enquanto, na versão anterior, a terra para fazê-lo foi coletada no mundo inteiro, aqui o mundo inteiro se concentra nele.

Importante, também, para nossos propósitos, é mais um desvio da história bíblica da Criação. Ao passo que, segundo o Gênesis, só depois que Deus transmite o sopro de vida a Adão é que este se torna *nefesch haiá*, uma alma animada (Gên., 2:7), a velha tradição judaica contém várias referências a um espírito terrestre, telúrico, habitando dentro de Adão.

Aqui, como em tantos outros lugares, a Agadá remonta a idéias bem distantes do texto bíblico. Um exemplo semelhante é a estória de que uma mulher teria sido criada antes de Eva, o que pode, é verdade, ter sua origem numa tentativa de solucionar a contradição entre Gênesis 1:27, onde o homem e a mulher são criados simultaneamente, e Gênesis 2:21, onde Eva é feita de uma costela de Adão. Segundo um *midrasch* [12] que, a bem dizer, não é citado nesta forma antes do século IX ou X, uma mulher foi feita para Adão primeiramente de terra, e não de seu flanco ou de sua costela. Esta mulher foi Lilit, que irritou o Senhor da Criação por exigir direitos iguais. Afirmava ela: Nós (Adão e eu) somos iguais, porque ambos viemos da terra. Depois disso eles brigaram e Lilit, amargamente descontente, pronunciou o nome de Deus e fugiu, iniciando sua carreira demoníaca. No século III, esta estória era aparentemente conhecida numa forma algo diferente, sem a demoníaca Lilit. Essa versão fala da "primeira Eva", criada independentemente de Adão, e sem relação, portanto, com Caim e Abel, que lutaram pela posse dela, pelo que Deus fê-la voltar ao pó [13].

12. No *Alphabet de Ben Sira*, ed. M. Steinschneider, 1858, 23a.

13. *Gênesis Rabá*, XXII, 8, ed. Theodor, p. 213. Aparentemente, a idéia de que Eva fora criada do mesmo modo que Adão, mas independentemente dele, estava em curso nas fontes judaicas de gnosticismo ofita, segundo registros de Hipólito (V. 26).

Mas voltando à questão da alma, sustentam, assaz surpreendentemente, as tradições procedentes do segundo século, que Gênesis 1:24 "Produza a terra alma vivente", refere-se ao espírito (*ruach*) do primeiro Adão, que, portanto, não é um *pneuma* soprado nele, mas um espírito terrestre, uma potência vital a habitar dentro da terra. Tenho certeza de que esta concepção se relaciona com idéias gnósticas que, embora adotadas por heréticos, eram originariamente judaicas — um fato que, estranhamente, muitas vezes tem sido negado ou negligenciado. Em seu *Philosophoumena* (V. 26), Hipólito fala de um sistema judaico-cristão de gnose ofítica, provavelmente de meados do século II; sua fonte é o *Livro de Baruch*, de autoria de um, de resto desconhecido, Justino. Segundo este Justino, existiam três princípios originais: o bom Deus; *Elohim*, pai de todas as coisas criadas (a função atribuída a Deus no Gênesis); e *Edem*, também chamada Israel e Terra, que foi meio virgem e meio serpente. A designação *Edem* parece provir de uma confusão feita por hereges judeus, que haviam esquecido o seu hebraico, entre as palavras *adamá*, Terra, e *Eden* (escrito *Edem* na Septuaginta). O *Edem* de Justino tem traços de ambos, ainda que suas principais características fossem as de *adamá*. Segundo Lipsius, trata-se de uma personificação mitológica da terra [14]. Aqui, Adão é identificado com *Edem*, exatamente como no *Midrasch* ele é identificado com *adamá* [15]. Nesta versão, o Paraíso, o Jardim, que aqui, em bom estilo judaico, é diferenciado de Éden, vem a ser a totalidade dos anjos que surgem alegoricamente como as "árvores" do Paraíso. "Mas depois que o Paraíso nasceu do amor recíproco de *Elohim* e *Edem*, os anjos de *Elohim* tomaram uma porção da melhor terra, isto é, não da parte animal perten-

---

14. Richard Lipsius, *Der Gnostizismus*, Leipzig, 1860, 76. A relação com a palavra hebraica *adamá* é reconhecida, corretamente, também por W. Scholz, em *Dokumente der Gnosis*, 1909, p. 24, enquanto que Leisegang, por exemplo, só reconhece a conexão com o Éden bíblico.

15. *Pirké Rabi Eliezer*, XII.

cente a *Edem,* mas das partes humanas e nobres da terra", e daí formaram o homem. Aqui, assim como na tradição contemporânea do *midrasch* acima citado, a alma de Adão, contrariamente à *neschamá,* ou *pneuma,* da Bíblia, que é insuflada em Adão por Deus, vem da virgem Terra, ou *Edem* [16] — e novamente como no *midrasch,* Adão é feito das melhores partes da terra.

Ainda em conformidade com o significado básico de *Edem* como Terra, esta versão prossegue falando das bodas míticas (*gamos*) entre a Terra e *Elohim.* Adão é o "símbolo eterno", "o selo e monumento do amor deles". Assim, elementos telúricos e pneumáticos se associaram em Adão e seus descendentes, pois, conforme diz Justino, *Edem*-Terra "trouxe todo seu poder para *Elohim,* como dote, quando se casaram". Parece-me provável que esta alma telúrica de Adão provenha de especulações judaicas mais antigas (é bem possível que forme a base do *midrasch* sobre a visão que Adão teve das futuras gerações quando ainda era um *golem*) e subseqüentemente, pela intermediação de judeus gnósticos heréticos, veio aos Naassenos e Ofitas, que bem acolheram esta idéia por enquadrar-se com suas próprias noções de *psique* e *pneuma.*

Tais idéias sobre um casamento entre Deus e Terra vieram reaparecer mais tarde, por exemplo, na Cabala espanhola. Ainda assim, elas não desempenham qualquer papel nas concepções posteriores do *golem.* Mas nos países em que o *golem* começou sua carreira durante a Idade Média, sobretudo na Alemanha, deparamos com a estória de que Deus e Terra concluíram um contrato formal quanto à criação de Adão (isso ocorre, por exemplo, numa edição tardia do *Alfabeto de Ben Sira*). Deus exige Adão, como um empréstimo da Terra, pelo prazo de mil anos, e dá-lhe formalmente um recibo por "quatro medidas de terra", assinado como testemunhas pelos Arcan-

---

16. O mesmo repete-se em Hipólito X, 15: "A psique de Edem, a quem o doido Justino também chama de Terra".

jos Miguel e Gabriel e que está depositado até hoje nos arquivos de Metatron, o escrivão celestial [17].

III.

A noção de que um tal ato de criação pudesse ser repetido por meio de magia ou outras artes não exatamente definidas, tiveram uma origem diferente, a saber, nas lendas reportadas no Talmud a respeito de certos rabis famosos dos terceiro e quarto séculos.

Rava disse: Se os justos o quisessem, poderiam criar um mundo, pois está escrito (Isa., 59,2): "As vossas iniqüidades fizeram uma separação entre vós e vosso Deus". A dedução é que, se um homem é puro, sem pecados, seu poder criador não se acha mais "separado" de Deus. E o texto prossegue como se seu autor quisesse demonstrar esse poder criador: "Pois Rava criou um homem e enviou-o a Rabi Zera. O rabi falou-lhe e o homem não respondeu. Então o rabi disse: Você deve ter sido feito pelos companheiros (membros da academia talmúdica); volte ao seu pó!" A palavra aramaica aqui traduzida por "companheiros" é ambígua. Segundo alguns eruditos, a frase de Rabi Zera deveria ser interpretada como significando: "Você deve vir dos mágicos". No Talmud, esta passagem é seguida imediatamente por uma outra estória: "Rav Hanina e Rav Oschaia ocupavam-se a cada véspera de Sábado com o *Livro da Criação* — ou com uma outra leitura: com as instruções (*halahot*) a respeito de criação. Eles fizeram uma novilha de um terço do tamanho natural, e comeram-na" [18].

Assim, o poder criador dos justos é limitado. Rava é capaz de criar um homem que pode ir até Rabi Zera, mas não pode dotá-lo de fala, e por causa do silêncio dele, Rabi Zera reconhece sua verdadeira

17. O texto do contrato está em N. Bruell, *Jahrbucher fuer juedische Geschichte und Literatur*, XX, 1889, p. 16. Cf. também a passagem do *Midrasch ha-Neelam* no Zohar Hadasch, 1885, 16b, segundo a qual céu, terra e água serviram a Deus como construtores, mas foram incapazes de dar a Adão uma alma, até que "Deus e Terra se juntaram para fazê-lo". A exclamação de Deus, "façamos o homem", foi dirigida não aos anjos mas à terra, que produziu o *golem* de Adão (aqui simplesmente "corpo"). Para a idéia de um contrato, há um paralelo num *midrasch* de origem desconhecida, em *Ialkut Schimoni*, I, 41, onde Deus celebra um contrato com Adão, sob a condição de que David receba setenta anos de vida (os quais Adão cede, em parte, de sua própria cota de 1.000 anos). Deus e Metatron assinam, ambos, o contrato.

18. Sanhedrin, 65b. A última secção é repetida em 67b, onde o procedimento é considerado "permissível em qualquer caso", à distinção da magia negra, que é proibida, ainda que nenhuma razão exata seja oferecida.

198

natureza. Este homem artificial ou mágico é sempre carente de alguma função essencial. Não somos informados de como ele foi criado, a não ser que devamos inferir de uma outra lenda acerca da novilha sabática que os métodos de Hanina e Oschaia foram posteriormente conhecidos por Rava. O cenário de uma destas lendas é a Palestina, o da outra é a Babilônia.

Parece plausível — e assim sempre foi pressuposto pela tradição judaica — que esta criação envolvesse magia, embora numa forma perfeitamente permissível. As letras do alfabeto — e muito mais ainda as do nome divino ou da Torá inteira, que foi o instrumento de Deus na Criação — têm poder mágico, secreto. O iniciado sabe como usá-las. Bezalel, que construiu o Tabernáculo, "conhecia as combinações das letras com as quais foram feitos o céu e a terra" — eis o que lemos no nome de um erudito babilônico do começo do século III, o mais eminente representante na sua geração da tradição esotérica [19]. As letras em questão eram indubitavelmente as do nome de Deus [20], pois era em geral admitido pelos pensadores esotéricos judaicos daquela época que céu e terra haviam sido criados pelo grande nome de Deus. Ao construir os Tabernáculos, Bezalel fora capaz de imitar a Criação, ainda que em pequena escala. Pois o Tabernáculo é um microcosmo completo, uma cópia miraculosa de tudo quanto existe no céu e na terra.

Uma tradição semelhante acerca do poder criador das letras forma a base do seguinte *midrasch* sobre Jó, 28,13, no qual aquilo que se diz, em Jó, a respeito de sabedoria, é aplicado à Torá: "Ninguém conhece sua ordem (certa), pois as seções da Torá não estão dadas na seqüência correta. Se estivessem, qualquer pessoa que sabe ler nela seria capaz de criar um mundo, ressuscitar os mortos, e fazer mi-

19. Berachot 55a.

20. Corretamente assim compreendido por L. Blau, *in Altjuedisches Zauberwesen*, Budapest, 1898, p. 122. Blau, contudo, não tinha conhecimento da passagem paralela, em *Grandes Hekhalót*, IX, onde o significado das letras está explicitamente indicado.

lagres. Por isso a ordem da Torá foi escondida e só Deus a conhece"[21].

Isto nos leva ao texto que teve uma parte tão importante na evolução do conceito do *golem*: o *Sefer Ietzirá* ou *Livro da Criação*. Não há certeza de qual das duas leituras da acima mencionada lenda acerca da novilha sabática é a correta, se ela de fato deve ser tomada como uma referência ao curto mas desconcertante *Sefer Ietzirá*, que chegou até nós, ou se os rabis derivaram suas instruções taumatúrgicas de outras, de resto desconhecidas, "instruções para criação (mágica)". O fato de o *Sefer Ietzirá* ser mencionado nessa passagem não se me afigura tão impossível quanto numerosos autores o supõem. Não conhecemos a data exata do surgimento deste texto enigmático que expõe o significado, ou função, das "trinta e duas formas de sabedoria", isto é, das dez *sefirót*, ou números originais, e das vinte e duas consoantes do alfabeto hebraico. Podemos estar certos, apenas, de que foi escrito por um neopitagórico judaico, em algum momento entre o terceiro e sexto séculos[22].

Algumas passagens desse livro são de fundamental importância no nosso contexto. A idéia do *golem*, na verdade, não tem relação com a concepção das dez *sefirót* tal como exposta nesse livro, tampouco deve algo ao simbolismo cabalístico posterior das dez *sefirót*. Significativos para a criação do *golem* foram os nomes de Deus e as letras, que são as assinaturas de toda criação. Estas letras são os elementos estruturais, as pedras com as quais foi erguido o edifício da Criação. O termo hebraico usado pelo autor ao falar das consoantes como "letras elementares", reflete indubitavelmente a ambivalência da palavra grega *stoicheia*, que tanto significa letras como elementos.

A respeito desses elementos e de sua função na Criação, lemos no capítulo segundo: "Vinte e duas

21. *Midrasch Tehilím*, ao Salmo 3, ed. S. Buber, 17a. Rabi Eleazar, que transmitiu esta tradição, viveu no século III. Cf. acima, Cap. 2, p. 49 e s.

22. Cf. meu artigo "Jezirabuch", *in Encyclopaedia Judaica*, IX, 1932, 104-11. Como irei explicar em outra parte, inclino-me agora (1960), por uma data mais antiga.

200

letras-elementos: Ele esboçou-as, esculpiu-as, pesou-as, combinou-as e modificou-as (transformou-as de acordo com certas leis) e por meio delas criou a alma de toda a criação e tudo o mais que em qualquer tempo houvesse de ser criado". E mais:

> Como foi que Ele as combinou, pesou e modificou? A (que em hebraico é uma consoante) com todas (outras consoantes) e todas com A; B com todas e todas com B; G com todas e todas com G; e todas elas voltam num círculo ao começo, através de duzentos e trinta e um portões — o número dos pares passíveis de serem formados dos vinte e dois elementos — e assim resulta que tudo o que foi criado e tudo o que foi falado *provém de um nome.*

Mas o contexto e o estilo lingüístico deixam claro que o nome, de onde procedem todas as coisas, é o nome de Deus e não "um grupo qualquer de consoantes combinadas para formar um nome" [23]. Assim, em cada "portal" dentro do círculo formado pelas letras do alfabeto, encontra-se uma combinação de duas consoantes, que, de conformidade com as noções gramaticais do autor, correspondem às raízes de letras duplas da língua hebraica, e por esses portais o poder criador sai para o universo. O conjunto deste universo está selado em todos os seus seis lados com as seis permutações do nome IHWH, mas toda e qualquer coisa ou ser neste universo existe por força de uma dessas combinações, que são as verdadeiras "assinaturas" de toda existência, como foi expresso numa formulação sugestiva de Jacob Boehme [24].

O *Sefer Ietzirá* descreve em largas pinceladas, mas com certas minúcias astrológico-astronômicas e anatômicas, como o cosmo foi construído — mormente a partir das vinte e duas letras, pois depois do primeiro capítulo não é feita nenhuma menção às dez *sefirót.* O homem é um microcosmo sintonizado com o mundo grande. A exposição resumida, dogmática, nada nos conta a respeito de como vieram a existir as coisas e processos não mencionados. Ainda que

23. Como L. Goldschmidt explica, *in Das Bucher der Schoepfung,* 1894, p. 84, e, em sua esteira, vários outros tradutores recentes.

24. Johann Friedrich von Meyer, *Das Buch Jezira,* Leipzig, 1930, p. 24.

o tratado seja apresentado como um guia teórico para a estrutura da criação, é bem concebível que fosse destinado a servir como manual de práticas mágicas, ou pelo menos como uma declaração de princípios gerais, a ser suplementada por instruções mais minuciosas — possivelmente orais — a respeito da aplicação desses princípios a outras coisas. É óbvia a afinidade entre a teoria lingüística exposta no livro e a crença mágica fundamental na força das letras e palavras.

Através dos comentários medievais sobre o *Sefer Ietzirá,* alguns filosóficos, outros de cunho mágico--místico, sabemos que o livro foi interpretado de ambas as maneiras. Cabe sem dúvida perguntar, se corresponde à intenção primitiva do livro, a tradição dos judeus alemães e franceses que o liam como um manual de magia [25]. Mas a parte final do livro parece apontar fortemente nessa direção, e certamente não defende o contrário. Nessa conclusão, atribui-se compreensão do poder criador dos elementos lingüísticos, a Abraão como o primeiro profeta do monoteísmo:

Quando veio nosso Pai Abraão, ele contemplou, meditou e observou [26], investigou e compreendeu e acentuou e cavou e formou (i.é., criou) [27] *e conseguiu.* Então o Senhor do Mundo Se lhe revelou, tomou-o em seu regaço e beijou-o na testa e o chamou de Seu amigo (outra versão acrescenta: e fê-lo Seu filho) e estabeleceu uma aliança eterna com ele e sua semente.

25. Esta concepção era corrente, não só entre os esotéricos judeus da França e Alemanha, mas aparece também no comentário de Raschi sobre a narração talmúdica relativa ao "homem" de Rava. De um modo geral, Raschi (morreu em 1103, em Troyers) reflete uma tradição erudita mais antiga.

26. Esta ênfase pronunciada nas meditações de Abraão falta em certos textos antigos do livro de Saádia, por exemplo.

27. Este verbo "formou" (*ve-tzar*) está presente no texto, ao final do comentário de Iehudá ben Barzilai, ed. Halberstamm, p. 266, mas não aparece (por engano, sem dúvida) ao fundo da página 99. Saádia (ed. Lambert, p. 104) também o leu, embora na sua versão a seqüência dos verbos seja diferente. No texto do livro, esta forma do verbo é sempre utilizada no contexto da criação de coisas individuais e tem o sentido de "criou". Iehudá ben Barzilai (p. 266) reinterpreta artificialmente de modo a eliminar o sentido claro dos dois verbos ("ele combinou as letras e criou"), usados aqui para as atividades tanto de Deus como de Abraão. De acordo com ele, as palavras teriam sentido diferente em relação a Deus e, respectivamente, Abraão. Mas o texto não oferece base para tal interpretação.

202

Comentaristas medievais ou modernos, pretendendo ignorar as tendências mágicas do livro, encontraram toda sorte de reflexões edificantes a fim de desconsiderar esta conclusão. Mas o estranho "ele criou e conseguiu" não se refere meramente a bem sucedidos esforços especulativos de Abraão, mas explicitamente às suas operações com letras, nas quais repete sobretudo as palavras empregadas por Deus nas Suas atividades criadoras. Parece-me que o autor desta frase se referia a um método que permitia a Abraão, por força de sua compreensão do sistema das coisas e da potência das letras, imitar e de certa forma repetir o ato de Criação de Deus.

Esta concepção é apoiada pelo fato de que os velhos manuscritos do *Livro da Criação* não ostentavam apenas o título *Hilchot Ietzirá* (sugerido pela leitura acima mencionada da passagem talmúdica acerca da novilha sabática, a não ser que seja o contrário e que o Talmud se refira a este título), mas também trazem, no começo e ao fim, o título adicional: "Alfabeto de Nosso Pai Abraão", *Otiót de--Abraham Avinu.* Iehudá ben Barzilai, que, em começos do século XII, no Sul da França ou na Catalunha, escreveu seu volumoso comentário, onde cita muitas versões antigas, relata, além do mais [28], que o título acrescentava: "Todo homem que olha para ele (i.é., quem se submerge nele contemplativamente) [29], fica com a sabedoria fora de medida" — vale dizer, comparável à sapiência criadora de Deus!

Assim, parece-me que os *hassidim* alemães, que comentaram a obra no século XIII, não estavam demasiado longe do sentido literal do texto, ao afirmar que Abraão havia criado seres por meio de um processo mágico descrito, ou ao menos sugerido, no *Sefer Ietzirá*. Em círculos místicos e no mínimo entre os *hassidim* alemães, o versículo de Gênesis (12:5) segundo o qual Abraão e Sara levaram "as almas que

28. Comentário ao *Livro Ietzirá*, ed. Halberstamm, pp. 100 e 268. De fato, tal texto encontra-se no Museu Britânico, MS do *Livro Ietzirá*, cf. o catálogo de Margoliouth, n. 600, Vol. II, p. 197.

29. No hebraico dos mais antigos textos esotéricos da época talmúdica, o verbo *tzafá* sempre é usado no sentido de uma profunda visão contemplativa.

203

haviam feito em Harã" com eles em sua viagem em direção ao oeste, sempre foi interpretada como referência a esta criação mágica [30]. Deparamo-nos aqui, evidentemente, com um problema. Se formulada em época tão remota quanto seja possível pensar, ou só no curso do desenvolvimento medieval das idéias sobre o *golem*, tal exegese implica claro desvio da exegese tradicional de Gênesis 12:5. Na Agadá esotérica, as "almas" feitas por Abraão e Sara são interpretadas como sendo prosélitos entre os homens e mulheres de sua geração, convertidos à fé no Deus Único. Um comentário do século II, diz: "Devemos acreditar que Abraão foi capaz de fazer almas? Pois, se todas as criaturas do mundo se juntassem para fazer um simples mosquito e dotá-lo de uma alma, não o conseguiriam!" [31] Assim como um homem não é capaz de fazer um mosquito, podem os demônios, de acordo com outra tradição [32], fazer algo menor que um grão de cevada. Mas os que defendiam uma interpretação taumatúrgica do *Sefer Ietzirá*, acreditando que com sua ajuda se poderia criar um homem ou um *golem*, interpretavam Gênesis 12:5 (onde *nefesch*, "almas", pode também significar pessoas, ou, mesmo, como no *Sefer Ietzirá*, "organismos humanos") como sendo o resultado do estudo desse livro por Abraão. Isto servia para adotar a interpretação que fontes mais antigas rejeitavam com tanta indignação.

Se esta exegese de Gênesis 12:5 é antiga, a pergunta polêmica do *midrasch* — "Devemos acreditar que Abraão foi capaz de fazer almas?" — pode muito bem ter sido dirigida contra sua voga em círculos esotéricos. Mas mesmo que ela fosse nova para a Idade

---

30. Assim, em Eleazar de Worms, *Hohmat ha-Nefesch*, 1876, 5d, em cujo entender este versículo diz que Abraão e Schem, filho de Noé (e não de Sarai), haviam-se ocupado com o *Sefer Ietzirá*. Uma noção parecida é encontrada ao final, não-impresso, do Pseudo-Saádia sobre o *Sefer Ietzirá*, MS Munique, 40, Fol. 77a, onde também se lê: "Como alguém que demonstra sua força ao povo, assim fez Abraão, e criou pessoas, *nefaschót*, a fim de demonstrar o poder de Deus, que conferiu força (criadora) às letras".

31. *Gênesis Rabá*, XXXIX, 14, ed. Theodor, pp. 378-9, e os paralelos aí anotados. A passagem a respeito da impossibilidade de criar um mosquito já consta das *Sifré* tanaíticas a Deut. 6:5, ed. Finkelstein, p. 54.

32. Sanhedrin, 67b.

Média, certamente precede o ritual do qual falaremos mais adiante. Ainda assim essa interpretação nada nos diz sobre a natureza das pessoas assim criadas, exceto que Abraão as levou consigo; de modo que, como o homem criado por Rava, deviam estar em condições de locomover-se. Não são portanto condensações simbólicas do ritual mágico, pois acompanharam fisicamente Abraão em sua viagem. Esta exegese, portanto, antes de ser tomada como uma imitação da estória talmúdica sobre Rava, é inspirada pelas conclusões definitivamente taumatúrgicas do *Sefer Ietzirá*. Considero esta última explicação mais plausível do que qualquer outra. Iehudá ben Barzilai, que dispôs de excelentes fontes antigas, não estava, no entanto, familiarizado com esta explicação, pois do contrário tê-la-ia mencionado ao final do seu comentário, juntamente com as outras *agadót* aí citadas. Mas independentemente da idade desta exegese de Gênesis 12: 5, acredito que a interpretação atual das últimas linhas do *Sefer Ietzirá* segue-se, necessariamente, do próprio texto.

Se esotéricos judeus, já no século III — no caso do *Sefer Ietzirá* datar de fato dessa época — julgaram Abraão capaz de tão milagrosa criação por força de sua compreensão dos *hilhot ietzirá,* justifica-se então que tracemos um paralelo entre essas concepções e algumas outras em curso aproximadamente na mesma época. Tal comparação faria parecer lançar nova luz sobre um número importante de assuntos que até agora permaneciam obscuros. Graetz foi o primeiro a supor que o esotericismo ou a gnose ortodoxa judaica do *Sefer Ietzirá* tivesse alguma relação com certas noções registradas nos *Pseudo-Clementinos* [33]. Esses livros, que contêm uma boa dose de material judaico e semijudaico (Ebionita) dos mais interessantes, constituem uma estranha mistura judio-cristão-helenística, redigida no século IV — a época de Rava e de seu *golem* — a partir de fontes mais antigas.

---

33. H. Graetz, *Gnostizismus und Judentum*, Krotoschin, 1846, pp. 110-15. H. J. Schoeps, *Theologie und Geschichte des Judenchristentums*, 1949, p. 207, parece adotar uma atitude muito reservada face a essas relações, mas não se aprofunda no assunto.

Nos capítulos semignósticos das "homilias" sobre Simão Magno, encontramos [34] um paralelo marcante com as noções acima mencionadas dos taumaturgos judaicos e com as idéias igualmente semignósticas do *Sefer Ietzirá*. A Simão Magno é atribuída a jactância de ter criado um homem, não de terra, mas de ar, por meio de transformações teúrgicas (*Theiai tropai*) e — exatamente como mais tarde nas instruções sobre a criação do *golem!* — de ter voltado a reduzi-lo aos seus elementos, "desfazendo" as referidas transformações.

Primeiro, diz ele, o pneuma humano transformou-se em natureza quente e sugou todo ar em volta, qual uma ventosa. A seguir, transformou esse ar que havia tomado forma dentro do pneuma em água, e depois em sangue..., e do sangue ele fez carne. Quando a carne se tornou firme, tinha produzido um homem, não de terra mas de ar, convencendo-se a si mesmo de que era capaz de produzir um novo homem. Também pretendeu tê-lo retornado ao ar, desfazendo as transformações.

O que aqui é realizado por meio de transformações do ar, o adepto judeu consegue, levando a cabo transformações mágicas da terra através do influxo do "alfabeto" do *Sefer Ietzirá*. Em ambos os casos, tal criação não tem nenhum propósito prático, mas serve para demonstrar o "grau" do adepto como criador. Houve quem admitisse que esta passagem nos *Pseudo-Clementinos* chegou, por meios desconhecidos, aos alquimistas, e finalmente levou Paracelso à idéia do *homunculus* [35]. O paralelo com o *golem* judaico certamente é tanto mais notável. As "transformações divinas" nos trabalhos de Simão Magno lembram muito as "transformações" (*temurót*) criativas das letras do *Sefer Ietzirá*.

34. *Homilia,* II, 26, Hehm, p. 46.
35. Jacoby, *in Handwoerterbuch des deutschen Aberglaubens*, IV, 289. O fato de existirem, para tais idéias, paralelos notáveis em antigos escritos apócrifos cristãos, fica demonstrado pelas lendas amplamente difundidas acerca da infância de Jesus, nas quais se relata que ele fizera pássaros, de barro, que levantaram vôo. Oscar Daenhardt, *in Natursagen*, II (*Sagen zum Neuen Testament*), 1909, pp. 71-6, colecionou o vasto material sobre essas concepções que remontam ao século II. No tratamento medieval árabe e judaico deste tema, os componentes mágicos surgem exatamente como nos relatos sobre a criação de *golems*. Segundo o *Toldot Ieschu,* um texto hebraico (anticristão) da baixa Idade Média, Jesus provou sua pretensão de ser o filho de Deus, fazendo pássaros de barro e pronunciando sobre estes o nome de Deus, depois do que eles adquiriram vida, ergueram-se e levantaram vôo.

206

IV.

As idéias acima expostas representam a concepção medieval do *golem* que surgiu entre os *hassidim* alemães e franceses. Encontramos aí uma convergência peculiar de lenda e ritual. Os membros dos fortes movimentos esotéricos que surgiram entre os judeus na época das Cruzadas estavam ansiosos para perpetuar, ainda que só por meio de ritos de iniciação que proporcionavam ao adepto uma experiência mística do poder criador inerente aos piedosos, os êxitos atribuídos a Abraão e Rava e outros homens piedosos dos velhos tempos, nas lendas apócrifas, algumas das quais eram, segundo parece, correntes antes mesmo do século XI.

Gostaria de fazer algumas breves observações que são importantes para a compreensão deste desenvolvimento. O *golem* — a partir de fins do século XII o nome aparece em certo número de textos com o sentido de criatura semelhante a um homem, produzida pelo poder mágico humano [36] — começa como uma figura lendária. A seguir é transformado no objeto de um ritual místico de iniciação, que parece ter sido realmente realizado, destinado a confirmar o adepto em sua mestria sobre os conhecimentos secretos. Depois, nos murmúrios dos profanos, degenera uma vez mais em figura lendária, ou, pode-se até dizer, mito telúrico. Os *hassidim* primitivos e mais tarde alguns cabalistas preocuparam-se muito com a natureza deste *golem*. O homem é um ser terrestre, mas tem um poder mágico. O problema poderia ser formulado da seguinte maneira: cria ele, com seu po-

---

36. Primeiro nos comentários ao *Ietzirá* de Eleazar de Worms, e no Pseudo-Saádia, ambos pertencendo ao mesmo grupo; cf. *Leschonenu*, VI, Jerusalém, 1935, p. 40. No mesmo periódico, XII, 1944, pp. 50-1, J. Tishby chama a atenção para uma passagem, na tradução parafraseada, feita provavelmente no século XII, do *Kuzari*, de Judá Halevi, IV, 25, que, ao seu ver, possivelmente explica a mudança para o novo emprego da palavra *golem*. Afirma-se, aí, numa discussão sobre o *Sefer Ietzirá*, que se o homem tem o mesmo poder que Deus (para quem a idéia de uma coisa, o nome e a própria coisa mesma são uma só coisa) "ele poderia, através da sua palavra, criar *corpos* (*guelamím*) e alcançar o poder de Deus na criação, o que é absolutamente impossível." O uso de *golem* no sentido de corpo é bastante comum nos séculos XII e XIII. Tishby acredita, contudo, que o contexto especial desta passagem pode ter provocado a mudança para o novo emprego entre os *hassidim*. Mas já que os *hassidim* liam o *Kuzari* na tradução feita por Iehudá ibn Tibon (1176), na qual a palavra *golem* não é utilizada, esta explicação não me parece muito plausível.

der mágico, um ser puramente mágico, ou é um ser relacionado com a origem telúrica do homem? Parece-me que ambas estas possibilidades conflitantes tiveram sua parte no desenvolvimento das concepções medievais do *golem*.

Uma outra observação preliminar ainda se faz necessária. Os *hassidim* consideraram, segundo parece, a magia efetuada pela aplicação das instruções encontradas, ou supostamente encontradas, no *Sefer Ietzirá*, como uma faculdade natural de que o homem é dotado dentro de certos limites. A Criação mesma, segundo este ponto de vista, é mágica, de ponta a ponta: todas as coisas nela vivem em virtude dos nomes secretos que nelas habitam. Desta forma, o conhecimento mágico não é uma perversão, mas um conhecimento puro e sagrado que pertence ao homem enquanto imagem de Deus. Este ponto de vista, que predomina nos seguintes relatos, instruções e lendas, precisa ser rigorosamente distinguido do ponto de vista especificamente cabalístico subjacente, por exemplo, ao *Zohar*. Pois aí[37] a magia é apresentada como uma faculdade que se manifestou primeiro na queda de Adão e se originou da corrupção do homem, de seu liame com a terra da qual ele provém. O *Zohar* descreve este conhecimento mágico, que obviamente não é idêntico ao do *Sefer Ietzirá*, como um saber concernente às folhas da Árvore do Conhecimento. As folhas da Árvore da Morte, com que Adão vela sua nudez, são o símbolo central do verdadeiro saber mágico. A magia aparece como um conhecimento que serve para velar a nudez de Adão, surgida quando seu traje de luz celestial foi dele removido. É magia demonizada, que veio a existir com a corporalidade terrestre resultante da queda e liga-se à existência do corpo. Enquanto Adão tinha seu traje de luz, seu *kotnót or* — literalmente, trajes de luz — que um *midrasch* esotérico, datando de meados do século II, atribuiu-lhe no lugar dos *kotnót or* — trajes de pele — do Gênesis, 3:21[38], sua essência espiritual excluía

37. Cf. principalmente *Zohar*, I, 36b, 56a.

38. Rabi Meír, in *Gênesis Rabá*, XX, 12, ed. Theodor, p. 196. Esta tese dos esotéricos judeus parece estar ligada à famosa interpretação espiritualista de Orígenes, mais tarde acerbamente atacada por Jerônimo, segundo a qual os "trajes de pele" representavam o corpo material. Esta tese ocorre freqüentemente na literatura cabalística.

o relacionamento mágico com a natureza terrestre, pertencente ao domínio da Árvore do Conhecimento e da Morte. Parece-me que as formas posteriores da concepção do *golem*, com sua ênfase sobre perigo e destrutividade, sobre os aspectos telúricos do *golem*, foram em parte influenciadas por essas concepções de magia cabalística, mas no estado atual do nosso conhecimento não podemos ter certeza. Em todo caso, esta concepção de magia não desempenha papel algum na história primitiva do *golem*.

Os testemunhos medievais mais antigos sobre a interpretação mágica do *Sefer Ietzirá* encontram-se na parte final do comentário sobre esse livro, de autoria de Iudá ben Barzilai. Pode ser provado, além de qualquer dúvida, que essas páginas foram lidas pelo menos por Eleazar de Worms, e eram provavelmente do conhecimento do grupo todo de *hassidim* da Renânia, lá por volta do século XII. Incluem elas um fragmento sobre Abraão e uma notável versão apócrifa da passagem talmúdica acerca de Rava e Zera, versão essa que difere extensamente e de forma muito característica do original talmúdico. Uma vez que o autor revela em outra parte (p. 124) que conhece também a forma autêntica da estória, é claro, como diz no começo do seu comentário, que na realidade está copiando "velhas recensões" do *Sefer Ietzirá*, em cujo final encontrara esses fragmentos. Eles têm despertado pouca atenção [39], mas em nosso contexto vale a pena citá-los na íntegra:

Quando nasceu nosso Pai Abraão, os anjos falaram a Deus: Senhor do Mundo, tendes um amigo neste mundo e pretendeis manter algo escondido dele? Deus respondeu incontinênti (Gên., 18:17): "Estarei de fato escondendo algo de Abraão?", e Ele aconselhou-se com a Torá e disse: Minha filha, venha e iremos casá-la com meu amigo Abraão. Ela respondeu: Não, até que o Delicado (i.é., Moisés) venha e tome (a palavra hebraica pode também significar "case") a Delicada (a Torá). Após o que, Deus se aconselhou com o *Sefer Ietzirá*, falou-lhe a mesma coisa e entregou-o a Abraão. Ele sentou-se sozinho e meditou (*meayyen*) a seu respeito, mas não conseguiu entender nada até que saiu uma voz celestial, dizendo-lhe: "Estás tentando pretender ser igual a mim? Eu sou Um, e criei o *Livro Ietzirá* e estudei-o: mas tu

39. Uma breve referência à passagem encontra-se em L. Ginzberg, *Legends of the Jews*, V, p. 210.

209

sozinho não o entenderás. Toma, portanto, um companheiro, e meditai juntos, e o compreendereis." Depois disso, Abraão foi ter com seu mestre Schem, filho de Noé, e sentou com ele por três anos, e ficaram meditando até que souberam como criar um mundo. E até o dia de hoje não há quem consiga entendê-lo sozinho, dois eruditos (são necessários), e mesmo eles só o entendem após três anos, depois do que podem fazer qualquer coisa que seu coração deseje. Rava também queria entender o livro sozinho. Mas Rabi Zera falou-lhe: "Está escrito (Jer., 50:36): Uma espada ergue-se sobre o singular, e eles hão de caducar", vale dizer: Uma espada ergue-se sobre os eruditos que sentam a sós, cada um por si, ocupando-se da Torá [40]. Vamos então nos encontrar e nos ocupar do *Sefer Ietzirá*. E sentaram-se, pois, e meditaram sobre o livro durante três anos e chegaram a entendê-lo. Ao assim fazerem, um bezerro lhes foi criado e eles o abateram a fim de celebrar a conclusão do tratado. Tão logo o abateram, esqueceram-no (i.é., a compreensão do *Sefer Ietzirá*). Depois sentaram-se novamente por três anos e produziram-no mais uma vez.

Acredito que esta passagem foi a origem da concepção hassídica de que a criação do *golem* constituía um ritual. Isso está mais ou menos implícito na própria passagem, quando ao concluírem seu estudo os rabis querem celebrar, como era costume, ao se concluir um tratado talmúdico. Nesta forma da lenda, a criação mágica surge como confirmação e conclusão do estudo do *Sefer Ietzirá*. Além disso, nos é dito no que é inconfundivelmente uma reinterpretação do relato talmúdico original sobre Hanina e Oschaia (confundidos, aqui, com Rava e Zera), que essa criação não deve servir para nenhum propósito prático. No momento em que abatem o bezerro para comê-lo na celebração, esquecem tudo quanto havia estudado! Aí, pois, um motivo inteiramente novo passa a ser desenvolvido a partir da forma talmúdica da lenda. Essa criação de um *golem* é um fim em si, um ritual de iniciação aos segredos da criação. Destarte, não surpreende mais que as instruções sobre a feitura de um *golem* tenham aparecido, originalmente, como a conclusão do estudo do *Livro da Criação*, exatamente como no-lo conta Eleazar de Worms ao final do seu

40. Estas linhas, tomadas de uma outra passagem talmúdica (Berakhot 63b), não estão aqui completamente fora de propósito. A palavra *badim*, originalmente significando "mentirosos", é tomada no sentido de *bodedim*, "aqueles que sentam sós".

210

comentário ao livro. Um tal ritual na conclusão do estudo do livro talvez fosse do conhecimento de grupos posteriores, que não estavam demasiado interessados na idéia do *golem*. O filósofo marroquino Iudá ben Nissim ibn Malka, uma espécie de cabalista independente, relata em seu comentário árabe sobre o *Sefer Ietzirá* (c. 1365), que estudiosos do livro recebiam um manuscrito mágico denominado *Sefer Raziel*, que consistia em selos, figuras mágicas, nomes secretos e encantações [41].

A versão apócrifa da estória, em Iudá ben Barzilai, está intimamente ligada a uma outra versão que encontramos num obscuro *midrasch* tardio datando, provavelmente, do século XII [42]. Também aí o estudo confere poderes capazes de criar mundos, mas, realizado não por dois, mas por três eruditos:

> Quando Deus criou o Seu mundo, Ele primeiramente criou o *Livro da Criação*, e olhou nele e daí criou seu mundo. Quando completou sua Obra, colocou-o (o *Sefer Ietzirá*) dentro da Torá e mostrou-o a Abraão, que no entanto nada entendeu. Então uma voz celestial soou e disse: Estás realmente tentando comparar teu conhecimento com o meu? Pois nisto não podes entender nada sozinho. Depois Abraão foi procurar Eber e foi procurar Schem, seu mestre, e meditaram a este respeito por três anos, até que souberam como criar um mundo. E assim, tanto Rava quanto Rabi Zera se ocuparam do *Sefer Ietzirá* e um bezerro lhes foi criado, que abateram, e Jeremias [43] e Ben Sira também se ocuparam com ele por três anos, e um homem lhes foi criado.

O autor desta passagem parece pouco perturbado com a desproporção existente entre a criação de um mundo e a criação de um bezerro. O conhecimento da criação de um mundo é puramente contemplativo, ao passo que, como haveremos de ver, o conhecimento da criação de um homem, atribuído aqui a Jeremias e

41. George Vajda, *Juda ben Nissim ibn Malka, philosophe juif marocain*, Paris, 1954, p. 171. Vajda acha que o livro era entregue no início do estudo, mas do texto isto não se deduz com certeza. Talvez o fosse dado no contexto de uma iniciação no momento da conclusão do estudo.

42. "Neue Pesikta", *in Bet ha-Midrasch*, de Jellinek, VI, pp. 36-7.

43. Em Jellinek lemos: R. Hiia, sem dúvida uma corrupção de Jeremias, facilmente explicável por motivos de ordem gráfica.

211

seu filho Ben Sira, sugere ainda outros matizes de interpretação. Não é acidental o número de dois ou três adeptos que estudam juntos e que realizam em conjunto o ritual da feitura de um *golem*. Parece basear-se numa ordenação contida na *Mischná* (Hagiga II, 1), segundo a qual, mesmo que todos os outros requisitos morais para o estudo de uma doutrina secreta sejam satisfeitos, um homem não deve ocupar-se de criação (isto é, do primeiro capítulo da Bíblia e, por extensão, de cosmogonia em geral) na presença de mais do que duas outras pessoas. Esta proibição parece ter-se estendido ao *Livro da Criação*.

O final da última citação, acima, é a referência mais antiga presentemente conhecida à criação de um *golem* por Ben Sira e seu pai. Temos mais três relatos, pelo menos, que passarei a citar aqui juntos, por causa da luz que lançam sobre certos aspectos da concepção do *golem*.

a) No prefácio de um comentário anônimo ao *Sefer Ietzirá*, conhecido como Pseudo-Saádia, encontramos algumas poucas linhas a respeito de Abraão que conformam com as acima citadas [44]. O autor então prossegue: "Conta o *Midrasch* que Jeremias e Ben Sira [45] criaram um homem por meio do *Sefer Ietzirá*, e à sua fronte estava escrito *emet*, verdade, o nome que Ele proferira com respeito à criatura como a culminação de Sua obra. Mas este homem apagou o *alef*, com o que pretendia dizer que só Deus é verdade, e ele teve que morrer". Está claro aqui que o *golem* é uma repetição da criação de Adão, no tocante ao qual somos aqui informados, pela primeira vez, que então também o nome "verdade" foi pronunciado. Segundo um bem conhecido dito talmúdico (Schabat 55a), "verdade" é o selo de Deus. Aqui é ele impresso na Sua criação mais nobre.

44. Editado por M. Steinschneider, *Magazin fuer die Wissenschaft des Judentums*, 1892, p. 83. No tocante à "tradição", comunicada por Steinschneider no começo do seu texto, sobre o estudo do *Ietzirá*, por Abraão, cf. a passagem exatamente correspondente em *Sefer Rokeach* (*Hilkhot Hassidut*), de Eleazar de Worms, reproduzida por Ginzberg, em *Legends*, V, p. 210.

45. Segundo uma tradição que provavelmente remonta à baixa Idade Média, Ben Sira seria um filho do profeta; concluiu-se isso pelo fato de os nomes Sira e Jeremias terem o mesmo valor numérico (271) no alfabeto hebraico.

b) A versão registrada em Regensburgo por alunos de Rabi Iudá, o Pio, de Spiro (morreu em 1217), é mais explícita: [46]

Ben Sira queria estudar o *Sefer Ietzirá*. Uma voz celestial então se fez ouvir: Não poderás fazê-lo (uma tal criatura) sozinho. Ele foi procurar Jeremias, seu pai. Ocuparam-se disso e ao fim de três anos um homem lhes foi criado, sobre cuja testa estava escrito *emet*, como na testa de Adão. Então o homem que haviam feito falou-lhes: Deus sozinho criou Adão, e quando quis deixar Adão morrer, apagou o *alef* de *emet* e ficou *met*, morte. É o que devíeis fazer comigo e não criar outro homem, para que o mundo não sucumba à idolatria como nos dias de Enos [47]. O homem criado disse-lhes: Invertam a combinação de letras (por meio da qual fora criado) e apaguem o *alef* da palavra *emet* sobre a minha fronte — e imediatamente ele se desmanchou em pó.

Como vimos, o *golem* de Ben Sira estava muito próximo a Adão; era até dotado de fala, com a qual advertiu seus fazedores contra a continuidade de tais práticas. Adiante, terei mais o que dizer a respeito desta advertência contra a idolatria e o exemplo de Enos. O *golem* é destruído pela reversão da combinação mágica de letras por cujo intermédio fora chamado à vida, e, ao mesmo tempo, pela destruição, simultaneamente real e simbólica, do selo de Deus em sua testa. O selo parece ter aparecido espontaneamente no curso do processo mágico de criação, sem que tenha sido inscrito pelos adeptos.

c) Uma interessante ampliação desta passagem encontra-se num texto do começo do século XIII, surgido entre os cabalistas primitivos do Languedoc, e que indica claramente a existência de laços entre este grupo e os *hassidim* da Renânia e do Norte da França. Num pseudo-epígrafo atribuído ao tanaíta Iehudá ben Batira, lemos: [48]

46. MS do *Sefer Guematriot,* impresso em Abraham Epstein, *Beitraege zur juedischen Altertumskunde,* Viena, 1887, pp. 122-3.

47. O Targum e o Midrasch interpretaram Gênesis 4:26 como referência ao começo da idolatria, nos dias de Enos; cf. Ginzberg, *Legends of the Jews,* V, p. 151, com rico material de referências.

48. MS Halberstamm, 444, no Seminário Teológico Judaico de Nova York, Fol. 7b, e MS Florença, Laurentiana, Pl. II, Cod. 41, Fol. 200. O MS Halberstamm, ou uma cópia dele, serviu de base à tradução latina em J. Reuchlin, *De arte cabalistica,* ed. 1603, col. 759.

O profeta Jeremias ocupou-se sozinho do *Sefer Ietzirá*. Uma voz celestial ressoou então, dizendo: Toma um companheiro. Chamou ele seu filho Sira, e juntos estudaram o livro por três anos. Depois puseram-se a combinar os alfabetos, segundo os princípios cabalísticos de combinação, agrupamento e formação de palavras, e um homem lhe foi criado, em cuja testa estavam as letras *YHWH Elohim Emet*[49]. Mas este homem recém--criado tinha uma faca na mão, e com ela raspou a letra *alef* da palavra *emet*: restou apenas *met*. Então Jeremias rasgou as vestes (por causa da blasfêmia: Deus está morto, sugerida agora pela inscrição mutilada) e disse: Por que apagaste o *alef* de *emet?* Respondeu ele: Vou te contar uma parábola. Um arquiteto construíra muitas casas, cidades e praças, e ninguém foi capaz de imitar sua arte e competir com seu conhecimento e habilidade, até que dois homens persuadiram-no. Aí ele ensinou-lhes o segredo de sua arte, e eles aprenderam a fazer tudo de maneira certa. Depois que aprenderam seu segredo e sua habilidade, começaram a aborrecê-lo com palavras. Finalmente romperam com ele e tornaram-se arquitetos como ele, exceto que cobravam a metade do que ele cobrava. Ao se aperceberem disso, as pessoas deixaram de honrar o artista para procurar os outros, confiando a estes suas encomendas quando queriam alguma construção. Portanto, Deus te fez à Sua imagem e à Sua semelhança e forma. Mas agora, que criaste um homem, como Ele, as pessoas dirão: Não existe Deus no mundo, exceto esses dois! E Jeremias respondeu: Que solução há? Ele falou: Escreva os alfabetos de trás para frente, sobre a terra que esparramaste com concentração intensa. Porém não medite no sentido da construção para cima, mas pelo contrário. Assim fizeram, e o homem se transformou em pó e cinzas diante dos olhos deles. Aí Jeremias disse: Na verdade, dever-se-ia estudar estas coisas só com o propósito de conhecer o poderio e a onipotência de Deus, mas não com o propósito de realmente praticá-las.

Nesta concepção cabalística sobre a feitura de um *golem*, dois temas contraditórios se encontram. Aqui a estória é reinterpretada como uma lenda moralística, e a advertência torna-se mais profunda. Para os *hassidim*, a criação de um *golem* confirmava o homem em sua semelhança a Deus; aqui, graças à amplificação audaciosa da inscrição sobre a testa do *go-*

---

49. "Deus é verdade." Na revisão do livro cabalístico *Peliah* (c. 1350), onde a passagem é copiada na íntegra, esta importante modificação está riscada, permanecendo o texto mais antigo e mais inofensivo (somente *emet!*); cf. ed. Koretz, 1784, 36a.

lem, converte-se numa advertência; a criação real, e não meramente simbólica, de um *golem,* traria consigo a "morte de Deus"! A *hybris* do seu criador voltar-se-ia contra Deus. Esta idéia, apenas insinuada na segunda das passagens citadas, é claramente enfatizada pelo cabalista anônimo.

O tema de advertência contra uma tal criação, não tanto por causa da natureza perigosa do *golem,* ou das enormes forças nele ocultas, mas sim da possibilidade de que ela conduziria a uma confusão politeísta, conecta esses relatos do *golem* com a concepção corrente nesses círculos sobre a origem da idolatria. Pois dizia-se que Enos teria procurado Set, seu pai, interrogando-o acerca da sua linhagem. Quando Set lhe respondeu que Adão não tinha pai nem mãe, mas Deus o criara de terra, Enos saiu e tomou um torrão de terra, e fez dele uma figura. Depois foi e falou ao pai: Mas ela não anda nem fala. Então Set respondeu: Deus soprou o alento da vida dentro do nariz de Adão. Quando Enos se preparava para assim proceder, veio Satã, infiltrou-se na figura e deu-lhe a aparência de estar com vida. Assim o nome de Deus foi dessagrado, e a idolatria começou quando a geração de Enos adorou aquela figura [50].

A concepção do *golem* converge aqui com a especulação — à qual o Judaísmo, com sua rejeição de todos os ídolos, sempre dedicou um interesse hostil — acerca da natureza das imagens e estátuas. Em certas tradições judaicas, imagens de culto são de fato consideradas uma espécie de *golem* animado. Não é inteiramente sem justificação que se fizeram tentativas de relacionar a idéia das estátuas vivas, amplamente disseminadas entre os não-judeus, com a lenda do *golem,* embora tais paralelos evidentemente só possam aplicar-se aos aspectos puramente mágicos do

---

50. Num texto manuscrito de *Sefer Nitzahón,* de uma biblioteca romana, uma cópia do qual, feita por Adolf Posnanski, li em Jerusalém, este relato é chamado "tradição de Rabi Iudá, o Pio". Em *Legends,* I, p. 122, e V, p. 150, Ginzberg cita um texto semelhante que consta de uma posterior e assim chamada *Crônica de Ierachmiel,* segundo a qual Enos tomou seis porções de terra, misturou-as e formou uma figura humana feita de pó e lama.

golem, e não aos telúricos [51]. As tradições judaicas concernentes à idolatria desvendam um tema em especial, que se liga indubitavelmente a certas formas da lenda do *golem,* ou seja, a animação mágica pelo emprego dos nomes de Deus.

Encontramos pela primeira vez uma tal tradição no Talmud (Sota 47a), onde se conta que Gehazi entalhou um dos nomes de Deus na focinheira do ídolo-touro que Jeroboão erigira (I Reis, 12:28), após o que o ídolo recitou as primeiras palavras do Decálogo: "Eu sou teu Deus" e "Não terás outros". Uma estória similar é relatada acerca do ídolo feito pelo Rei Nabucodonosor (Dan., 3). Diz-se que o rei teria conseguido despertá-lo para a vida, pondo-lhe o diadema do sumo sacerdote, roubado do Templo de Jerusalém, no qual estava inscrito o tetragrama IHWH. Daniel, porém, aparentemente pretendendo beijá-lo, aproximou-se e removeu o nome de Deus, em conseqüência do que o ídolo caiu por terra, sem vida [52]. Nesses relatos, o nome de Deus constitui um poder sagrado que dá vida às imagens cultuais do politeísmo. Uma opinião conflitante afirma que foi o diabo que entrou em tais imagens, ou, em versões anticatólicas, Samael e Lilit. Ambas as concepões ocorrem, por exemplo, no *Zohar* [53]. As lendas registradas por Ahimaatz de Oria, na sua crônica familiar proveniente do século XI, mostram que uma idéia muito próxima às formas posteriores da lenda do *golem* estava em curso entre os judeus italianos da baixa Idade Média.

51. Cf. Konrad Mueller, "Die Golemsage und die Sage von der lebenden Statue", *in Mitteilungen der Schlesischen Gesellschaft fuer Volkskunde,* XX, 1919, pp. 1-40. Mueller, na verdade, não possuía mais conhecimentos a respeito das tradições judaicas autênticas sobre o *golem* do que Hans Ludwig Held, em *Das Gespenst des Golem; eine Studie aus der hebraischen Mystik,* Munique, 1927, onde, às pp. 104-16, encontramos material acerca de estátuas vivas. O livro de Held denota grande entusiasmo pelo assunto, mas em todos os trechos cruciais o autor substitui meditações místicas inadequadas pelo conhecimento da literatura hebraica que ele não possui. Seria inútil tomar uma atitude polêmica para com esta ou similares lucubrações; basta analisar o efetivo material de origem.

52. *Cant. Rabá* à 7:9. Também em *Zohar,* II, 175a.

53. Em *Raia Mehemna,* III, 277b, conta-se que a geração que construiu a Torre de Babel fabricava ídolos. Samael e Lilit entraram nesses ídolos e falaram de dentro deles, assim se tornando deuses. Em *Tikun* n. 66, do *Tikunei Zohar,* contudo (97b), afirma-se que eles haviam posto o *schem meforasch* na boca dessas imagens, depois do que elas começaram a falar.

dos quais os *hassidim* alemães certamente tomaram muitas de suas tradições. Ahimaatz narra os milagres mágicos realizados por Aarão de Bagdá, o místico de *mercabá*, e por Rabi Hananel, que devolveram pessoas à vida entalando debaixo de suas línguas um pedaço de pergaminho com o nome de Deus, ou então costurando-o na carne do braço direito de cada pessoa. No momento em que o nome é removido — em alguns casos a pretexto de um beijo, como na lenda de Daniel — o corpo cai, inane [54].

O conflito acima mencionado, entre as forças puras e as impuras nas imagens cultuais, também ocorre em conexão com o bezerro de ouro que, na mente judaica, é o pior de todos os ídolos. Num relato, conta-se que Samael, o diabo, falou acerca dele [55]. A outra tese ocorre num *midrasch* perdido, várias vezes citado em fontes medievais [56]. Num livro notável, que apareceu por volta de 1200, no mesmo círculo de onde procede a concepção do *golem,* a magia do *Sefer Ietzirá* é contrastada com a dos mágicos. O autor anônimo do *Livro da Vida* contrapõe o método empregado por Rava, para a criação de um homem, ao método utilizado pelos mágicos, cuja criação, como a do *Sefer Ietzirá,* faz uso da terra como elemento básico [57]:

Os mágicos do Egito, que faziam criaturas, estavam familiarizados, através de demônios ou algum outro artifício, com a ordem da *mercabá* (o mundo celestial e o trono de Deus), e tomavam pó de baixo dos pés da ordem, e criavam o que desejavam. Mas os eruditos, de quem se diz: "N.N. fez um homem, etc.", conheciam o segredo da *mercabá*, e tomaram pó de debaixo dos pés

54. *Meguilát Ahimaátz,* ed. B. Klar, Jerusalém, 1944, pp. 17 e 27-8.

55. *Pirké Rabi Eliezer,* XIV.

56. Duas recensões do relato da Gueniza do Cairo foram publicadas por L. Ginzberg, uma em *Ha-Goren,* IX, 1923, pp. 65-6, e a outra em *Ginzé Schechter,* I, 1928, p. 243. Elas concordam com o texto utilizado pelo autor do *Sefer ha-Haïim.* Saul Liebermann, in *Iemenite Midraschim* (hebraico), Jerusalém, 1940, pp. 17-18, foi o primeiro a notar que este *midrasch* é a fonte da estranha referência, até agora não elucidada, no discurso do fazedor do bezerro de ouro, no Corão, 20:95.

57. Traduzi do MSS, Munique, 207, Fol. 10d-11a (escrito em 1268), e Cambridge Add. 6431, Fol. 9a. M. Guedemann, *in Geschichte des Erziehungswesens und der Kultur der Juden,* I. Viena, 1880, p. 169, omite totalmente a passagem acerca do bezerro de ouro.

217

das (figuras animalescas) da *mercabá*, e proferiram sobre ele o nome de Deus, e ele foi criado. Foi dessa forma que Miquéias fez o bezerro de ouro que sabia dançar [58]. Pois como Israel todo, ele tinha visto a *mercabá*, no Mar Vermelho, por ocasião do êxodo do Egito. Mas ao passo que os outros israelitas não se concentraram na visão, ele assim o fez, como está indicado no Cântico dos Cânticos, 6:12. Quando o touro da *mercabá* se moveu para a esquerda [59], ele rapidamente tomou algum pó de debaixo dos pés dela, guardando-o até o momento propício. E dessa mesma maneira é que os mágicos da Índia e da Arábia ainda fazem animais, de homens, conjurando um demônio a trazer-lhes pó do lugar correspondente e entregá-lo ao mágico. Este mistura-o com água, dando-a ao homem para beber, depois do que o homem é imediatamente metamorfoseado. E nosso mestre Saádia também conhece tais práticas, que são levadas a cabo por anjos ou pelo Nome.

V.

No mais tardar no século XII, desenvolveu-se um procedimento fixo para a feitura do *golem*, à base das concepções acima expostas. Este procedimento, se não me engano, era um ritual *representando* um ato de criação pelo adepto e culminando em êxtase. Aqui a lenda era transformada numa experiência mística, e nada há nas instruções chegadas até nós a sugerir que jamais tenha sido algo mais do que uma experiência mística. Em nenhuma das fontes, um *golem* criado dessa forma entra na vida real e realiza qualquer obra. O motivo do criado mágico, ou fâmulo, é desconhecido em qualquer desses textos [60], e não aparece até bem mais tarde quando, conforme haveremos de ver, o *golem* se torna uma figura na lenda cabalística.

Possuímos quatro fontes principais de instruções para a feitura de um *golem*. Gostaria de expor seus aspectos primordiais. As instruções mais precisas são as de Eleazar de Worms, ao final do seu co-

---

58. Uma referência ao idólatra efraimita, Juízes 17, a quem já o *Midrasch* atribui a feitura do bezerro de ouro.

59. Isto é extraído de Ezequiel 1:10, onde o touro da *mercabá* olha para a esquerda.

60. Após cuidadoso exame das fontes retiro minhas afirmações em *Eranos Jahrbuch*, XIX, p. 151, nota 29, de que esta concepção seria atestada pela primeira vez no Pseudo-Saádia.

218

mentário ao *Sefer Ietzirá*[61]. Revistas e apresentadas como peça à parte, chegaram até nós em numerosos manuscritos. O capítulo é intitulado *peulat ha-ietzirá*, o que, provavelmente, significa "a prática, ou aplicação prática, do *Sefer Ietzirá*", embora seja possível traduzir a expressão como "a prática da feitura de um *golem*"[62]. Como em outros textos, também aqui faltam as tábuas completas de Eleazar, relativas às combinações do alfabeto, mas há freqüente referência a elas. Na primeira metade do século XVII, o cabalista de Francfurt, Naftali ben Jacó Bacharach, teve a coragem de incluir esse texto numa edição impressa de um dos seus trabalhos cabalísticos, embora numa forma revista e acompanhada da prudente explicação de que as "instruções" ficaram incompletas para não serem abusadas por pessoas indignas[63].

As instruções de Eleazar especificam que dois ou três adeptos, reunidos no ritual do *golem*, deveriam tomar um pouco de terra virginal de montanha[64], amassá-la em água corrente, e da massa assim obtida formar um *golem*. Sobre esta figura, recitam as combinações do alfabeto derivadas dos "portões" do *Sefer Ietzirá* que, na versão de Eleazar, não formam 231,

---

61. Só na edição completa de Przemys'l, 1888, 15a, inclusive as tábuas de combinações.

62. MS Museu Britânico, Margoliouth 752, Fol. 66a; Biblioteca da Universidade de Cambridge, Add 647, Fol. 18a-b; Biblioteca da Universidade de Jerusalém 8.º, 330, Fol. 248: cf. a respeito desse fragmento o meu catálogo de códigos cabalísticos, Jerusalém, *Kitvé Jad be-Cabala*, 1930, p. 75.

63. *Emek ha-Melech*, Amsterdã, 1648, 10c-d; este trecho foi traduzido para o latim, na íntegra, à base dos resumos em Knorr von Rosenroth, *Kabala denudata*, II (de fato o terceiro volume da obra completa): *Liber Sohar restitutus*, Sulzbach, 1684, pp. 220-1.

64. Em seu *Sefer ha-Schem*, MS Munique, 81, Fol. 127b, Eleazar também exige terra virginal de montanha para realizar uma cura mágica com o nome de Deus, composto de 72 letras. Encontrei algo semelhante num texto mágico medieval sobre a prova a que fora submetida uma mulher acusada de adultério, comunicado em A. Marmorstein, *Jahrbuch fuer juedische Volkskunde*, II, 1925, p. 381. À pág. 11 de *Die Golemsage*, B. Rosenfeld, cujo material medieval a respeito do assunto é, de resto, totalmente tirado (inclusive os enganos) do meu artigo "Golem" na *Encyclopaedia Judaica*, VII, 1931, exprime a convicção de que esta exigência "provavelmente tinha algo a ver com a concepção da terra como a mãe virginal de Adão, concepção essa que já ocorre entre os doutores da Igreja e mais tarde na literatura medieval, especialmene do alemão medievo (Koeh'er, em *Germania*, VII, pp. 476 ss.). Possivelmente "haja chegado até aos cabalistas alemães e tenha sido transferido para o *golem*".

219

porém 221 combinações [65]. O traço característico deste procedimento é que são recitadas, não as 221 combinações em si mesmas, porém combinações de cada uma das suas letras com cada uma das consoantes do tetragrama, sempre de acordo com cada uma das vocalizações possíveis (sendo que os *hassidim* reconheciam as cinco vogais a, e, i, o, u). Este parece ter sido o primeiro passo. Existe a possibilidade de que o procedimento ficasse limitado à recitação de todas as possíveis combinações de duas (em cada vocalização concebível) entre uma das consoantes, cada uma das quais, segundo o *Sefer Ietzirá*, "governa" uma parte do organismo humano, e uma consoante do tetragrama. Embora não conste dos textos impressos, vários dos manuscritos contêm instruções exatas acerca da seqüência dessas vocalizações. O resultado é um recitativo estritamente formal, de caráter tanto mágico quanto meditativo. Uma determinada ordem do alfabeto produz um ser masculino, outra um feminino; uma reversão das ordens devolvem o *golem* ao pó [66]. Nenhuma dessas instruções deixa lugar, entre o ato de animação e o ato do retorno ao pó, para uma pausa, durante a qual o *golem* pudesse existir fora da esfera da meditação.

O caráter ritual desta criação de um *golem* fica particularmente claro nas explicações do assim chamodo Pseudo-Saádia. As palavras do *Sefer Ietzirá* (II,4) "Assim o círculo (*galgal*) fecha à frente e atrás" foram por ele tomadas como uma prescrição. Estas palavras não só nos contam como é que Deus fez a sua criação, mas também ensinam como é que o adepto deve proceder quando se põe a criar um *golem*. Comentando esta sentença, o Pseudo-Saádia escreve [67]:

Elas fazem um círculo em torno das criaturas e andam em volta do círculo recitando os 221 alfabetos, con-

---

65. Saádia substituiu por "231 portais", o que é correto do ponto de vista da teoria de combinação. Segundo demonstram as tábuas em Eleazar de Worms, o hassidismo alemão percorreu um caminho bastante complicado para chegar aos seus 221 portais do texto.

66. Assim, no comentário ao Capítulo II, 5d.

67. Além do texto da primeira edição do *Livro Ietzirá*, Mântua, 1562, com comentários, usei o MS do Pseudo-Saádia no Museu Britânico, n. 754 do catálogo de Margoliouth de manuscritos hebraicos, e o MS de Munique, Hebr., 40.

220

forme estão anotados (o autor parece referir-se a tábuas como de fato as encontramos em Eleazar de Worms), e alguns afirmam que o Criador coloca força dentro das letras, de modo que um homem faz uma criatura de terra virginal, amassa-a e enterra-a no chão, desenha um círculo e uma esfera em volta dela, e a cada volta que dá recita um dos alfabetos. Isto ele deve fazer 442 (numa outra versão 462) vezes. Se caminhar para frente, a criatura levanta-se viva, em virtude do poder inerente à recitação das letras. Mas se quiser destruir o que fez, efetua as voltas para trás, recitando os mesmos alfabetos do fim para o começo. A criatura então cai ao chão e morre. Foi assim que aconteceu a R.I.B.E. (provavelmente Rabi Ismael ben Elischa) [68] e seus discípulos, que se ocuparam com o *Sefer Ietzirá* e por engano se puseram a girar para trás, até que eles mesmos, pelo poder das letras, afundaram na terra até o umbigo. Não conseguindo escapar, começaram a gritar. Seu mestre os ouviu e disse: Recitem as letras do alfabeto e andem para a frente, em vez de caminhar para trás, como estavam fazendo. Eles assim procederam e foram soltos.

Parece-me importante que o *golem* aqui é enterrado na terra, de onde ele provém. Isso poderia sugerir algum simbolismo de renascimento, o que estaria perfeitamente de acordo com a natureza do conjunto como ritual de iniciação. Antes de sua palingenesia, o *golem* é enterrado! Por certo, tal interpretação não é necessária e, até onde me é dado saber, este pormenor aparece só nesta passagem. A prescrição de que a terra de que é feito o *golem* seja virginal (i.é., não lavrada) também favorece o paralelo com Adão, pois ele também foi criado de solo virgem. No manuscrito do Pseudo-Saádia em Munique, esta passagem é seguida imediatamente por uma segunda prescrição, muito minuciosa, que falta na versão impressa [69]. Lemos aí as seguintes instruções: "Tome pó de uma montanha, terra virgem, esparrame tudo pela casa e limpe seu corpo. Desse pó puro faça um *golem,* a criaturas que deseja fazer e dar-lhe vida, e sobre cada um de seus membros pronuncie a consoante que lhe é atribuída no *Sefer Ietzirá,* e combine-a com as consoantes e vogais do nome de Deus". Rode, "como

68. O herói lendário da gnose de *mercabá*. Mas no MS do Museu Britânico existe uma abreviatura diferente: R.Z., que se refere provavelmente a Rabi Zadok. Quem este de fato foi, não sei.

69. MS 40, Fol. 59b.

221

numa dança de roda", e quando a volta é invertida, o *golem* retorna ao seu estado original inanimado.

Podemos deduzir indiretamente desse tipo de instruções, que o ritual culmina num êxtase. A recitação dessas seqüências rítmicas, com suas modulações de sons vogais, poderia induzir de modo inteiramente natural um estado atenuado de consciência, e parece ter sido esse o seu propósito. Isto se torna perfeitamente claro num texto do qual possuímos vários manuscritos. Data ele do século XIV, no máximo, mas pode muito bem ser mais antigo [70]. Encontramos aí novamente as prescrições técnicas sobre a passagem através de todos os 231 portões. Lemos então:

> Deve ele tomar terra pura da melhor espécie e começar com as combinações até receber o influxo da inspiração, *schefa ha-hohmá*, e deve recitar essas combinações rapidamente e girar a "roda" (das combinações) tão depressa quanto puder, e esta prática traz o espírito sagrado (isto é, inspiração). Só então (nesse estado de espírito) deve ele passar à parte (técnica) da feitura do *golem*.

Estas instruções denotam uma inequívoca afinidade com as práticas da ioga, disseminadas entre os judeus, principalmente Abraão Abulafia:

> Depois toma um vasilhame cheio de água pura, e uma colher pequena, e enche-o de terra — mas ele deve conhecer exatamente o peso da terra, antes que comece a mexê-la. e deve saber a medida exata da colher com a qual medirá (mas esta informação não é ministrada por escrito). Depois de enchê-lo, deve esparramá-la e soprá-la sobre a água. Enquanto assopra a primeira colher cheia de terra, deve pronunciar uma consoante do Nome, em voz alta, e, pronunciando-a de um só fôlego, até que não consiga assoprar mais. Ao fazer isto, seu rosto deve estar virado para baixo. E assim, começando com as combinações que constituem as partes da cabeça, deve formar todos os membros, numa determinada seqüência, até emergir uma figura.

Mas é proibido realizar esta operação com muita freqüência. Seu verdadeiro propósito é: "Entrar em comunhão com Seu grande Nome". A ligação entre isto e a Cabala de Abulafia, ou suas fontes, é óbvia.

70. MS Munique, 341, Fol. 183b; Cambridge Add. 647, Fol. 18b. (Neste manuscrito, três receitas para um *golem* aparecem combinadas!)

De conformidade com tal concepção acerca da natureza extática da visão de um *golem,* um autor espanhol do começo do século XIV, anônimo mas nem por isso menos importante, explica que não se trata de um processo corpóreo, mas de "criação do pensamento", *ietzirá maschavtit.* Abraão, escreve ele, "quase conseguiu produzir criações valiosas, isto é, criação do pensamento, e por isso é que deu ao seu valioso livro o nome de *Livro da Criação"* [71]. E uma observação desdenhosa do próprio Abulafia, o principal representante da Cabala extática no século XIII, parece implicar um ponto de vista semelhante, isto é, considerar a feitura de um *golem* como processo puramente místico, sendo que ridiculariza a "loucura dos que estudam o *Sefer Ietzirá* com o propósito de produzir um bezerro; pois os que assim procedem, são bezerros eles mesmos" [72].

A consciência da inadequação das instruções escritas é perfeitamente discernível em vários relatos da tradição posterior. Naftali Bacharach, por exemplo, não indica o que omitiu para impedir a utilização abusiva do seu livro. À base dos paralelismos na Cabala prática e nos escritos de Abulafia, depreende-se que as omissões talvez se relacionassem com a entonação das combinações de letras, a técnica respiratória ou certos movimentos da cabeça e das mãos que costumavam acompanhar o processo. Haim Iossef David Azulai, afamado cabalista jerusalemita do século XVIII, bem familiarizado com as tradições da escola cabalista de Jerusalém do século XVII, comunicou (oralmente, ao que parece) ao Rabi Jacob Baruch, de Livorno, que na magia as "combinações corpóreas de letras, tal como elas se apresentam à primeira vista, não são suficientes" [73].

---

[71]. Em "Perguntas do Ancião", *Scheélot ha-Zakén,* 97, Oxford, MS. Neubauer, n. 2396, Fol. 53a.

[72]. De *Ner Elohím,* de Abulafia, citado em *Major Trends in Jewish Mysticism,* p. 384.

[73]. Nos suplementos de Jacob Baruch à edição de Johanan Allemano do *Schaár ha-Heschek,* Livorno, 1790, 37a. A observação parecida, que consta da versão romanesca das lendas sobre o *golem* do "Grande Rabi Loew" de Praga, provavelmente tem alguma relação com isto. Aquela versão, na qual o *golem* assume as funções inteiramente novas de combater as mentiras acerca do assassínio ritual, é uma livre invenção, composta por volta de 1909 e publicada em

Desses depoimentos sobre a prática da feitura de um *golem*, podemos deduzir duas coisas, principalmente:

1. Como acentuamos acima, a feitura de um *golem* não obedece a "propósito" prático. Mesmo lá onde aquilo que é descrito parece situar-se na fronteira entre uma experiência psíquica (compartilhada, é verdade, por vários adeptos) e uma manifestação objetiva do *golem*, esta "demonstração" não servia a nenhum outro desígnio salvo demonstrar o poder do santo Nome. Até a seguinte afirmação do Pseudo-Saádia, no comentário ao *ietzirá* (II,5), permanece dentro destes limites quando rigorosamente interpretada: "Ouvi falar que Ibn Ezra fez uma tal criatura na presença de Rabenu Tam, e disse: Veja só que (força) Deus põe dentro das letras sagradas, e falou

hebraico por Judah Rosenberg (o autor?), supostamente segundo um texto apócrifo, um "manuscrito da Biblioteca de Metz", sob o título: *Os Milagrosos Feitos do Rabi Loew com o Golem*. Tanto a linguagem como o conteudo mostram tratar-se do trabalho de um autor hassídico de formação cabalística e (algo inusual naqueles círculos) inclinações novelísticas, que escreveu após os processos de assassínio ritual nas décadas de 1880 e 1890. O livro de Chajim Bloch, *Der Prager Golem*, Berlim, 1920, é uma versão alemã desse texto, cujo caráter totalmente moderno escapou à atenção do autor. Também as observações de Held, de que aquelas versões seriam "os únicos documentos autênticos que chegaram até nós" (*Gespenst des Golem*, p. 95), não denotam exatamente uma compreensão crítica. Ele certamente estava fascinado com a seguinte observação de Bloch (p. 59) que se coaduna muito bem com a sua própria interpretação do *golem* como um sósia: "Alguns viram no *golem* um 'fantasma' do Rabi Loew". No texto hebraico, evidentemente, não há sinal desta frase, tão bem recebida por autores como Meyrink e Held. Ao final desse romance hebraico há dezenove apócrifas "expressões do Rabi Loew sobre a natureza do *golem*" que, na realidade, mesmo que tivessem sido inventadas cinqüenta anos antes, não fazem menos honra à mente cabalística do que à imaginação do autor. Lemos, aí, no § 17 (cf. *Niflaót Maharal im ha-Golem*, Pyotrkow, 1909, p. 73): "Não se pode estudar as letras do *Sefer Ietzirá* do modo como elas são impressas, e produzir com elas um homem ou uma criatura animada. Aqueles que simplesmente aprendem as combinações do livro, nada conseguem fazer com elas. Primeiro, por causa das muitas lacunas e corrupções do texto; além disso, porque tudo depende das interpretações espontâneas da própria pessoa. Pois um homem deve primeiramente saber em direção de que "luzes" cada letra aponta, depois conhecerá espontaneamente as forças materiais de cada letra. Tudo isso pode ser estudado; mas depois que isso foi bem estudado, tudo depende da inteligência e da piedade da pessoa. Se um homem for digno, obterá o influxo (de inspiração) que o capacita a compor e combinar as letras de forma a produzir uma criatura no mundo material. Mas mesmo que lhe seja dado formular as combinações por escrito, seu companheiro será incapaz de fazer algo com elas, a não ser que, através de sua própria compreensão, consiga alcançar a necessária concentração de pensamento. Do contrário, tudo permanecerá para ele qual um corpo sem alma. Bezalel tinha os mais altos conhecimentos nestes assuntos, e para ele teria sido coisa de somenos criar um homem ou uma criatura animada. Pois até conhecia as meditações apropriadas referentes às letras de que são feitos o céu e a terra".

224

(para Rabenu Tam): Ande para trás [73a]; e aquilo retornou à sua condição anterior (de terra inane)". Mesmo este relato não descreve outra coisa senão a semilendária iniciação do afamado talmudista francês Rabenu Tam (i.é., Rabi Jacob ben Meir, o neto de Raschi, que morreu em 1171), pelo filósofo Abraão ibn Ezra, que em meados do século percorrera a Europa Ocidental, e a quem os *hassidim* alemães e franceses sempre tiveram na conta de uma grande autoridade religiosa [73b]. Aqui, mais uma vez, o *golem*, logo que criado, volta a ser dissolvido em pó: com a iniciação do talmudista, cumprira o seu propósito, puramente psíquico.

2. Fabricar um *golem* é uma empresa perigosa; como qualquer outra criação maior, coloca em risco a vida do criador — a fonte do perigo, todavia, não é o *golem* ou as forças que dele emanam, mas o próprio homem. O risco não é de que o *golem*, tornado autônomo, desenvolva poderes incontroláveis; está na tensão que o processo criativo suscita no próprio criador. Erros cometidos na execução das instruções não prejudicam o *golem;* destroem seu criador. O *golem* ameaçador e perigoso das lendas posteriores representa uma transformação profunda das concepções originais, nas quais, conforme observamos, era claramente visível o paralelo com Adão, sem que, no entanto, o elemento telúrico fosse considerado uma fonte de perigo [74]. Todavia, o perigo em que incorre o criador

73a. Fica claro, a partir do contexto, que esta invocação é feita não ao *golem*, mas a Rabenu Tam que participava do ritual. Toda a estória é contada somente com a finalidade de ilustrar o ato de andar para trás para destruir o *golem*.

73b. Os ensinamentos místicos de Abraão ibn Ezra eram evidentemente mais claros para eles do que para nós, e, em todo caso, eles não viram nenhuma contradição entre esses e os outros — gramatical, exegético e teológico — interesses. Por volta de 1270, Abraão Abulafia teve diante de si um comentário de ibn Ezra sobre o *ietzirá*, que ele caracterizou como "filosófico e em parte místico".

74. É um erro ver uma referência a um poder tão destrutivo do *golem*, na passagem do *Midrasch ha-Neélam* no *Zohar Hadasch*, 1885, 21c, que diz em relação a Gênesis 6:11: "Isto se refere ao *golem* que destrói tudo e acarreta a ruína". A palavra *golem* aqui é empregada no sentido de um homem desalmado, irreligioso, assim como num outro trecho do mesmo *Midrasch ha-Neélam*, impresso no *Zohar*, I, 121a: "Rabi Isaac disse: Ninguém peca, a não ser que seja um *golem* e não um homem, o que vale dizer, alguém não cuida de sua alma sagrada e cuja atividade toda é como a de um animal". A alma sagrada é a parte divina, em contraste com a alma meramente vital. Mas tem este uso alguma ligação com os *hassidim*? Sem dúvida, pois Joseph Gicatila escrevia no "Jardim das Nogueiras" (*Guinát Egoz*, Hanau, 1615), 33c (o que foi escrito em 1274. pouco antes do *Midrasch ha-Neélam*): "O corpo, com o espírito vital que

225

de um *golem*, ao menos tal como descrito pelo Pseudo-
-Saádia , não é totalmente isento dessas complicações.
Pois aqui é o próprio homem que retorna ao seu elemento; se ele comete um erro na aplicação das instruções, é sugado pela terra.

Há outra pergunta para a qual não obtemos resposta conclusiva: tinham os *golem* o dom da fala?
O talmudista Rava foi incapaz de dotar de fala o seu
homem artificial. Mas até nos rituais posteriores, a
mudez não é tão essencial quanto amiúde se supôs [75].
Em todo caso, a mudez nem sempre foi a regra e,
aparentemente, ambas as concepções eram correntes
entre os *hassidim* alemães. Não sabemos onde apareceu pela primeira vez a noção de um *golem* dotado
de fala, a exemplo daquele que consta da estória sobre Ben Sira [76]. As lendas acerca de Ben Sira são bem
mais antigas do que o século XII, embora sua associação com a feitura de um *golem* ocorra pela primeira vez nesta época. É possível que o tema tenha
aparecido primeiro na Itália. Nas discussões especulativas dos cabalistas, contudo, os *golem* de Rava e Ben
Sira servem de exemplo às possibilidades alternativas.

É o Pseudo-Saádia quem coloca o *golem* em seu
plano mais elevado. Afirma ele que a recitação dos
alfabetos do *Sefer Ietzirá* tem a força dada por Deus
de produzir uma criatura assim e dotá-la de vitalidade,
hiiut, e alma, *neschamá* [77]. Nenhuma outra fonte cabalística vai tão longe. Distinguindo entre o elemen-

nele habita, chamado *nefesch*, graças ao qual o corpo é capaz de se
mover para trás e para diante, é chamado de *golem*". Desde que,
de outra forma, *golem* só significa "corpo", na linguagem filosófica, este
emprego mais exato do termo pode ter sofrido a influência da linguagem dos *hassidim* alemães. Cf. minhas demais observações, no texto,
a respeito da "alma" do *golem*.

75. Eu também expressei esta opinião no meu artigo "Golem",
in Encyclopaedia Judaica, VII (1931).

76. Graças a um estranho erro tipográfico, foi o *golem* de
Ben Sira relacionado com o Hai ibn Iaktan de Avicena (em hebraico:
Ben Sina) e que, no afamado poema filosófico de Tofeil, é descrito
como uma espécie de *golem* filosófico, produzido por *generatio aequi-
voca*. Na obra de Isaac ibn Latif, *Igueret Teschubá* (*Kobets al Iad*,
I, p. 48), o nome de Ibn Sina é soletrado erroneamente. Assim, Ben
Sira tornou-se o criador de Jehiel ben Uriel, isto é, Hai ibn Iaktan.
Isto levou Epstein, *Beitraege zur juedischen Altertumskunde*, 1887,
p. 124, a sua conclusão errônea concernente ao *golem* de Ben Sira.

77. A *Ietzirá*, II, 5. Exatamente como no MS do Museu Britânico.

226

to pneumático da alma e o elemento puramente vital, ele dá a entender que um tal *golem* seria capaz de fazer mais do que apenas movimentar-se, colocando-o, assim, no mesmo nível do *golem* que advertiu Ben Sira de que suas atividades podiam acarretar a morte de Deus.

Eleazar de Worms é sem dúvida mais cuidadoso que nossas demais fontes da mesma escola de Iudá, o Pio. Comentando o versículo: "Sabedoria e fala n'Ele que vive para sempre" (num velho hino dos gnósticos de *mercabá*), declara, expressamente, que o homem possui verdadeira sabedoria (*daat*, que também significa gnose), o suficiente para fazer uma criatura nova, com o auxílio do *Sefer Ietzirá*, mas que mesmo com a ajuda do Nome de Deus não consegue dotar sua criatura de fala [78]. Esta opinião, com uma restrição significativa, é compartilhada pelo *Livro Bahir*, que data da segunda metade do século XII. Relata-se nele (§ 136) a estória talmúdica acerca de Rava, porém com a seguinte observação adicional:

Rava enviou um homem a Rabi Zera. Ele falou-lhe, mas não teve resposta. Não fosse pelos seus pecados, ele teria respondido. E o que o teria capacitado a responder? Sua alma. Mas possui o homem uma alma que possa transmitir (a uma tal criatura)? Sim, pois está escrito em Gênesis 2:7: "Ele soprou dentro das narinas dele o sopro da vida — assim, o homem possui uma alma da vida" (com a qual pode conferir o dom da fala) [79], não fosse pelos pecados, por culpa dos quais sua alma deixa de ser pura; e esta impureza é a linha divisória entre o justo e Deus. E assim, também está escrito (Salmo 8:6): "Fizeste-o um pouco abaixo de Deus" [80].

De acordo com esta passagem, seres sem pecado teriam a capacidade de transmitir mesmo a um *golem* a alma da vida, que inclui o dom da fala. Assim, o *golem* não é mudo por natureza, mas só porque as almas dos justos já não são mais puras. Em contraste

[78]. Do MS de Munique, Hebr. 346, citado em meu *Reschit ha-Cabala*, Jerusalém-Telavive, p. 231.

[79]. Minha explicação deste trecho, na tradução completa do *Sefer Bahir*, Berlim, 1923, p. 150, deve ser corrigida neste sentido.

[80]. Esta interpretação do trecho nos Salmos como uma referência à incapacidade do homem de dotar o *golem* de fala ocorre também no texto dos *hassidim* alemães, que publiquei em *Reschit ha-Cabala*.

com esta concepção, que possivelmente abre perspectivas escatológicas para um *golem* novo e melhorado, Isaac, o Cego (c. 1200), contenta-se em observar que o *golem* era mudo porque Rava não pôde dotá-lo de *ruach*. Não se sabe o que o autor quer dizer com o termo *ruach* [81]. Talvez o utilize no sentido de *pneuma*, a alma espiritual mais elevada.

Desenvolvendo a afirmação de Eleazar de Worms, um cabalista que viveu na passagem do século XIV, vai ao ponto de declarar que um *golem*, embora tenha forma animada, continua morto, porque o seu criador não pode transmitir-lhe o conhecimento de Deus e o dom da fala. "Sobre o homem autêntico, Deus imprimiu o selo *emet*" [82]. Vários cabalistas que aceitavam a *anima rationalis* dos filósofos eram de opinião que o dom da fala é inseparável da razão. Assim, Bahia ben Ascher (1291) diz a respeito de Rava: "Ele foi capaz de dar à sua criatura uma alma motora, mas não a alma racional que é a origem da fala" [83]. Isto está de acordo com a concepção prevalecente entre os cabalistas, segundo a qual a fala é a faculdade humana mais elevada, ou, para citar J. G. Hamann, a "mãe da razão e da revelação".

Mas havia outros cabalistas que dissociavam a fala da razão. Num texto de meados do século XIII, denominado "Epítome das Coisas de Acordo com as Quais Operava a *Mercabá*", um cabalista espanhol escrevia: [84]

Quando os rabis dizem: um homem sem filhos é que nem um morto, significa isso: que nem um *golem* (matéria inanimada), sem forma. Conseqüentemente, retratos pintados sobre uma parede são deste gênero, pois

81. Em seu comentário ao *Ietzirá*, MS Leiden, Warner, 24, Fol. 224b.

82. Simão ben Samuel, *Hadrat Kodesch*, no começo (impresso em 1560, em Thiengen, sob o título de *Adam Sichli*). O autor utiliza o termo *golem*, mas seu emprego é colorido pelo significado filosófico de "matéria" em contraste com forma viva. Nas últimas letras de Gênesis 2:7 sobre o alento da vida, o autor encontra a palavra *hotam*, selo.

83. No comentário de Bahia à Torá, Gên., 2:7, Veneza, 1544, 11d, e em seu *Kad ha-Kemá*. ed. C. Breit. II, 103b.

84. MS 838 do Seminário Teológico Judaico de Nova York, Fol. 35b.

não obstante terem a forma de um homem, são denominados apenas de *tselem*, imagem (neste caso, no sentido de reflexo, derivado de *tsel*, sombra) e forma. Quando Rava criou um homem, fez uma figura na forma de um homem, por força das combinações de letras, mas não conseguiu dar-lhe *demut*, o verdadeiro semblante de um homem. Pois é possível para um homem, com o auxílio de forças poderosas, criar um homem que fala, mas não um que possa procriar ou tenha a faculdade da razão. Pois isto fica além do poder de qualquer ser criado, sendo reservado a Deus somente.

Aqui, portanto, ao contrário da opinião de Bahia e de tantos outros, o *golem* tem fala, mas não linguagem nem instinto sexual [85].

Entre cabalistas posteriores, duas autoridades importantes, cada uma de modo diferente, expressaram-se a respeito do gênero específico de vitalidade outorgado ao *golem*. Por volta de 1530, Meir ibn Gabai avançou a opinião de que um homem magicamente produzido não possui alma espiritual, *ruach,* pois é mudo, e para provar seu ponto de vista cita como autoridade a passagem talmúdica. Mas o *golem* dispõe da alma do grau mais inferior, *nefesch,* pois é capaz de movimentar-se e tem vitalidade [86]. Moisés Cordovero, em 1548, já assume uma posição diferente. Como todos os demais cabalistas sefarditas, Cordovero evita o termo *golem,* que naquela época era usado aparentemente apenas pelos judeus da Alemanha e da Polônia, mas prefere dizer [87] que "uma criatura nova" dessa espécie não abriga alma de grau algum, nem *nefesch* nem *ruach* nem *neschamá;* o que ele possui é um tipo especial de vitalidade, *hiiút,* que Cordovero classifica acima da alma animal. Como é

---

85. Até hoje não encontrei esta concepção em nenhum outro texto cabalístico autêntico. Por isso é tanto mais interessante o fato de repetir-se nas afirmações mencionadas na nota n. 73, p. 223-224, de um autor moderno propenso ao cabalismo, que as põe na boca do "Grande Rabi Loew" de Praga. Podemos ler aí, no § 9: "O *golem* tinha que ser produzido sem força geradora ou desejo sexual. Pois se tivesse tido este desejo, mesmo à maneira dos animais, nos quais é mais fraco do que nos homens, teríamos tido muitos aborrecimentos com ele, pois mulher nenhuma teria sido capaz de defender-se contra ele". Pouco admira, pois, que este motivo viesse a desempenhar um papel importante no tratamento literário da lenda, na ficção moderna.

86. Ibn Gabirol, *Avodat ha-Kodesch,* II, 31.

87. Em seu *Pardes Rimoním,* XXIV, 10. Esta é a fonte da observação de Abraão Azulai em seu *Hesed le-Abraham,* IV, 30. escrito cerca de 1630.

que poderiam os homens — pergunta Cordovero —, mesmo com o auxílio dos alfabetos do *Sefer Ietzirá,* fazer baixar qualquer desses três tipos de alma e infundi-la em uma tal criatura? Segundo ele, isso é impossível. Na realidade, o que acontece é o seguinte: quando os adeptos juntam e amassam a terra e, como resultado de seus estudos do *Sefer Ietzirá,* uma criatura com formas humanas vem à existência, as partes desta criatura (como as de todos os seres criados) tentam elevar-se em direção à sua origem e seu lar no mundo superior, de onde as coisas telúricas provêm ou onde elas têm seu arquétipo. Sobre esses elementos brilha uma luz apropriada ao grau específico de cada um na escala geral dos elementos; portanto, não se trata nem de *nefesch,* nem de *ruach* e nem de *neschamá,* mas de uma vitalidade inteiramente nua que, por causa da natureza dos elementos aqui congregados, está acima do nível animal e mais próximo da fonte da luz do que um animal. Por outro lado, um *golem* não morre *stricto sensu,* não morre como morre um animal, mas simplesmente retorna ao seu elemento, a terra. Conseqüentemente, Rabi Zera, no Talmud, não teve que matá-lo, porque seus elementos se desintegraram por seu próprio curso. Destarte, quem "mata" um *golem* não é passível de castigo e não transgride mandamento algum da Torá.

Temos aqui, pois, uma criatura verdadeiramente telúrica que, embora animada por magia, mantém-se dentro do domínio das forças elementares. Uma alma telúrica, bastante parecida com a que animava Adão no *midrasch* discutido ao início deste estudo, instila-se nele, afluindo da terra. Adão-*golem,* conforme vimos, foi dotado não de razão mas de um certo poder elementar de visão, e o homem possui um poder similar para dotar seu *golem* de forças elementares ou, como diz Cordovero, "luzes que brilham nos elementos". Assim, também no desenvolvimento cabalístico do *golem,* convergem o elemento telúrico e o mágico de modo especificamente definido. A especulação puramente teórica dos cabalistas acerca do significado e da natureza do *golem,* é preciso dizê-lo, prepara, ou acompanha paralelamente, o desenvolvimento no qual, revertendo do reino puramente místico ao da lenda cabalística, o *golem* mais uma vez torna-se o repositório de enormes forças telúricas que são capazes, dada a ocasião, de irromper.

VI.

Os cabalistas de Safed, no século XVI, falam de *golem* como de fenômenos situados no passado remoto; sua discussão do assunto é puramente teórica. De vez em quando aparece entre eles um conjunto de instruções para a feitura de *golem;* os leitores eram expressamente proibidos de pôr em prática tais instruções e não encontramos, em parte alguma, referências diretas a tais atividades entre eles [88]. Um dos manuscritos do comentário ao *Sefer Ietzirá*, de Cordovero, conclui com uma espécie de apêndice, citando trechos antigos a respeito da criação de um homem, efetuada com o auxílio do *Sefer Ietzirá*. Mas mesmo aí é acentuado desde o início: "Ninguém deve imaginar que exista quem ainda tenha o poder de obter resultados práticos com este livro. Pois não é o caso; as fontes mágicas estão bloqueadas, e a Cabala a respeito desapareceu" [89]. Uma outra afirmação característica é da autoria de Iossef Aschquenazi, que foi para Safed, vindo de Praga e Posen. No seu tratado em que fulmina os filósofos judeus, fala da feitura do *golem*, não como de uma prática real, mas de algo conhecido só através da tradição. Empregando o termo *golem*, em curso entre os judeus alemães, diz: "Achamos (no texto velho) que um homem é capaz de fazer um *golem*, que recebe uma alma animal por força da sua (i.é., do mestre) palavra, mas dar-lhe uma alma de verdade, *neschamá*, não está no poder do homem, pois vem da palavra de Deus" [90].

---

88. Em Abraão Galante (c. 1570), que em seu comentário *Zohore Hamá*, ao *Zohar* I, 67b, fornece uma prescrição que em seus pormenores técnicos se desvia fortemente das receitas antigas. De fato, o próprio *Zohar* menciona neste trecho o princípio — freqüente na literatura cabalística — do poder destrutivo implícito numa reversão dos alfabetos.

89. Assim, no MS que Hirschensohn descreveu, em 1887, no n. 31 do primeiro volume do periódico ierosolimita *Ha-Zvi*, numa página impressa à parte (n. 27 da sua lista de MSS).

90. Cf. *Tarbiz*, XXVIII (1958-9), p. 68.

Entre os judeus alemães e poloneses, contudo, a idéia do *golem* reverteu ao reino da lenda viva. E ao passo que durante os séculos XII e XIII essas lendas se relacionavam principalmente com figuras da antiguidade judaica, no desenvolvimento posterior já eram contemporâneos proeminentes os fazedores de *golem*. Quando o povo comum apropriou-se das velhas estórias e descrições do ritual, também a natureza do *golem* passou por uma metamorfose. Ele se tornou novamente um ser autônomo e, pela primeira vez, adquiriu funções práticas. Recebeu também feições novas, derivadas de outras concepções.

O primeiro relato a respeito desta nova evolução é de grande interesse. Transmitido por um afamado rabi espanhol da primeira metade do século XIII, ainda está inteiramente de acordo com a tradição esotérica. Referindo-se à passagem talmúdica sobre Rava, Nissim Girondi, de Barcelona, escreve: "Os mestres da Alemanha que se ocupam quase diariamente da demonologia tomam esta passagem como seu fundamento. Insistem em que isto (a produção de tal homem) deve ocorrer dentro de um vasilhame" [91]. Mas não há menção de vasilhame em qualquer dos relatos sobre a feitura de um *golem* chegados até nós, a menos que este vasilhame seja identificado com o vaso cheio de água e terra que encontramos em uma de nossas prescrições. Isto, porém, me parece injustificado. Na minha opinião, o "vasilhame" empregado pelos fazedores de *golem* alemães deveria ser uma retorta. Isso seria extremamente interessante, pois significaria que muito antes de Paracelso os judeus associaram ao seu *golem* a retorta, instrumento indispensável para os alquimistas produtores de homúnculos. Nissim Gironda estava em contato com eminentes mestres da Alemanha, e trata-se de testemunha de sangue frio, digna de crédito. Seu depoimento prova que estórias deste gênero eram contadas a respeito de certos *hassidim* alemães. Temos então aqui, entre os judeus, uma forma primitiva da idéia que encontrou expressão clássica nas instruções de Paracelso para a fabricação de um homúnculo?

91. Em *Hiduschin* ao Sanhedrin 65b.

232

De acordo com Jacoby, o homúnculo de Paracelso era um "embrião artificial", cuja matéria-prima era constituída de urina, esperma e sangue, considerados veículos da substância da alma [92]. Ao fim de quarenta dias, o homúnculo começava a desenvolver-se a partir da putrefação dessa matéria crua. Mas tal utilização de esperma era desconhecida entre os judeus. *Golem* continuavam a ser feitos de terra e água, e mesmo os registros posteriores só mencionam argila ou lodo. Não consegui determinar se existe prova segura de instruções para a feitura de um homúnculo, anterior a Paracelso [93]. Foi só muito depois de Paracelso que a prática foi atribuída a autoridades mais antigas, como, por exemplo, Arnaldo de Vilanova, médico, místico e, supostamente, mágico; e atribuições como esta parecem lendárias. Estou longe de ter certeza de que as interpretações do homúnculo como símbolo de um renascimento após a morte ou como uma forma embrionária da pedra filosofal, como foi recentemente defendido por Ronald Gray, sejam corretas [94]. Mas se o forem, sugeririam uma profunda conexão com o simbolismo do *golem* que, em uma das prescrições acima relatadas, é enterrado como *materia prima* dentro da terra e ressuscita dela [95].

92. *In Handwoerterbuch des deutschen Aberglaubens*, IV (1932), 286 e ss. *In Das Gespenst des Golem*, pp. 118 e 123, He'd descreve dois processos de Paracelso, ambos de *De natura rerum*, um para o homúnculo, e outro para a palingenesia, que realmente parecem intimamente ligados. As pretensões extravagantes de Paracelso no que concerne aos dotes de seu homúnculo certamente não se coadunam com a concepção do *golem*.

93. *In Handwoerterbuch*, *loc. cit.*, Jacoby promete uma monografia sobre o homúnculo, a ser publicada em *Archive de l'Institut Grandducal de Luxemburg, section des sciences naturelles, nouvelle série, tome XII*. Infelizmente, esta monografia nunca veio à luz, e no lugar indicado só aparece um resumo contendo menos que o artigo do *Handwoerterbuch*.

94. Ronald Gray, *Goethe the Alchimist*, Cambridge, 1952, pp. 205-20, especialmente pp. 206-8. Cf. também C. G. Jung, *Paracelsica*, 1942, p. 94, a respeito da personificação do "Aquaster" paracelsiano no homúnculo.

95. Este contato primitivo entre o *golem* e o motivo do homúnculo seria ainda melhor atestado se no Pseudo-Saádia ao *Ietzirá*, II, 4, a palavra "criatura" (isto é, alguém produzido por magia) fosse explicada com a glosa "homúnculo". Mas não há nada disso, nem no MS que pude consultar, nem na primeira edição de 1562, 95b (embora B. Rosenfeld, à pág. 18, o cite de lá). Na edição impressa encontramos um inexpressivo והמסח corrupção de וכריאות que consta do MS. Só na edição de Varsóvia de 1884 (!) isto é substituído pela palavra "homúnculo".

233

Paracelso, é verdade, também deu o nome de homúnculos às figuras semelhantes a um *golem* feitas de cera, argila ou piche, utilizadas na magia negra com o propósito de causar danos aos inimigos. Por uma combinação dos dois significados, o homúnculo tornou-se o criado demoníaco da lenda, que parece ter surgido pela primeira vez em certas tradições do século XVII. Uma metamorfose parecida teve lugar entre os judeus, mas em data anterior. Em nenhuma das tradições antigas existe a idéia do *golem* como o mágico criado para todos os serviços, à disposição de quem o fez. Esta noção só surgiu no decorrer dos séculos XV e XVI, quando, dentre os *hassidim* alemães, os mestres famosos que elaboraram a teoria e o ritual do *golem* se tornaram objetos da lenda popular. O depoimento mais antigo que conhecemos consta de um manuscrito da primeira metade do século XVI, o qual relata (entre outras coisas) lendas bem mais antigas acerca dos *hassidim* alemães. É neste manuscrito que Nehemia Bruell encontrou a notícia de que Samuel, o Pio (pai de Iudá, o Pio, a figura central entre esses *hassidim*) "havia criado um *golem* que não sabia falar mas que o acompanhava em suas longas viagens através da Alemanha e França, para servi-lo" [96].

Lendas deste tipo tornaram-se muito populares entre os judeus alemães no curso do século XVI. Por volta de 1625, Iossef Salomon Delmedigo cita a estória acima relatada acerca de Abraão ibn Ezra, e prossegue dizendo:

Conta-se também de Salomão ibn Gabirol (o afamado poeta e filósofo do século XI) que ele havia criado uma mulher que lhe serviu de criada. Quando denunciaram-no ao governo (evidentemente por praticar a magia) provou que ela não era real, uma criatura completa, mas consistia apenas em pedaços de madeira e charneiras, e a reduziu aos seus componentes originais. E há muitas lendas desse tipo, especialmente na Alemanha [97].

96. *Jahrbuecher fuer juedische Geschichte und Literatur*, IX (1889), p. 27. Vide também o texto de um MS hassídico da mesma época, por mim citado em *Tarbiz*, XXXII (1963), p. 257.

97. Delmedigo, *Matzref la-Hochmá*, Odessa, 1865, 10a.

234

Dentro desta mesma linha, lemos num relatório publicado em 1614 por Samuel Friedrich Brenz que os judeus possuíam um artifício mágico "chamado de *Hamor Golim* (!); eles fazem uma imagem de barro à semelhança de um homem, e murmuram ou sussurram em seus ouvidos encantamentos que fazem a imagem andar" [98].

Isto sem dúvida é um eco remoto da discussão apresentada na seção anterior. "Discernimos aqui a influência de um quadro diferente de idéias, as que se preocupam com a feitura de um autômato. O desfazimento do *golem* em componentes separados sugere claramente um *golem* mecânico, noção que não aparece em parte alguma na tradição. O motivo do criado também se vincula ao homem mecânico e sem dúvida tem sua origem nas lendas medievais sobre o autômato, "que por sua vez apontavam para contos antigos, como o *Mentiroso,* de Luciano" [99].

Nas formas posteriores da lenda, surgidas na Polônia do século XVII, surge um elemento novo; o criado torna-se perigoso. Este novo tipo de *golem* é mencionado por estudiosos alemães do folclore judaico já no século XVII, mas só vem a figurar na literatura hebraica quase uns cem anos mais tarde. Em ambos os casos, a origem encontra-se em lendas sobre o Rabi Elias Baal-Schem [100], rabi de Chelm, que morreu no ano de 1583. Seus descendentes contaram aos filhos quase as mesmas estórias que judaístas cristãos tinham escutado duas gerações antes da boca de judeus alemães. Johann Wuelfen escreveu, em 1675, que havia na Polônia "excelentes construtores capazes de fazer *fâmulos* mudos, de barro, ins-

---

98. Cf. Rosenfeld, p. 39, onde *Hamor Golim* é explicado corretamente como uma tradução hebraica (por um ignorante!) da expressão {diche "leimener goilem", que então, como agora, era um termo pejorativo, popular, para designar um simplório.

99. Rosenfeld, *op. cit.,* p. 17. A respeito do "aprendiz de feiticeiro", vide também nota 107, p. 239.

100. O epíteto em si significa que era considerado um perito na "Cabala prática" (magia). "Baal Schem" significa literalmente alguém que é dono, senhor, do nome de Deus, sabendo utilizá-lo. Em *Schadr ha-Iehudím,* Lemberg, 1855, 32b, é referido como R. Eliyahu Baalschem Tov.

critos com o nome de Deus"[101]. Parece que ouviu contar o fato em várias fontes, mas não conseguiu encontrar testemunhas oculares. Um relato mais explícito das atividades de Rabi Elias — o mais antigo até agora conhecido — foi escrito em 1674 por Christoph Arnold[102].

Depois de recitar certas preces e observar certos dias de jejum, fazem eles de barro a figura de um homem, e depois de pronunciarem sobre ela o *schem hameforasch*, a figura adquire vida. E embora a imagem em si não saiba falar, ela entende e obedece; entre os judeus poloneses ela executa toda espécie de serviços caseiros, mas não lhe é permitido deixar a casa[103]. Sobre a testa da imagem, escrevem: *emet*, isto é, verdade. Mas uma imagem desse tipo cresce dia a dia; conquanto muito pequena no começo, acaba ficando maior do que todas as outras pessoas da casa. A fim de tirar-lhe a força, que por fim se torna uma ameaça para todos dentro da casa, eles apagam rapidamente a letra *alef* da palavra *emet* sobre a testa, ficando apenas a palavra *met*, que significa morte. Feito isto, o *golem* desmorona e dissolve-se no barro ou lodo que fora antes... Dizem que um *baal schem*, na Polônia, chamado Rabi Elias, fez um *golem* que ficou tão alto que o rabi não conseguia mais alcançar a testa dele para apagar a letra *e*. Pensou então num ardil, isto é, que o *golem*, sendo seu criado, devia tirar-lhe as botas, supondo que, tão logo o *golem* se abaixasse,

---

101. Wuelfer em seu *Animadversiones* a Sol. Zevi Uffenhauser, *Theriaca Judaica*, Hanover, 1675, p. 69.

102. Carta a J. Christoph Wagenseil, ao final de *Sota hoc est Liber Mischnicus de uxore adulterii suspecta*, Altdorf, 1674, pp. 1198-9. Na minha tradução, utilizei em parte a tradução alemã feita por Schud, em seu *Juedisch Merkwuerdigkeiten*, Francfurt s.m., 1714. Parte II, Livro VI, pp. 206 ss., que, de acordo com B. Rosenfeld, p. 39, foi tomada de W. E. Tentzel, em seu *Monatliche Unterredungen von allerhand Büchern*, I, 1689, n. 145. Schudt encurtou-a um pouco. O trecho principal reza, no original: *"Hunc (scil. golem) post certas preces ac jejunia aliquot dierum, secundum praecepta Cabbalistica (quae hic recensere nimis longum foret) ex...limo fingunt... Quamvis sermone careat, sermonicantes tamen, ac mandata eorundem, satis intelligit; pro famulo enim communi in aedibus suis Judaei Polonici utuntur ut quosvis labores peragat, sed e domo egredi haud licet. In fronte istius nomen escribitur nomen divinum Emeth... Hominem hujusque modi Judaeum quempiam in Polonia fuisse ferunt, cui nomen fuit Elias Baal Schem... l, inquam, ancillatorem suum in tantam altitudinem excrevisse intelligens, ut frontem ejus non amplius liceret esse perfricanti; hanc excogitavit fraudem, ut servus dominum excalcearet... (et dominus) literam Aleph in fronte digito deleret. Dictum, factum. Sed homo luteus, in rudem materiam cito resolutus, corruente mole sua quae insanum excreverat, dominum in scamno sedentum humi prostravit uf fatis ac luto pressum caput non erigeret".*

103. Esta observação não aparece em Schudt. Também não possui paralelos em outros relatos. O *golem* aqui é aparentemente confundido com um espírito, ou fantasma. Daí passou para a narração de Grimm.

apagaria rapidamente a letra. E assim aconteceu, mas quando o *golem* se desfez em barro, todo seu peso caiu em cima do rabi, que estava sentado num banco, e o esmagou.

Zvi Ashquenazi, um descendente desse Rabi Elias, contou uma história parecida ao seu filho, Jacob Emden, que a anotou na sua autobiografia [104] e algures em suas obras. Depois de ter criado um homem mudo que lhe serviu de criado, "o rabi viu que essa criatura, obra das suas mãos, continuava a crescer cada vez mais alto e a ficar cada vez mais forte, por força do Nome que, escrito sobre um pedaço de pergaminho, estava preso à sua testa, e ficou com medo que ele pudesse tornar-se perigoso e destrutivo (num relato semelhante, do mesmo autor, lemos: "que pudesse destruir o mundo") [105]. Rabi Elias juntou toda sua coragem e arrancou da testa dele o pedaço de pergaminho com o Nome de Deus. Aí ele desmoronou qual um torrão de terra, mas ao cair machucou o amo e arranhou-lhe o rosto". Assim, as narrações são essencialmente idênticas, com a diferença que numa o fazedor do *golem* recebe apenas ferimentos leves, enquanto na outra perde a vida.

Mais minucioso ainda é o registro de um outro contemporâneo que, em 1682, escrevia que essas criaturas, "afora falar, fazem toda sorte de serviços humanos, durante quarenta dias, levam cartas aonde são mandados, qual mensageiros, mesmo a grandes distâncias; mas se depois dos quarenta dias o pergaminho não é retirado da sua testa, aí eles causam grandes danos à pessoa ou à propriedade do amo ou sua família" [106]. Temos aqui dois elementos novos: um, o período de serviço é limitado a quarenta dias, tema que não encontrei em nenhuma outra fonte judaica, mas que pode muito bem ser autêntico. É interessante notar que, em Paracelso, o esperma, en-

104. Jacob Emden, *Meguilat Sefer*, Varsóvia, 1896, p. 4.

105. *In* Emden, *Responsa*, III, n. 82. Numa estilização diferente, o mesmo relato surge de novo na crítica de Emden ao *Zohar*, *Mitpahat Sefarim*, Altona, 1769, 45a (erroneamente paginado como n. 35a).

106. Johann Schmidt. *Feuriger Drachen Gift und wuetiger Ottern Gall*, Coburgo, 1682, citado em Schudt, *loc. cit.* O trecho inteiro de Schudt também consta em Held, pp. 67-9.

cerrado na retorta, leva quarenta dias para desenvolver-se em homúnculo. A outra feição nova é o caráter perigoso do *golem,* mencionado em todas as variantes. Este *golem* tem uma força prodigiosa e cresce além de qualquer medida. Ele destrói o mundo, ou, em todo caso, pode causar grandes danos. Aparentemente é o nome de Deus que o capacita a tanto. Mas é também, e num grau pelo menos igual, o poder do elemento telúrico suscitado e acionado pelo nome de Deus. A menos que seja controlada pelo nome divino, esta força telúrica ergue-se em fúria cega e destruidora. A magia terrestre desperta forças caóticas. É a estória de Adão ao revés. Adão começou como um enorme *golem* cósmico e foi reduzido ao tamanho normal de um homem, ao passo que este *golem,* em resposta às forças telúricas que o governam, parece querer reconquistar a estatura original de Adão.

Com isso chegamos à forma em que Jacob Grimm encontrou a lenda do *golem.* Deve ter sido pouco antes da época de Grimm, lá pelos meados do século XVIII, que a lenda polonesa sobre o rabi de Chelm foi para Praga e associou-se a uma figura bem mais famosa, a do "Grande Rabi" Loew de Praga (c. 1520--1609). É possível, por certo, que a lenda de Praga tenha surgido de maneira independente, mas a hipótese me parece bastante improvável. Na tradição de Praga de começos do século XIX, a lenda estava ligada a certos aspectos especiais da liturgia da Véspera do Sábado. Diz a lenda que o Rabi Loew moldou um *golem* que durante a semana fazia toda sorte de serviços para o seu amo. Mas já que todas as criaturas devem observar o descanso do Sábado, ao anoitecer de toda sexta-feira o Rabi Loew reconvertia o *golem* em barro, removendo o nome de Deus. Certa vez, porém, o rabi esqueceu de retirar o *schem.* A congregação estava reunida na sinagoga para os serviços, já tendo recitado o 92.º Salmo, quando o *golem* ficou à solta, abalando as casas e ameaçando destruir tudo. Chamaram urgentemente o Rabi Loew; ainda entardecia e o Sábado não havia realmente começado. Ele precipitou-se sobre o *golem* enfurecido e arrancou-lhe o *schem,* após o que o *golem* se desfez em pó. O rabi ordenou então que se cantasse o salmo

238

sabático pela segunda vez, costume mantido desde então naquela sinagoga, a Altenu Schul [107]. O rabi nunca mais voltou a dar vida de novo ao *golem*, mas guardou seus despojos no sótão da velha sinagoga, onde jazem até hoje. Conta-se que certo dia, depois de muito jejuar, Rabi Ezequiel Landau, um dos mais proeminentes sucessores do Rabi Loew, subiu ao sótão para examinar os restos do *golem*. Retornando, baixou uma ordem, obrigatória para todas as gerações futuras, pela qual nenhum mortal jamais deveria subir ao sótão. É o que reza a lenda em sua versão de Praga, que obteve ampla divulgação.

Numerosas lendas sobre a feitura de *golem* por rabis e místicos, uns mais outros menos famosos, eram largamente disseminadas entre os judeus da Europa Oriental durante todo o século XIX e ocasionalmente são ouvidas até hoje. Amiúde bordejam o diletantismo literário e, de todo modo, não têm maior conexão com este trabalho [108]. Mesmo assim, é interessante lembrar que o Rabi Elias, o *Gaon* (i.é., o gênio) de Vilna (morreu em 1797), a maior autoridade rabínica entre os judeus da Lituânia, contou ao seu discípulo, Rabi Haim, fundador da afamada academia talmúdica de Volozhin, que, quando menino de seus treze anos, de fato pusera-se a fazer um *golem*. "Mas quando estava em meio aos meus preparativos, uma forma passou por cima da minha cabeça, e eu parei de fazê-lo, pois disse a mim mesmo: Provavelmente o céu quer impedir-me, por causa da mi-

---

107   Cf. o trecho do *midrasch* citado na nota 10, p. 194, que combinaria muito bem com semelhante interpretação. Muita coisa foi dita acerca dessa lenda sobre o Rabi Loew, que atraiu muitos escritores. Nossa primeira fonte literária é de 1837, quando foi utilizado por Berthold Auerbach. Já observamos (nota 73, p. 223-224) que *Os Feitos Milagrosos do Rabi Loew com o Golem*, de Judá Rosenberg não são lendas populares, mas ficção moderna tendenciosa. Para a versão corrente em Praga, cf. Nathan Gruen, *Der hohe Rabbi Loew und sein Sagenkreis*, Praga, 1885, pp. 33-8, e F. Thieberger, *The Great Rabbi Loew of Prague*, Londres, 1955, pp. 93-6. Contou-se mais tarde, na Boêmia, que a balada de Goethe, *O Aprendiz de Feiticeiro*, foi inspirada por uma visita de Goethe à Alteneu Schul, de Praga; cf. M. H. Friedlaender, *Beitrage zur Geschichte der Juden in Maehren*, Breno, 1876, p. 16. Friedlaender observa a propósito tratar-se de uma tradição "bem conhecida". Nunca consegui descobrir se de fato havia algo de verdade nisso.

108.   Material desse gênero, em parte das coleções do YIVO (Yiddish Scientific Institute), anteriormente em Vilna (agora em Nova York), encontra-se em B. Rosenfeld, pp. 23-5.

nha pouca idade" [109]. A natureza da aparição que advertiu Rabi Elias não é explicada no texto. A sugestão de Held, de que teria sido o sósia do rabi, portanto o próprio *golem,* é profunda mas não muito plausível [110]. Visto que limitamos nossa investigação às tradições judaicas sobre o *golem* até o século XIX, não há necessidade de abordar as interpretações modernas expostas em romances e contos, ensaios e peças teatrais. O *golem* tem sido interpretado como um símbolo da alma, ou do povo judeu, e ambas as teorias podem, sem dúvida, gerar reflexões significativas. Mas a tarefa do historiador termina onde começa a do psicólogo.

---

109. Na introdução de Rabi Haiim ao comentário do "Gaon de Vilna" à *Sifre de-Tzeniúta,* uma parte do *Zohar,* ed. Vilna, 1819.

110. Held, *Das Gespenst des Golem,* pp. 155-61.

MÍSTICA E CABALA NA PERSPECTIVA

Do Estudo e da Oração
J. Guinsburg (Org.) (J03)
Histórias do Rabi
Martin Buber (J04)
A Cabala e seu Simbolismo
Gershom Scholem (D128)
Borges e a Cabala
Saúl Sosnowski (D240)
*O Golem, Benjamin, Buber e Outros
Justos: Judaica I*
Gershom Scholem (D265)
*O Nome de Deus, a Teoria da
Linguagem, e Outros Estudos de
Cabala e Mística: Judaica II*
Gershom Scholem (D266)
As Grandes Correntes da Mística Judaica
Gershom Scholem (E012)
Vida e Valores do Povo Judeu
Cecil Roth e outros (E013)
Tempo e Religião
Walter I. Rehfeld (E106)
Sabatai tzvi: O Messias Místico (3 Vols.)
Gershom Scholem (E141)
Cabala: Novas Perspectivas
Moshe Idel (E154)
Nas Sendas do Judaísmo
Walter I. Rehfeld (E198)

Cabala e Contra-história: Gershom Scholem
David Biale (E202)
*Mística e Razão: Dialética no Pensamento
Judaico*
Alexandre Leone (E289)
O Schabat
Abraham Joshua Heschel (EL49)
O Dibuk
Sch. An-Ski (J. Guinsburg – Org.) (T005)
Salvação
Scholem Asch (P003)
A Fonte de Judá
Bin Gorion (P008)
O Golem
Isaac Bashevis Singer (P016)
As Histórias do Rabi Nakhman
Martin Buber (P018)
A Lenda do Baal Schem
Martin Buber (P021)
Cabala, Cabalismo e Cabalistas
Moshe Idel, Yom Tov Assis,
Leonardo Senkman, Cyril Aslanov
e J. Guinsburg (orgs.) (EJ)
O Mestre do Bom Nome
Ary e Emília Schreirer (Orgs.) (LSC)

JUDAÍSMO NA PERSPECTIVA

História do Povo da Bíblia – Relatos do Talmud e do Midrash
J. Guinsburg (org.) [J01]

Contos da Dispersão
Dov Noy [J02]

A Paz Seja Convosco
Scholem Aleihem [J05]

Contos de I. L. Peretz
Sel. J. Guinsburg [J06]

O Martírio da Fé
Scholem Asch [J07]

O Conto Ídiche
Sel. J. Guinsburg [J08]

Novelas de Jerusalém
Sch. I. Agnon [J09]

Entre Dois Mundos
Sel. A. Rosenfeld e
J. Guinsburg [J10]

Nova e Velha Pátria
Sel. J. Guinsburg [J11]

Quatro Mil Anos de Poesia
J. Guinsburg e Zulmira Ribeiro Tavares
[orgs.] [J12]

O Judeu e a Modernidade
J. Guinsburg [org.] [J13]

Fim do Povo Judeu?
Georges Friedmann [D006]

Distúrbios Emocionais e Anti-semitismo
N. W. Ackerman e M. Jahoda [D010]

Raça e Ciência I
L. C. Dunn e outros [D025]

O Socialismo Utópico
Martin Buber [D031]

Raça e Ciência II
L. C. Dunn e outros [D056]

Do Diálogo e do Dialógico
Martin Buber [D158]

O Socialismo Religioso dos Essênios; A Comunidade de Qumran
W. J. Tyloch [D194]

Sobre Comunidade
Martin Buber [D203]

Do Anti-sionismo ao Anti-semitismo
Léon Poliakov [D208]

Walter Benjamin: A História de uma Amizade
Gershom Scholem [D220]

Romantismo e Messianismo
Michael Löwy [D234]
De Berlim a Jerusalém
Gershom Scholem [D242]
Comics da Imigração na América
John Appel e Selma Appel [D245]
Correspondência
Walter Benjamin e Gershom Scholem
[D249]
George Steiner: À Luz de si Mesmo
Ramin Jahanbegloo [D291]
Judaísmo, Reflexões e Vivências
Anatol Rosenfeld [D324]
Máscara e Personagem: O Judeu no Teatro Brasileiro
Maria Augusta de Toledo Bergerman
[D334]
Cristãos-novos na Bahia
Anita Novinsky [E009]
História e Historiografia do Povo Judeu
Salo W. Baron [E023]
O Mito Ariano
Léon Poliakov [E034]
De Geração a Geração
S. N. Eisenstadt [E041]
Sociedade Israelense
S. N. Eisenstadt [E056]
De Cristo aos Judeus da Corte – História do Anti-semitismo I
Léon Poliakov [E063]
De Maomé aos Marranos – História do Anti-semitismo II
Léon Poliakov [E064]
De Voltaire a Wagner – História do Anti-semitismo III
Léon Poliakov [E065]
A Europa Suicida – História do Anti-semitismo IV
Léon Poliakov [E066]
Jesus e Israel
Jules Isaac [E087]
A Religião de Israel
Yehezkel Kaufmann [E114]
A Causalidade Diabólica I
Léon Poliakov [E124]
A Causalidade Diabólica II
Léon Poliakov [E125]

O Significado do Ídiche
Benjamin Harshav [E134]
História e Narração em Walter Benjamin
Jeanne Marie Gagnebin [E142]
Imigrantes Judeus – Escritores Brasileiros
Regina Igel [E156]
Lasar Segall: Expressionismo e Judaísmo
Claudia Valladão de Mattos [E165]
O Anti-semitismo na Era Vargas
Maria Luiza Tucci Carneiro [E171]
Arquitetura e Judaísmo: Mendelsohn
Bruno Zevi [E187]
Entre Passos e Rastros
Berta Waldman [E191]
Franz Kafka: Um Judaísmo na Ponte do Impossível
Enrique Mandelbaum [E193]
Maimônides, o Mestre
Rabino Samy Pinto [E200]
Filosofia do Judaísmo em Abraham Joshua Heschel
Glória Hazan [E250]
Mística e Razão: Dialética no Pensamento Judaico
Alexandre Leone [E289]
Judeus Heterodoxos:Messianismo, Romantismo, Utopia
Michael Löwy [E298]
Ensaios de um Percurso: Estudos e Pesquisas de Teatro
Esther Priszkulnik [E306]
Holocausto: Vivência e Retransmissão
Sofia Débora Levy [E317]
Mistificações Literárias: Os Protocolos dos Sábios de Sião
Anatol Rosenfeld [EL03]
Guia Histórico da Literatura Hebraica
J. Guinsburg [EL09]
Galut
Itzack Baer [EL15]
Poética e Estruturalismo em Israel
Ziva Ben-Porat e Benjamin Hrushovski
[EL28]
O Direito da Criança ao Respeito
Janusz Korczak [EL41]
O Direito Internacional no Pensamento Judaico
Prosper Weill [EL43]

Diário do Gueto
Janusz Korczak [EL44]
Quatro Leituras Talmúdicas
Emmanuel Lévinas [EL51]
Yossel Rakover Dirige-se a Deus
Zvi Kolitz [EL52]
Quem foi Janusz Korczak?
Joseph Arnon [EL57]
O Segredo Guardado: Maimônides-Averróis
Ili Gorlizki [EL58]
O Anti-semitismo Alemão
Pierre Sorlin [KO03]
O Veneno da Serpente
Maria Luiza Tucci Carneiro [KO21]
Schoá: Sepultos nas Nuvens
Gerard Rabinovitch [KO23]
Leone De' Sommi: Um Judeu no Teatro da Renascença Italiana
J. Guinsburg (org.) [TO08]
Tévye, o Leiteiro
Scholem Aleikhem [TO27]
Hóspede Por Uma Noite
Sch.I. Agnon [T31]
Qohélet / Eclesiastes
Haroldo de Campos [S13]
Bere'shith – A Cena da Origem
Haroldo de Campos [S16]
Rei de Carne e Osso
Mosché Schamir [PO01]
A Baleia Mareada
Ephraim Kishon [PO02]
Golias Injustiçado
Ephraim Kishon [PO05]
As Lendas do Povo Judeu
Bin Gorion [PO07]
Almas em Fogo
Elie Wiesel [PO13]
Satã em Gorai
Isaac Bashevis Singer [PO15]
O Golem
Isaac Bashevis Singer [PO16]
Contos de Amor
Sch. I. Agnon [PO17]
Trilogia das Buscas
Carlos Frydman [PO19]
Uma História Simples
Schmuel Iossef Agnon [PO20]

Aventuras de uma Língua Errante
J. Guinsburg [PERS]
A Filosofia do Judaísmo
Julius Guttman [PERS]
História dos Judeus em Portugal
Meyer Kayserling [PERS]
Testemunhas do Futuro
Pierre Bouretz [PERS]
Os Alquimistas Judeus
Raphael Patai [PERS]
Sermões
Rabino Menahem Diesendruck [LSC]
*Os Protocolos do Concílio Vaticano II;
Sobre os Judeus*
Padre Humberto Porto [LSC]
Sessão Corrida: Que Me Dizes, Avozinho?
Eliezer Levin [LSC]
Crônicas de Meu Bairro
Eliezer Levin [LSC]
Bom Retiro
Eliezer Levin [LSC]
Nossas Outras Vidas
Eliezer Levin [LSC]
O Direito Talmúdico
Ze'ev M. Falk [LSC]
Sombras de Identidade
Gershon Shaked [LSC]
Adeus Iossl
Eliezer Levin [LSC]
*Memórias da Minha Juventude e do Teatro
Ídiche no Brasil*
Simão Bulchalski [LSC]
Manasche: Sua Vida e seu Tempo
Nachman Falbel [LSC]
Roberto Blanco, Aliás Berl Schvartz
Eliezer Levin [LSC]
Uma História para meus Netos
Fiszel Czeresnia [LSC]
*Em Nome da Fé: Estudos in Memoriam de
Elias Lipiner*
Nachman Falbel, Avraham
Milgram e Alberto Dines (orgs.) [LSC]
*Benjamin, de Prisioneiro de Guerra a
Industrial Brasileiro*
Bella Herson [LSC]

Este livro foi impresso na cidade de Cotia,
nas oficinas da Meta Brasil,
para a Editora Perspectiva.